平山 優

徳川家康と武田勝頼

GS
幻冬舎新書
693

はじめに

徳川家康の生涯において、最も苦難を強いられた敵は、武田氏であろう。家康と武田信玄・勝頼父子との抗争は、元亀《げんき》三年（一五七二）十月から天正《てんしょう》十年（一五八二）三月までのおよそ十年間に及ぶが、それは徳川氏の存亡をかけた激闘の時代だったといえるだろう。元亀三年十月から始まった武田信玄による遠江《とおとうみ》・三河《みかわ》侵攻は、十二月の三方原《みかたがはら》合戦に繋がり、家康は大敗を喫した。その後も信玄の三河攻めが続き、徳川氏は重大な危機に陥った。しかし幸いなことに、信玄の病気と死によって、武田氏の徳川攻めは頓挫《とんざ》を余儀なくされた。

信玄との抗争は、わずか半年あまりで終了したが、その子勝頼の度重なる襲来によって、家康の危機はさらに深まっていくこととなる。家康にとって、勝頼との抗争の方が費やした時間も長く、危機の連続だったといっても過言ではない。本国三河国岡崎《おかざき》の譜代らが勝頼に内通する事態が発生したり、息子松平信康《のぶやす》や正室築山殿《つきやまどの》も武田氏の調略にあうなど、徳川家中の分裂を引き起こすほどの重大事態を惹起《じゃっき》させていたからである。

家康にとって勝頼は、信玄以上の脅威であり、徳川氏単独では手も足も出なかった。それゆえに、家康は信長との清須《きよす》同盟を頼みに、勝頼と戦い続けざるをえなかったわけだが、そのことが、徳川と織田との関係をも変化させていくこととなる。

本書は、徳川家康と武田勝頼とのおよそ十年に及ぶ抗争を追いながら、家康が強敵勝頼との鎬《しのぎ》を削る争いを、どのように克服していったかを記したものである。勝頼は、天正三年の長篠《ながしの》合戦で大敗し、その後は衰亡の一途をたどったかのように理解されがちだが、実際は織田・徳川と粘り強く戦い続け、滅亡の前年には父信玄時代を超える最大版図を誇るほどであった。その勝頼が、なぜ滅亡してしまったのか。実はその鍵を握ったのは、家康の戦略だったといえる。小国徳川が、大国武田を滅ぼしていく態様《たいよう》を追うことで、戦国争乱が必ずしも小国不利に帰結しないことを理解する一助になれば幸いである。

徳川家康と武田勝頼／目次

地図作製（P12〜17）　アトリエ・プラン
図版・DTP　美創

徳川・武田領国内・周辺国における主要城郭

春日山城
越後
根知城
飯山城
長沼城
越中
仁科氏館
海津城
砥石城
小諸城
深志城
信濃
飛騨
上原城
高遠城
福島城
新府城
飯島城
大島城
美濃
苗木城
飯田城
岐阜城
大垣城
岩村城
穴山氏館
明知城
犬山城
尾張
清須城
松平城
睦平鉛山
遠江
興津城
江尻城
刈谷城
古宮城
長篠城
駿府館
野田城
二俣城
岡崎城
持船城
三河
懸川城
田中城
浜松城
小山城
滝堺城
高天神城
相良城

駿河・遠江における主要城郭と湊・浦

(小川隆司「武田・徳川両氏の攻防と城郭」〈『藤枝市史研究』2号、2000年〉をもとに作成)

信濃
三河
遠江
水川
小長谷城
樽山城
上長尾
犬居城
光明城
二俣城
鹿島
大井川
天竜川
諏方原（牧野）城
色尾
久野城
懸川城
滝堺城
浜松城
馬伏塚城
塩買坂
池田
馬籠
横須賀城
高天神城
相良湊
白須賀郷
今切・新居湊
相良城
懸塚湊
福田浦
浅羽湊
浜野浦（国安）
高松社
白羽郷
城郭
湊・浦・川津など

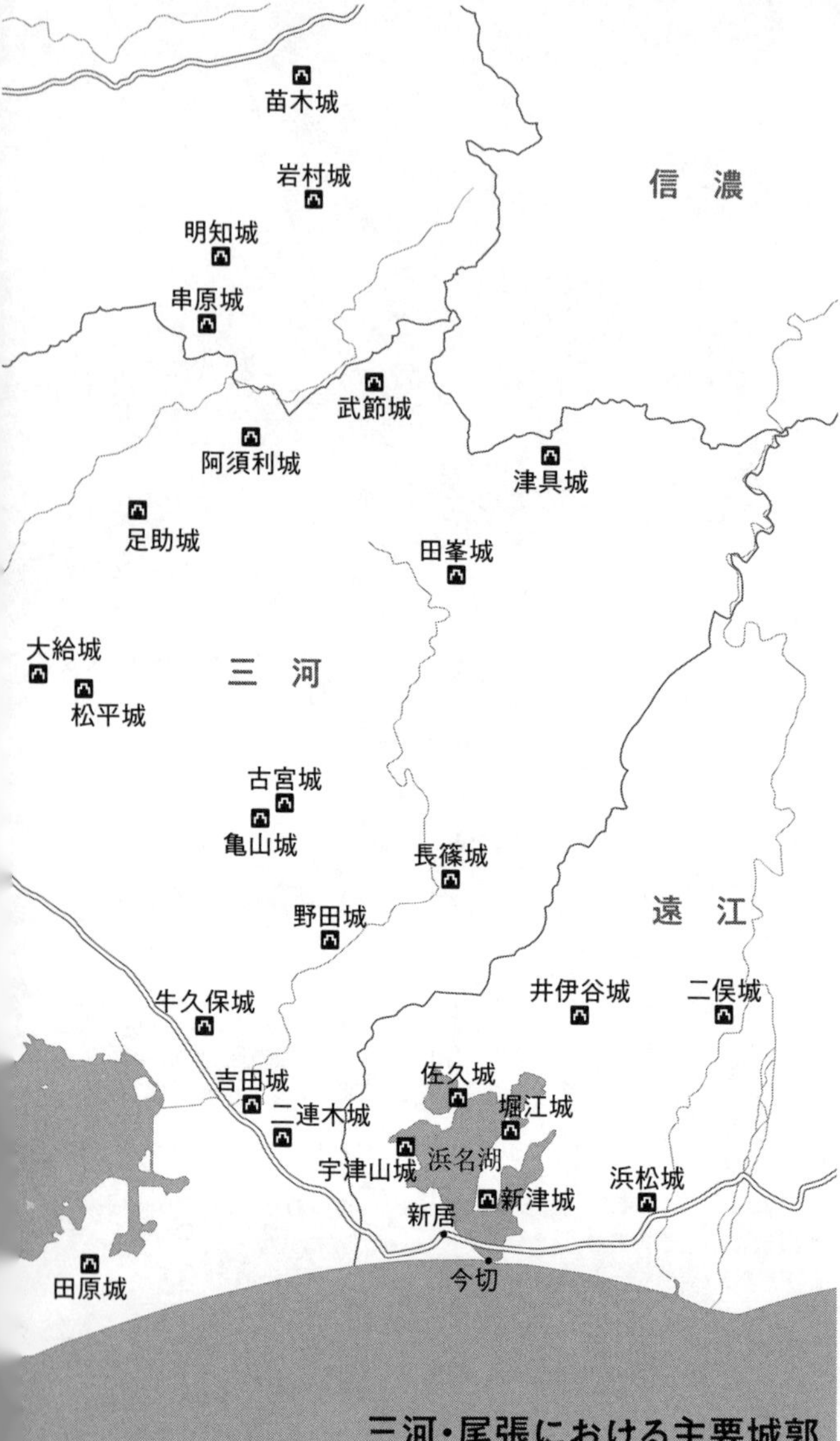

三河・尾張における主要城郭

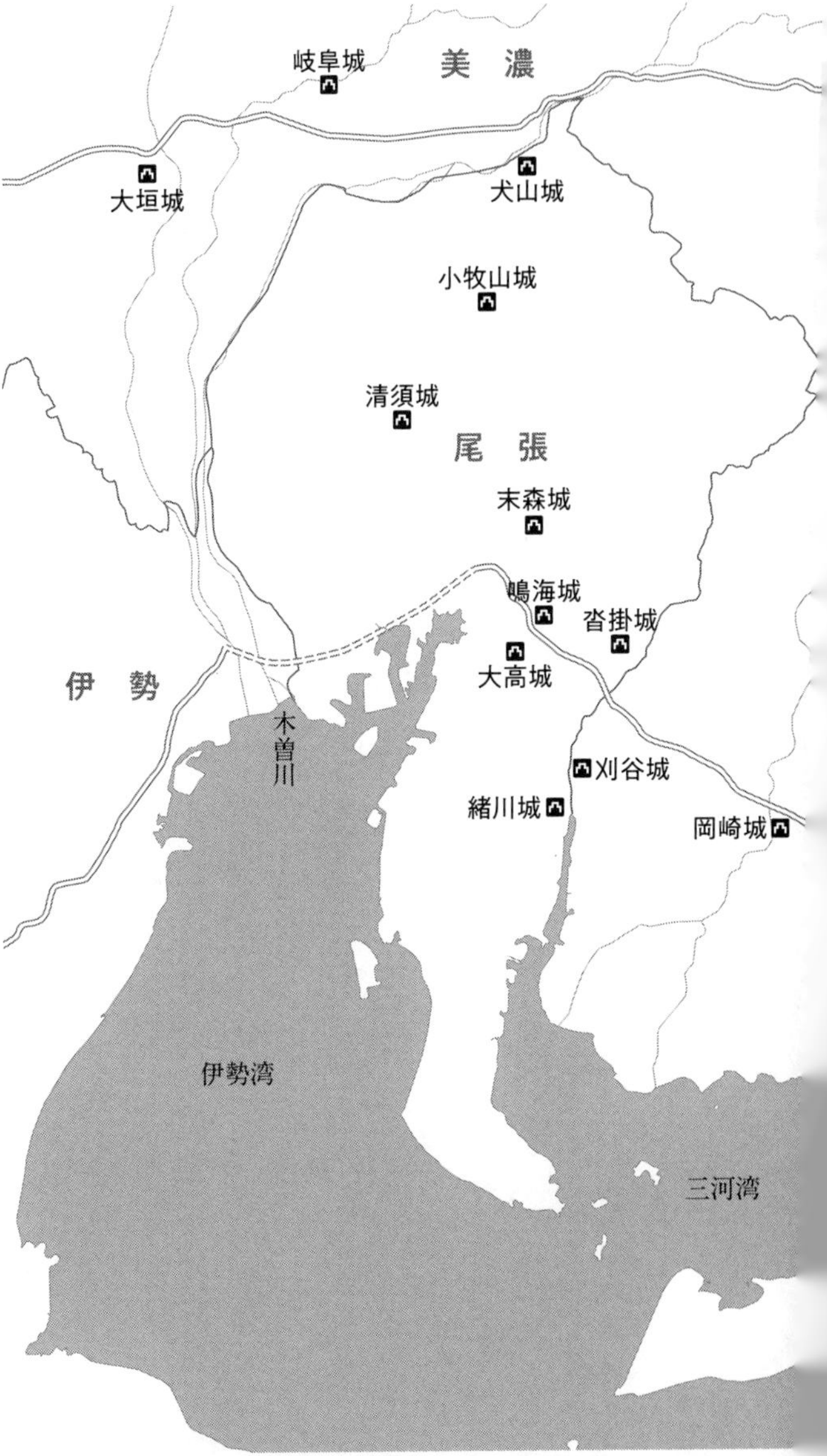
岐阜城
美　濃
大垣城
犬山城
小牧山城
清須城
尾　張
末森城
鳴海城
沓掛城
大高城
伊　勢
木曽川
刈谷城
緒川城
岡崎城
伊勢湾
三河湾

第一章 追い詰められる徳川家康

徳川家康、存亡の危機

元亀《げんき》四年（一五七三）四月十二日、武田信玄が信濃《しなの》国伊那《いな》郡の駒場《こまば》で病歿《びょうぼつ》した。享年五十三。彼は、前年十月以来、徳川家康と織田信長の打倒を目指し、遠江《とおとうみ》・三河《みかわ》・美濃《みの》を席巻していた。その行動は、家康、信長を畏怖せしめるのに十分であったのだが、彼は家康打倒と、信長との決戦を目前に陣歿したのである。

徳川家康と武田信玄は、元亀元年までは同盟国（甲三同盟）であり、その関係に亀裂が入っていたとはいえ、少なくとも信玄は同盟継続を望んでいた。だが、家康は信玄との同盟継続の意思はなく、何と武田の宿敵上杉謙信《けんしん》と同盟（越三同盟）を締結し、信玄と断交したのである。元亀元年十月のことであった。信玄はこれに激怒したものの、徳川とすぐに開戦に踏み切ることはできなかった。なぜならば、徳川と武田の甲三同盟は、室町幕府将軍足利義昭《よしあき》と、それを支える織田信長の肝煎《きもい》りによるものであったからである。また信長とは、永禄《えいろく》八年（一五六五）十一月以来の同盟国（甲尾同盟）でもあったから、家康との開戦は、信長との同盟破棄に直結するばかりか、将軍足利義昭（室町幕府十三代将軍義輝の弟）への反逆となりかねなかったことも、信玄が自重した理由であった。また、当時の武田氏は、北条氏康《ほうじょううじやす》・氏政《うじまさ》父子と交戦中であったから、さらに織田・徳川との開戦は、信玄にとって不利以外の何ものでもなかった。

かくて信玄は、元亀元年以来、隠忍《いんにん》自重の日々を過ごしていたが、秘かに家康打倒の工作に余念がなかった。まず、元亀二年十二月、信玄は北条氏との同盟を復活させ、元亀三年に入ると、徳川家康の領国三河や遠江の国衆《くにしゅう》への調略を開始し、味方を募っていたのである。もちろん、武田領国内部では、新規の兵力増強を目指し、軍役衆（在村被官《ざいそんひかん》）の新規募集を実施しており、かなりの参陣者を獲得していた。信玄は、家康への募る恨みを晴らす時期を窺《うかが》っていたのである。

そして元亀三年十月、武田信玄は突如、徳川家康の領国に侵攻を開始した。開戦からわずか一ヶ月半ほどで、家康は三河・遠江の領国の三分の二を失う大打撃を受け、武田の大軍が、徳川の本拠地浜松《はままつ》城に迫る情勢となったのである。

なぜ家康は、甲斐《かい》・信濃・西上野《にしこうずけ》・駿河《するが》・飛騨《ひだ》などを支配する大国武田氏と敵対することになったのか。まずは、その経緯を振り返っておきたい。

家康と信玄①――自立と敵視

徳川家康が、駿河・遠江・三河三国の戦国大名今川《いまがわ》氏のもとから自立したのは、永禄四年（一五六一）四月のことである。前年の永禄三年五月十九日、桶狭間《おけはざま》合戦で今川義元《よしもと》が、織田信長と戦い敗死すると、家康（当時は松平元康であるが、煩雑なため以下、徳川家康で統一）

は義元の後継者今川氏真《うじざね》の了承のもと、本拠地の三河岡崎《おかざき》城に帰還し、織田方の三河侵攻に備えた。氏真は、家康を三河防衛の柱石と位置づけ、駿府《すんぷ》よりその妻築山殿《つきやまどの》と息女亀姫《かめひめ》を岡崎に帰還させるなど（『当代記』）、彼に大きな信頼を寄せていたことがわかる。この時、家康嫡男竹《ちゃくなんたけ》千代《ちよ》（後の松平信康《のぶやす》）は駿府に留め置かれたが、これは人質というよりも、家康の身に万一のことがあった場合に備え、岡崎松平家の存続のために氏真がそばに置いたと評価するのが妥当であろう（柴裕之・二〇二二年、黒田基樹・二〇二二年②）。

　だが、まもなく家康と氏真の懸隔《けんかく》が露《あら》わとなる。家康は、織田方の緒川《おがわ》・刈谷《かりや》城主水野信元《のぶもと》と交戦し、しばしば苦境に立たされたが、今川氏真は三河に援軍を本格的に派遣することもなく、ましてや氏真自身が親征に動く気配すらなかった。ところが氏真は、越後《えちご》長尾《ながお》景虎《かげとら》（後の上杉謙信）による関東侵攻で苦慮する、同盟国北条氏康・氏政父子を支援すべく、永禄三年には援軍を派遣していた。これに不満を持った家康は、自らの存続のために、尾張《おわり》織田信長と和睦、同盟（清須《きよす》同盟）を結び、永禄四年四月、今川氏と断交したのである。家康は、永禄五年二月、氏真のもとから嫡男竹千代を奪い返すことにも成功し、いよいよ三河の今川方攻略を本格化させた。

　これに対し今川氏真は、家康を打倒すべく、同盟国武田信玄に支援を依頼し、了承を取り付けていた。また家康と今川の交戦を知った室町幕府将軍足利義輝《よしてる》は、東海道の往来が妨げられることを懸念し、当事者同士に停戦を下知したほか、今川の同盟国武田信玄や北条氏康にも和睦斡旋を指示した。しかしこれは成就しなかった。武田信玄はこの時、同盟国今川氏に敵対する家康と、その同盟国織田信長を敵と認識していたとみられる。ここに、今川・武田・北条の三国同盟対清須同盟という構図が出来上がったのである。

だが氏真は、その後も、武田信玄に三河攻めの応援を求め続けていたものの、自身が本気で動こうとはしなかった。その理由は明らかではない。ところが、氏真が家康攻めを本気で宣言した。それは永禄六年四月のことである。氏真は、全領国に「三州《さんしゅう》急用」（三河攻めのための臨時課税）を通達した。この臨時課税は、今川領国を揺るがせたが、氏真は軍役を務める被官たちや、今川との縁が深い寺社を除き、課税を強行したのである。氏真の三河攻めの決意は、三河の武士にも影響を与え、家康に不満を持つ、上野城主酒井《さかい》忠尚《ただよし》、東条《とうじょう》城主吉良義昭《きらよしあきら》、幡豆《はず》郡寺部城主小笠原広重《おがさわらひろしげ》などが相次いで蜂起《ほうき》したのであった。また、氏真より協力要請を受けていた武田信玄も、信濃国伊

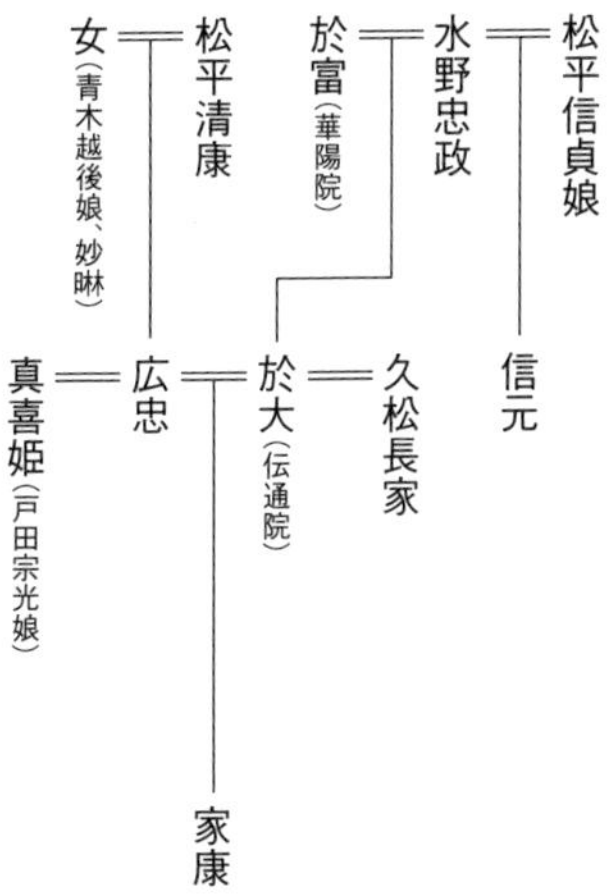

松平・水野氏関係略系図

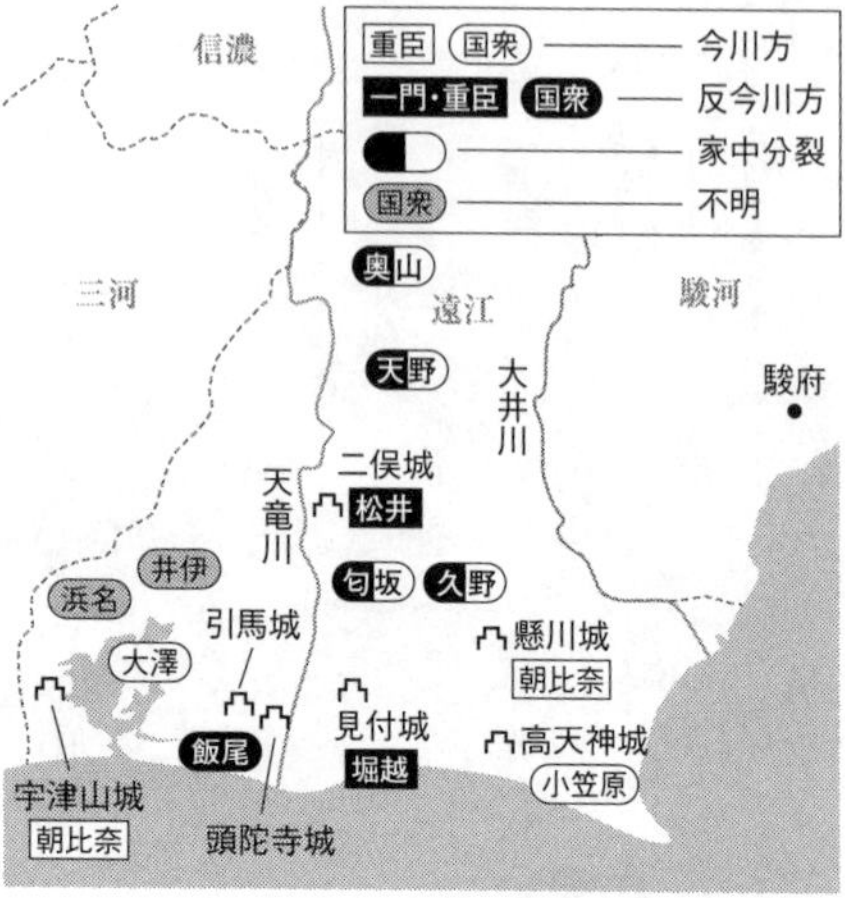

「遠州忩劇」における遠江国衆の動向
（『徳川家康と武田信玄』平山優、角川選書より転載）

那郡大島《おおしま》城に在城していた重臣秋山伯耆守《ほうきのかみ》虎《とら》繁《しげ》に、三河への調略を指示し、内通者の獲得に成功していた。家康はまさに、絶体絶命の危機に立たされたのである。

　ところが氏真は、三河侵攻を宣言していたにもかかわらず、これを実施せず、永禄六年七月、自ら軍勢を率いて、関東に出陣し、北条氏とともに上杉軍を攻めたのであった。これに不満を持った、遠江国引馬《ひくま》城主飯尾《いのお》豊前守《ぶぜんのかみ》連龍《つらたつ》が、同年十二月に叛乱《はんらん》を起こすと、たちまち遠江国衆の多くがこれに同調し、反今川方が優勢となる内乱へと発展した（遠州忩《えんしゅうそう》劇《げき》）。この叛乱は、家康が背後で糸を引いていたといわれる。

　今川氏の混乱を知った武田信玄は、氏真の器量に疑問を感じ、叛乱勢力に連絡をつけるとともに、氏真が彼らを抑えきれず、駿河本国が混乱に陥ったならば、今川支援を名目に駿河に侵攻する意思を明確にしたのであった。

いっぽうの家康は、遠州忩劇が勃発したのとほぼ同じ時期に、三河一向一揆《いっこういっき》の蜂起に直面していた。永禄四年以来続く今川方との戦いのため、家康を始め家中の人々は、兵粮《ひょうろう》米や戦費調達に苦慮していた。この兵粮米の調達をめぐって、家康は一向宗との対立を引き起こしてしまったのである。やっかいだったのは、家康の家臣の多くは、一向宗門徒であり、一向一揆の蜂起により、これに味方することを選択し、家康から離叛する事態が相次いだことである。家康は、家臣団分裂に直面したのであった。

しかし幸いなことに、東三河の吉田《よしだ》城（大原資良《おおはらすけよし》）、田原《たはら》城（朝比奈元智《あさひなもととも》）、牛久保《うしくぼ》城（牧野《まきの》成定《なりさだ》）の今川方は、遠州忩劇の波及を警戒し、家康攻撃に動くことができなかったし、氏真が三河に親征することなど、思いもよらなかった。また、武田信玄も上杉謙信との対立に足を取られ、三河侵攻の余裕などなかった。こうした周囲の情勢に助けられ、家康は三河一向一揆を永禄七年二月末にようやく鎮圧することに成功したばかりか、氏真が動けぬ間隙を衝いて、東三河の今川方を攻めた。この結果、永禄九年五月、家康は三河統一を成し遂げたのである。

家康と信玄②――敵視から同盟へ

家康が三河統一戦に邁進《まいしん》している頃、永禄八年（一五六五）、武田信玄は同盟国今川氏真と不協和音を引き起こしていた。その原因は、織田信長との同盟（甲尾同盟）締結にあった。この同盟が成立した背景には、織田・武田の勢力の境界にあたる東美濃情勢の不安定さがあった。この地域の国衆遠山《とおやま》一族は、俗に遠山七頭（岩村《いわむら》遠山、苗木《なえぎ》遠山、明知《あけち》遠山、飯羽間《いいばま》遠山、明《あ》照《てら》〈阿寺〉遠山、串原《くしはら》遠山、安木《あぎ》〈阿木〉遠山氏のこと）と呼ばれる国衆が分立しており、この時は岩村遠山氏が盟主的な存在であった。この遠山一族は、原則として織田・武田両氏に両属の立場を取っていたが、美濃・尾張の情勢次第では、その地域の国衆と結んだり、合力《ごうりき》したりしたため、その動向は不安定であり、織田や武田方からの介入を受けることも多かった。そのことが、織田と武田の衝突に発展する事態を招いていた。

織田信長は、永禄八年四月に神篦《こうの》（岐阜《ぎふ》県瑞浪《みずなみ》市）で発生した織田方と武田方の大規模な衝突を受け、ただちに事態の収拾に乗り出すとともに、この危機を武田との同盟締結で乗り切ろうとしたのである。信玄もまた、上杉との対立が続くなか、織田との開戦を不利とみて、同盟締結に前向きとなった。九月、信長からの同盟締結の申し入れを、信玄は受諾した。同盟の条件は、信長の養女苗木氏（遠山直廉《なおかど》女、龍勝院殿《りゆうしよういんでん》、信長の姪《めい》）を、信玄の息子諏方《すわ》勝頼に娶《めあわ》せることであった。婚儀は、十一月に決まった。これが甲尾同盟である。ところが、これに信玄の嫡男義信《よしのぶ》（正室は今川義元息女嶺松院殿《れいしよういんでん》）が反発し、父への謀叛《むほん》を企図し、失敗する事態となった（義信事件。発覚は永禄八年十月初旬）。この結果、義信はその後廃嫡《はいちやく》となり、甲府東《とう》光寺《こうじ》に幽閉された。信玄と義信の関係は修復されることはなく、永禄十年十月十九日、義信は

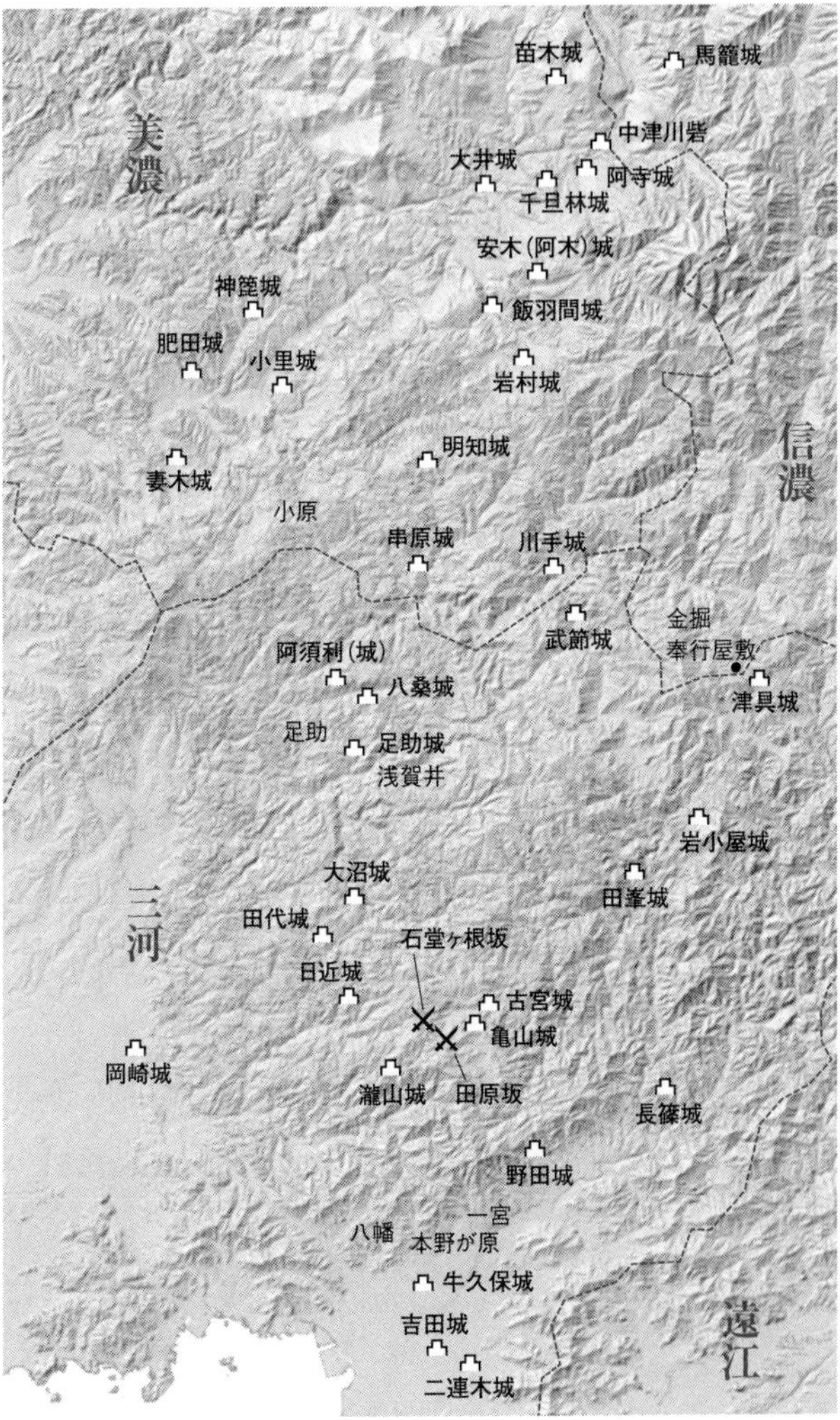

東美濃・奥三河要図
（地理院　陰影起伏図をもとに作成）

東光寺で病歿した（黒田基樹・二〇二二年①）。享年三十。この直前の八月、今川氏真は、甲斐への塩留めを命じている。もはや今川と武田の同盟は、風前の灯だった。

　武田義信が死去すると、今川氏真は信玄に、妹の義信未亡人（嶺松院殿）を駿府に送り返すよう求めた。信玄は、同盟破綻を危惧し、拒否したが、北条氏康が仲裁に入り、義信未亡人の帰国後も、同盟継続を誓約する起請文交換をすることで決着した。これを受けて嶺松院殿は、永禄十年十一月十九日に、駿府へ帰還した。

　いっぽう今川氏真は、この直後の十二月から、秘かに越後上杉謙信との同盟交渉（駿越交渉）を開始した。義信の死をきっかけに、信玄が今川攻めに踏み切るのではと危惧したからである。永禄十一年四月、駿越交渉はほぼ合意に達し、今川・上杉両氏は、連絡を緊密にし、信玄より計略の書状が届いたらすぐに知らせることや、氏真からの要請があり次第、上杉軍は信濃に出兵することなどを確認した。

　いっぽうの信玄は、時期は定かでないが、駿越交渉を察知し、その詳細を把握した。彼は、この交渉と今川・上杉同盟の成立の目的が「信玄滅亡の企て」にあることに気づき、氏真打倒に向けて本格的に動き出す。

　同じ頃、織田信長は永禄十年八月、美濃稲葉《いなば》山《やま》城を攻略し、美濃を平定した。当時、越前朝《あさ》倉義景《くらよしかげ》に庇《ひ》護《ご》されていた足利義昭は、信長に上洛支援を求めた。すると信長は、即座にこれを受諾し、永禄十一年七月、義昭を美濃に迎え、上洛の準備に入ったのである。

信長は、義昭供奉《ぐぶ》を目的とした上洛戦に向けて、周囲の諸大名との調整を実施し、上杉謙信、武田信玄、朝倉義景の了承を取り付けた。残る問題は、駿河今川氏真への措置と、信玄・謙信間の調停であった。とりわけ、信長が義昭に供奉し、上洛すれば尾張・美濃が手薄になるため、その隙を今川氏に衝かれることがないよう、信長は慎重な調整を実施した。この結果、足利義昭、織田信長と武田信玄は、義昭上洛に向け結束し、武田による今川攻めが決定したのである。足利義昭は自らが再興を目指す室町幕府体制において、今川氏真を切り捨てる決断を下した。また信長は、今川攻めを同盟国徳川家康に委《ゆだ》ねたのである。こうして、信長を仲介者とする、徳川家康と武田信玄の同盟（甲三同盟）が成立する運びとなったのである。その正確な時期は定かでないが、永禄十一年七月から九月頃のことではないかと推定される。

武田信玄（武田逍遙軒信綱筆、山梨県立博物館蔵）

この時、家康と信玄の間で締結された甲三同盟の内容については、おおよそ以下のようなものであったと考えられる。

①今川領国への軍事侵攻時期については、相互に連絡を取り合い、同時に動き出すこと。

②家康は、信玄のもとに人質を提出すること（人質は、徳川重臣酒井《さかい》忠次《ただつぐ》息女と家康異父弟久松勝俊《ひさまつかつとし》と推定される）。ただし、武田氏からは人質提出はしない。

③徳川・武田両氏は、互いに連絡や合意なしに今川氏や今川方と和睦をしないこと。

④今川領国分割については、「川切《かわぎり》」（川を境界とする）を目安とするが、互いに自力次第とする。

⑤徳川・武田両氏は互いに騙《だま》したり出し抜いたりしないこと。

かくて、家康と信玄は手を結び、永禄十二年十二月、今川領国に東西からほぼ同時に侵攻を開始した。信玄は十二月六日、家康は同十三日に今川領に攻め入ったのである。武田はこの時、今川との同盟破棄と開戦理由を、氏真による上杉謙信との同盟（駿越同盟）とその目的（「信玄滅亡の企て」）にあると喧伝《けんでん》した。今川軍は、戦わずして崩壊し、武田軍は十三日に駿府に乱入した。今川氏真は、正室早川殿《はやかわどの》（北条氏康息女）を伴い、遠江懸川《かけがわ》城に落ち延び、ここに籠城した。

いっぽうの家康は、十二月十八日には引馬城を接収し、同二十一日には馬《ま》伏塚《むしづか》城主小笠原氏《うじ》興《おき》、高天神《たかてんじん》城主小笠原氏助《うじすけ》父子を帰属させることに成功した。これを契機に、遠江の武士は、徳川の傘下に入る動きが加速した。かくて家康は、十二月二十七日、懸川に進出し、氏真攻めを本格化させたのである。

家康と信玄③——相互不信から同盟破綻へ

家康、信玄ともに順調に今川領国の切り取りを進めるなか、十二月十三日を境に、両者の潮目が大きく変化した。それは、信玄・氏真と同盟を結んでいた小田原の北条氏が、武田の駿河侵攻に激怒し、今川を救うべく、駿府に向けて進軍してきたからである。信玄は、北条氏との調整を成し遂げぬまま、見切り発車で軍事行動を進めたようだ。北条家中では、今川と上杉の密約を理由に掲げた信玄に同情する向きもあったが、隠居氏康の怒りが凄まじく、武田と断交、開戦へと舵《かじ》を切ったのである。

この結果、北条軍に背後を封じられた武田軍は、動きが止まり、駿河の全面制圧はもちろん、遠江への進軍計画も事実上破綻したのであった。これを知った家康は、永禄十二年（一五六九）正月早々、態度を豹変させる。今川領国を切り取り次第とする密約を忘れたかのように、信玄に強い態度で迫り、遠江に出兵してきた、武田重臣秋山虎繁《とらしげ》（伊那郡大島城代、下伊那郡《ぐん》司《じ》〈郡代〉）率いる軍勢の退去を迫ったのである。遠江は、徳川のものであり、秋山の行動は同盟違反であると言い募ったのだ。

駿府周辺で、北条軍や今川方の諸勢に包囲される形勢にあった信玄は、家康に謝罪し、秋山勢を撤収させると、起請文の取り交わしを実施して、徳川を宥《なだ》めるのに必死になった。もし家康との関係も悪化すれば、信玄の危機は深化してしまうからである。その後信玄は、補給に苦しんだ末、四月二十四日早朝、断腸の思いで甲斐に撤退した。

信玄が去ったことを知った家康は、懸川城に籠城する今川氏真と、氏真救援に出陣してきた北条氏と和睦を結んだ。五月十五日、氏真は懸川城を出て、その身柄は北条氏に引き渡された。どうやらこの時、家康・氏真・北条三者の間で、遠江は徳川、駿河・伊豆《いず》は北条・今川とする国切《くにぎり》が行われたようである。

家康が、今川氏真と和睦しただけでなく、北条氏政とも手を結んだことを知った信玄の怒りは凄まじく、これ以後、家康と信玄の関係は冷え込んでいく。このとばっちりを受けたのが織田信長であった。信玄は、家康を信長に従属する国衆程度と考えており、徳川の不実を織田が規制すべきだと主張し、その実行を迫ったのである。だが、当時の信長と家康の同盟は対等であったので、織田は盟約の遵守《じゅんしゅ》を厳命する立場にはなかった。そのため当然、信玄の申し入れは、実行されることはなかったのである。このことに信玄は苛立ち、家康はもちろん、不誠実な（と信玄がみなした）信長への怒りも増幅されていく。

家康は、永禄十二年に遠江仕置《しおき》をほぼ終えると、新たな本拠地として、遠江見付《みつけ》に築城を開始した（見付城、城之崎《きのさき》城）。この城普請は、永禄十二年七月一日より始まり、九月にはほぼ成就した（『科註拾塵抄《かちゅうしゅうじんしょう》』）。だが織田信長は、見付は西に天竜《てんりゅう》川（大天竜、小天竜）という大河を控えているため、いざという時に救援できなくなる恐れがあると家康に申し入れ、本拠とすることを断念させた。

このため家康は、元亀元年（一五七〇）になって新たに引馬城（飯尾豊前守連龍の旧城）の拡張工事を開始し、岡崎よりここに本拠を移した。これが浜松城である。そして、同年八月、家康は越後上杉謙信と同盟を締結し（越三同盟）、信玄と断交した。これを知った信玄の怒りと、家康への遺恨は尋常なものではなかったようだ。後に信玄は、この時以来持ち続けた家康への恨みを「三ヶ年の鬱憤《うっぷん》」と表現している。

家康と信玄④——開戦

信玄は、元亀二年（一五七一）末に北条氏政との同盟を復活させた（北条氏は同時に、上杉謙信との越相同盟を破棄）。背後を固めることに成功した信玄は、元亀三年から織田信長・徳川家康打倒に向けて動き出す。

信玄は、元亀三年閏《うるう》一月、織田との関係強化に向けて、息女松姫《まつひめ》を信長嫡男信忠《のぶただ》に娶せるべく、大詰めの交渉を進めていた。ところが、その背後で、大坂本願寺の要請を受け、本願寺・武田同盟の鉾先を、織田信長に向けることを了承していたのである。そして、美濃国郡上《ぐじょう》郡遠藤氏、家康の本国三河の山家三方衆《やまがさんぽうしゅう》、遠江国衆奥山《おくやま》、天野《あまの》、松井《まつい》氏らに調略の手を伸ばしていた。

いっぽう、信玄の野望を露知らぬ将軍足利義昭と織田信長は、彼に大坂本願寺と信長の和睦斡旋を依頼し、彼ら自身は信玄と上杉謙信との和睦（「甲越和睦」）交渉を進めていた。しかし、信玄自身は、越前朝倉義景、近江《おうみ》浅井《あざい》長政《ながまさ》らとの盟約を成就させ、織田・徳川攻撃のタイミングを見計らっていたのである。

また元亀三年八月頃、京都では信玄が、比叡山《ひえいざん》再興のために上洛するという噂が広まっており、九月には正親町《おおぎまち》天皇が信玄に綸旨《りんじ》を与え、「比叡山再興」と朝廷への援助を求め、上洛への期待を表明していた（遠藤珠紀・二〇一二年）。

ほぼ同じ頃、信玄は、受諾するとの意思を表明していた上杉謙信との和睦を、突然反故にしたのである。謙信に送った書状で信玄は「朝倉義景の仲介ならば和睦に応じるが、信長では駄目だ」と記していたようで、あまりの唐突さに、謙信も啞然とせざるをえなかった（上越一一三

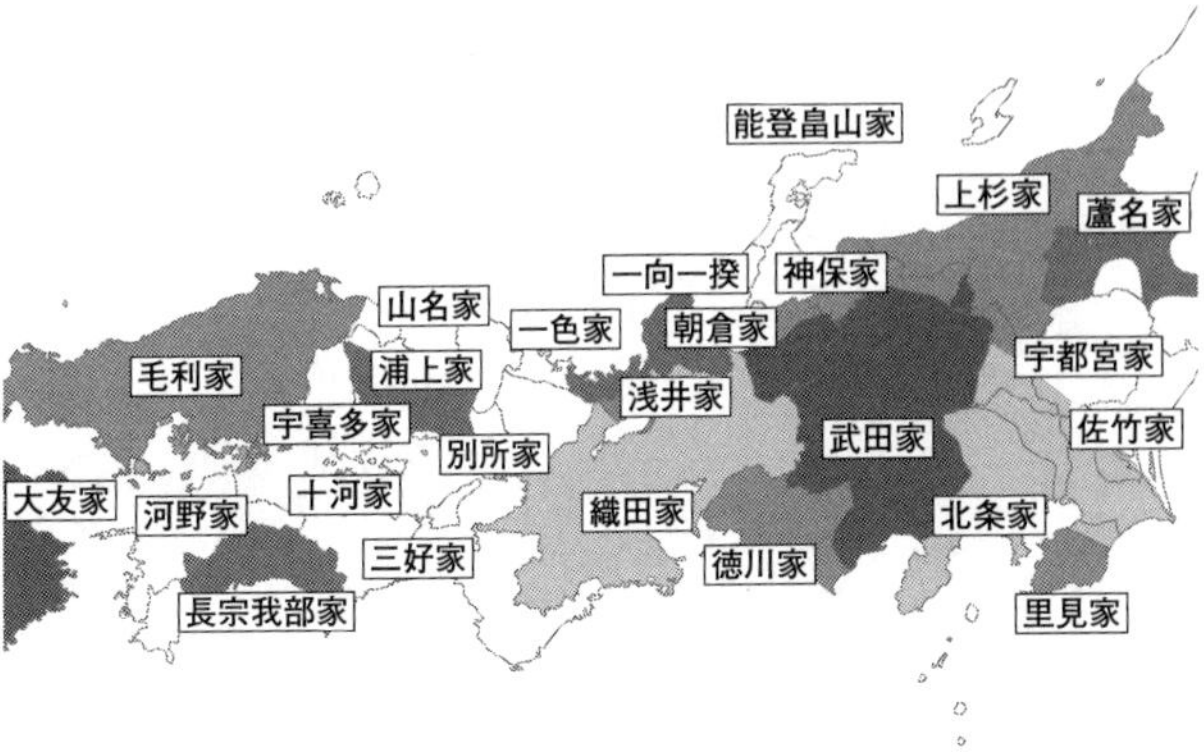

元亀3年（1572）頃の勢力図

九号）。ここに信玄は、和睦斡旋を行っていた将軍義昭、信長の面子を潰す動きに出たのである。

当時越中《えっちゅう》出陣中であった謙信は、信玄の変心を開戦に向けた意思表示と捉え、警戒した。その予想は的中し、九月末、謙信は武田軍が動き出したとの情報を掴んだ。そればかりか、信越国境で武田軍の姿をみたとか、春日山《かすがやま》城下にまもなく武田が攻め込んでくるなどの未確認情報が飛び交い、上杉方は動揺を隠せなかった。謙信は懸命に防備を固めるよう指示したが、越中から身動きが取れなかった。

武田方は、九月に軍勢の招集を終え、同二十二日、山県昌景《やまがたまさかげ》率いる先陣が甲府を出陣し信濃に向かった。そして信玄自身は、十月三

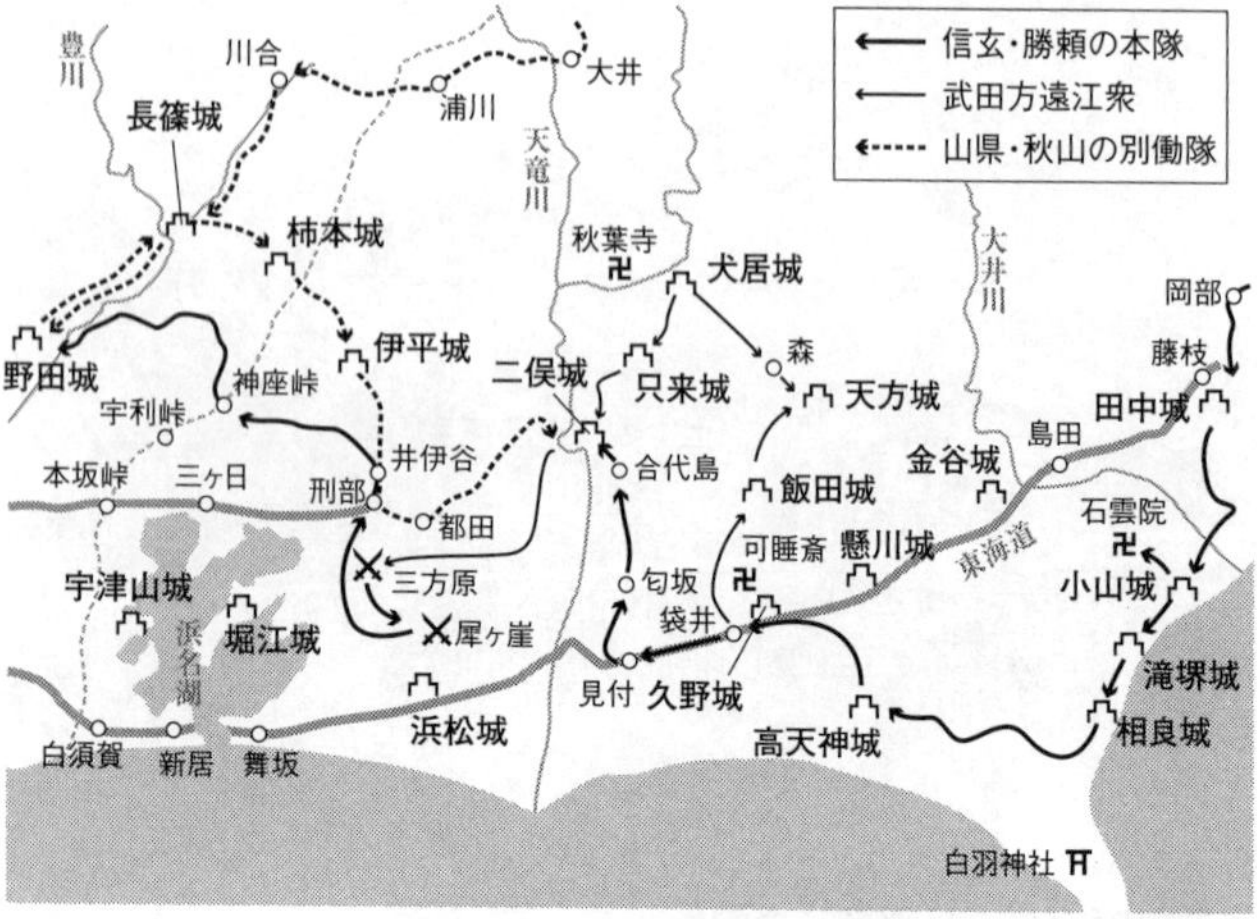

元亀3年10月〜同4年2月武田信玄の行軍経路

（本多隆成『徳川家康と武田氏』吉川弘文館を補訂）

日に甲府を出陣し、南下して駿河に向かったのである。このうち、謙信や信長は、山県の先陣を信玄本隊と誤認したらしく、武田軍は越後に向けて動き出したと勘違いしていた。

この事態に、「甲越和睦」の斡旋に懸命になっていた織田信長は、信玄に書状を送り、越後侵攻中止を申し入れた。信玄はこの要請を承知したと返答したらしく、十月五日、信長は信玄宛書状で謝意を伝えていた（信長補遺一三〇号）。だがこの時、武田軍は、徳川家康の領国に向けて進軍中であり、彼はまんまと信玄に騙《だま》されたのである。

十月十日、信玄本隊は駿河から大井《おおい》川を越え、遠江に侵入し、同二十一日までには、高天神城を攻め、城主小笠原氏助を降伏、開城させた（戦武一九七六号）。また、信濃に向かった山県昌景の軍勢は、伊那で大島城代（下伊那郡司）秋山伯耆守虎繁の軍勢と合流し、信濃・遠江国境を越え、遠江に侵入し、すでに内通していた奥三河《おくみかわ》山家三方衆を従えつつ、三河に侵入し、山吉田《やまよしだ》の柿本《かきもと》城を攻略し、十月二十二日、仏坂《ほとけざか》合戦で鈴木・近藤氏ら井伊谷《いいのや》三人衆の軍勢を撃破すると、そのまま一気に伊平《いだいら》城（井平城）を抜き、ここに布陣しつつ、井伊谷を制圧した。

山県・秋山勢が井伊谷に出てきたことを知った家康は、十月二十七日、彼らに浜名湖西の要衝宇津山《うつやま》城を奪われることを恐れ、松平備後守清善《びんごのかみきよよし》（竹谷《たけのや》松平氏）を派遣し、守りを固めさせている。

本多忠勝（良玄寺蔵、千葉県立中央博物館大多喜城分館提供）

信玄本隊は、十月二十二日頃には、袋井《ふくろい》に進出し、懸川城（城代石川家成《いえなり》）と浜松の連絡を遮断し、久野《くの》城主久野宗能《くのむねよし》を攻めた。武田軍の進出により、奥山、天野、松井氏らの国衆や、遠江の諸士は続々と武田方に靡《なび》いた。家康は、懸川、久野の後詰めのため、午後遅く軍勢を三箇野台《みかのだい》まで進出させ、自身も見付まで出陣した。だが、徳川軍は武田軍の追撃

二俣城復元井戸櫓(清滝寺境内)

を受け、木原畷《きわらなわて》、三箇野合戦で敗退し、一言《ひとこと》坂《ざか》で家康まで捕捉される事態となった。この時、本多《ほんだ》忠勝《ただかつ》、大久保忠世《ただよ》らが奮戦し、家康は虎口《ここう》を脱して浜松に帰還することができたという（一言坂合戦）。だがこの一連の戦いで、徳川方は見付を中心とする磐田《いわた》原《はら》台地を失ってしまい、懸川・久野との連絡を完全に封鎖されてしまったのである。

武田方は、匂坂《さぎさか》城を降伏させ、従属した遠江衆を磐田原台地とその周辺に点在する天方《あまがた》城、向《む》笠《かさ》城、一宮《いちのみや》城（真田《さなだ》城）、各和《かくわ》城に配置し、懸川城と久野城を封鎖した。武田軍は、十一月初旬より二俣《ふたまた》城（城将中根《なかね》正照《まさてる》）を包囲した。

いっぽう、十一月十二日以前に、東美濃岩村《いわむら》城では、家中が分裂し、武田方が実権を掌握して織田方を放逐《ほうちく》すると、信玄に支援を依頼してきた。そこで信玄は、山県・秋山勢に同陣していた下条信氏《しもじょうのぶうじ》（伊那国衆、下伊那吉岡《よしおか》城主）を岩村に派遣し、城を接収させている。

こうした事態に、織田信長は激怒し、信玄との断交を宣言した。また将軍義昭も、武田の侵攻に直面する徳川家康を督励《とくれい》している。だが、十一月晦日《みそか》、遂に二俣城も開城した。この結果、徳川家康は、遠江の三分の二と、三河の三分の一を失う大打撃を受けた。遠江で辛うじて徳川方であったのは、本拠浜松城を除けば、懸川城（石川家成）、久野城（久野宗能）、そして浜名湖東岸では堀江《ほりえ》城・志津《しづ》城（大澤基胤《おおさわもとたね》）、同西岸では宇津山城（松平清善）などを数えるに過ぎなかったのである。

家康と信玄⑤——三方原合戦

二俣城を攻略した武田軍は、しばらくの間、城の修築と補給路の確保を済ませると、元亀三年（一五七二）十二月二十二日、浜松城に向けて動き出した。家康は、籠城してこれを迎え撃とうとしていたが、武田軍は浜松の手前で進路を突如西に向け、三方原《みかたがはら》台地に上がってしまった。浜松城を無視してやり過ごし、家康の本国三河に侵攻する動きをみせたのである。そしてこれは信玄の挑発でもあった。もし家康が籠城したまま動かず、武田軍の三河侵攻を許せば、徳川は臆病で恃《たの》みにならずとみなされるようになり、遠江はもちろん、三河衆からも離叛される恐れが出てきたのである。家康は、面子と意地をかけて、武田軍の後を追わざるをえなかった。そして勝負どころは、武田軍が三方原台地から気賀《きが》に向けて祝田《ほうた》坂《ざか》を下り始めた時だと決めていた。

しかしここで武田軍は、さらに家康の意表を衝く動きに出る。祝田坂に向け、鳳来寺《ほうらいじ》道《みち》（金《かな》指《さし》街道）を進んでいた武田軍は、またもや進路を変え、堀江城に向かい始めたのである。ここで家康は、信玄の意図が浜松城封鎖であることを察知したとみられる。浜松城は、その補給の大部分を浜名湖水運に頼っており、これを東海道、本坂道（姫《ひめ》街道）、鳳来寺道が補完していた。ところが、鳳来寺道はすでに武田に封じられており、本坂道も不安定となっていて、補給と援軍を得るには心細い状況にあった。もし堀江城が武田の手に渡れば、浜名湖の制海権は敵の手に落ち、東海道も封じられてしまう可能性が高かったのである（東海道は、今切《いまぎれ》で寸断されており、今切の渡《わたし》を利用する必要があった）。

かくて家康は、自らの存亡をかけて、信玄と決戦をせねばならなくなった。それでも家康は、武田の動きを見定めつつ、一戦してすぐに後退する作戦を考えていたらしい。折しも、時刻は午後四時近くとなっており、日没も近かったことから、地の利がある徳川軍は大きな損害を出さずに撤退できると踏んでいたのだろう。

だが武田軍のほうが一枚上手であった。信玄は、先陣の軍勢にいた武家奉公人や陣夫《じんぷ》の人々（雑兵）に命じ、徳川軍に向けて礫《つぶて》を打たせたのである。この挑発に怒った徳川方の者たちが、武田軍に攻撃を仕掛け、足軽同士の小競り合いが始まってしまった。このため家康は、自分の作戦を実行できなくなり、やむなく応戦を下知した。両軍の戦闘が本格化すると、数で劣る徳川・織田連合軍は、中央を武田軍に切り破られ、午後六時頃、総崩れとなった。

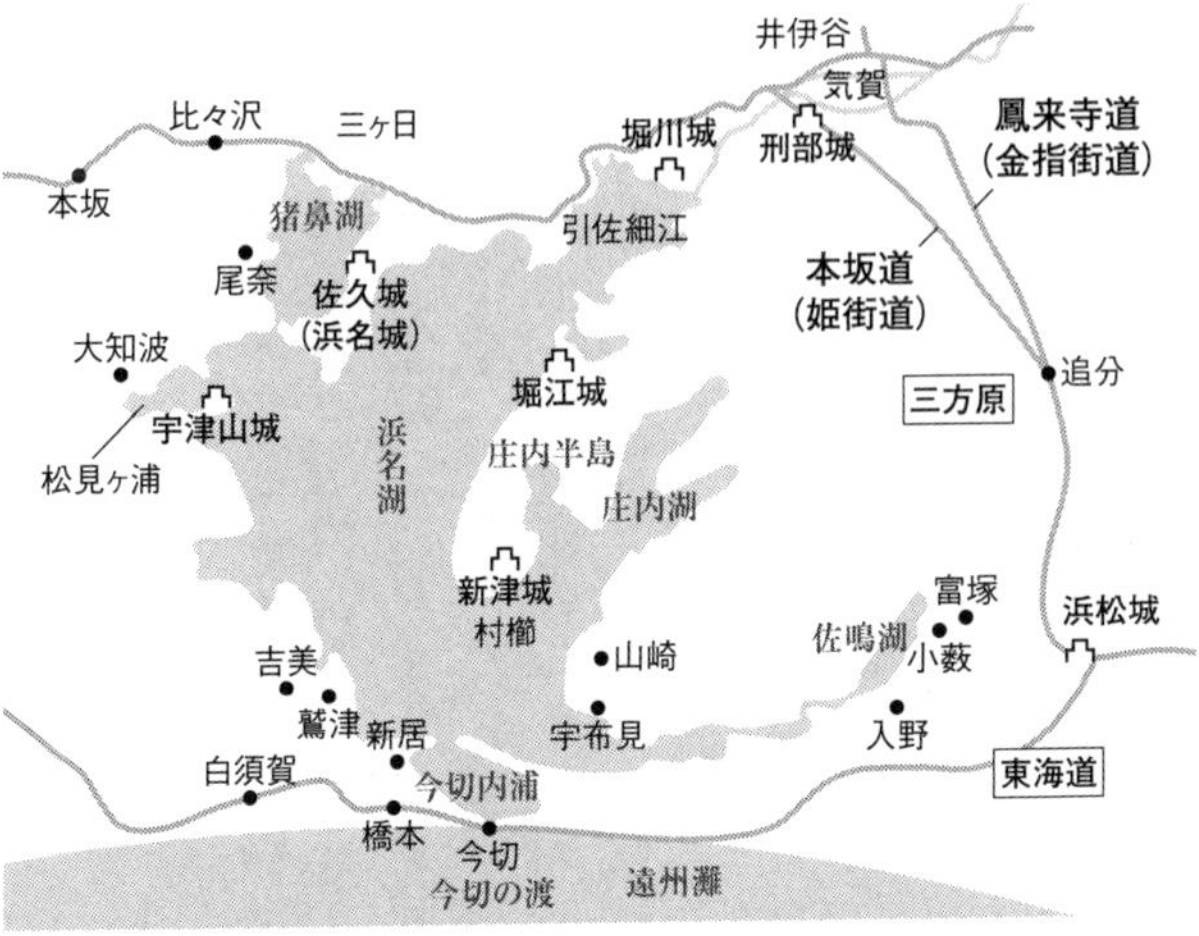

浜名湖水運と陸路関係要図

（『新説　家康と三方原合戦』平山優、NHK出版新書より転載）

浜松城・三方原周辺図

（『徳川家康と武田信玄』平山優、角川選書より転載）

家康は、旗本たちや、迎えに出てきた浜松城留守居の夏目《なつめ》広次《ひろつぐ》らの軍勢に守られながら、浜松城に逃げ延びた。途中、家康は何度も武田方の兵に遭遇し、捕捉されそうになったが、家臣たちが身代わりとなって血路を拓いたことから命拾いしたという。かくて家康は、浜松城にたどり着き、命を繋ぐことができた。城では、家康戦死の虚報が飛び交い、大混乱に陥っていたというが、家康の帰還で落ち着きを取り戻した。

その後、両軍は、犀ヶ崖《さいがけ》で小競り合いを行ったといわれるが、武田軍は浜松城下には突入せず、戦闘は夜半には終了した。徳川・織田連合軍は、家康家臣夏目広次、本多忠真《ただざね》、織田援軍平手《ひらて》汎秀《ひろひで》ら千余人が戦死したとされる。武田軍の戦死者は、数百人程度で、重臣クラスの戦死者は確認されておらず、損害は軽微であったと推定される。

家康を撃破した信玄は、十二月二十三日から同二十七日にかけて堀江城を攻めた。しかし城主大澤基胤の奮戦もあり、武田軍も自重し、刑部《おさかべ》に後退してここで越年した。年が明けた元亀四年一月三日（七日説もある）、武田軍は行動を再開し、三河に侵入すると、野田《のだ》城（城主菅《すが》沼定盈《ぬまさだみつ》）を包囲した。武田軍の狙いは、ほぼ全軍が浜松に参陣しており、まったくの手薄となっていた家康の本国三河を蹂躙《じゅうりん》することであり、当面の作戦は、野田城を攻略して信濃との補給路を確保した後に、渥美《あつみ》郡を制圧することであった。渥美郡には、吉田城、田原城などがあり、しかも三河湾に面していて、尾張・三河から輸送される兵粮などは、渥美郡高師《たかし》から陸揚げされ、浜名湖水運に接続のうえ、浜松城に送られていた。もし渥美郡が武田の手に落ちれば、家康は浜松城を放棄せざるをえなくなるだろう。さらにこの時武田方は、武田海賊衆を三河湾に突入させており、田原に放火していたのである。陸路からは武田信玄本隊が、海路からは武田海賊衆が渥美郡制圧に向けて動いていたことになる。

家康は、野田城を救援すべく、一月下旬か二月初旬に東三河に出陣し、野田城近くの笠頭山《かさがしらやま》（旗頭《はたがしら》山）に布陣したが、武田軍に手も足も出ず、その後は吉田城に在城し、事態を見守るしかなかった。家康の後詰めを受けられなかった野田城は、二月十日頃降伏、開城した。いよいよ武田軍は、家康が在城する吉田城か、田原城を目指し進んでくるかに思われた。ところが案に相違して、武田軍は長篠《ながしの》城に入り、そのまま動かなくなったのである。

これは信玄の病が重篤《じゅうとく》となり、作戦継続が困難になったからだと推定されている。武田軍は絶好の機会であったにもかかわらず、行動を停止し、そして四月、信濃に向けて撤退していったのである。

家康にはまったく不可解としかいいようのない武田軍の撤退であったが、このことが彼の命運を繋ぐ結果となったのだった。

第二章　危機の深化

信玄死去直後の徳川領国

武田信玄の侵略を辛うじて凌《しの》ぎきった家康であったが、信玄が死去した元亀《げんき》四年（一五七三）四月の家康を取り巻く状況は危機的であった。繰り返しになるが、当時の徳川領国は、武田信玄の侵略により、危機的状況にあった。まず、遠江《とおとうみ》で家康が維持できていたのは、懸川《かけがわ》城（城代石川家成《いえなり》）、久野《くの》城（城主久野宗能《くのうむねよし》）、浜松《はままつ》城（家康本拠）、堀江《ほりえ》城・志津《しづ》城（城主大澤基胤《おおさわもとたね》）、宇津山《うつやま》城（城将松平清善《きよよし》）に過ぎなかった。また家康本国三河《みかわ》は、碧海《へきかい》、賀茂《かも》、額田《ぬかた》、幡豆《はず》、宝飫《ほお》、八名《やな》、渥美《あつみ》、設楽《したら》郡八郡のうち、武田方に帰属した山家三方衆《やまがさんぽうしゅう》の本領設楽郡、野田《のだ》城の失陥により八名郡、宝飫郡の一部も武田に奪われる事態となっていた。

また、武田軍は野田城攻略後、城を破却して撤退しており、野田菅沼《すがぬま》領は武田に占領されたばかりか、拠点城郭を喪失した状態にあった。信玄は、自らの死を予感したのか、武田軍撤退後、徳川が反撃してくることを予想して、奥三河各所の城郭の改修と、在城、在番《ざいばん》衆の配置に気を砕いた。まず、将来の岡崎《おかざき》城攻略のために、宮崎に砦《とりで》（久保《くぼ》城か。岡崎市石原町）を築かせた（『軍鑑』）。また長篠《ながしの》城と作手《つくで》城（亀山《かめやま》城もしくは古宮《ふるみや》城）の普請を実施させ、ここに番手《ばんで》衆を配置した（『当代記』）。

いっぽうの家康は、武田方の様子を慎重に探りながら、失地回復に動き始めた。

家康、磐田原台地の奪回に動く

武田信玄が陣歿《じんぼつ》した元亀四年四月十二日、徳川家康は、東三河の拠点吉田《よしだ》城に在城していたと推定される。彼は、野田城に籠城していた菅沼定盈《さだみつ》の援軍要請を受け、二月早々に浜松を出陣し、野田城郊外にある笠頭山《かさがしらやま》に着陣した。だが、武田軍と合戦をする余裕はなく、やむなく吉田城に入り、武田軍の動向を監視していたのである。その後家康が、岡崎や浜松に移動した様子がないので、吉田城に在城し、武田方の動向を注視していたとみてよかろう。

そしてまもなく家康は、武田軍の不可解な撤退は、信玄死去によるものだとの情報を察知したのである。家康は、信玄死去の噂の実否を確かめるべく、まず武田方に奪われていた磐田《いわた》原《はら》台地の回復に着手した。家康は、懸川城の石川家成、久野城の久野宗能を各和《かくわ》城と一宮《いちのみや》城（真田《さなだ》城）に、酒井《さかい》忠次《ただつぐ》を向《む》笠《かさ》城に、平岩親吉《ひらいわちかよし》を天方《あまがた》城に、それぞれ派遣し、攻略するよう命じた。これらの諸城は、武田方に帰属した遠江衆が寄合《よりあい》で守備をしていたが、武田軍の支援を欠いていたこともあり、たちまち陥落した。とりわけ、要害堅固な天方城には、久野弾正《だんじょう》（久野城主久野宗能の伯父《おじ》）が在城していたが、徳川軍の攻撃に耐えきれず、城を捨てて甲斐《かい》に逃れたという（『浜松御在城記』『武徳編年集成』他。なお諸記録は、この戦闘を天正《てんしょう》元年〈一五七三〉三月の出来事と記すが、五月のことと推定する）。この他に、匂坂《さぎさか》城や飯田《いいだ》城も徳川に降伏したと考えられる。かくて徳川氏は、浜松と久野、懸川間の封鎖解除に成功し、石川家成と久野宗能の危機を救ったのである。また、記録では確認できないが、同じ頃、武田氏に従属していた高天神《たかてんじん》城・馬《ま》伏塚《むしづか》城主小《お》笠原《がさわら》氏助《うじすけ》も徳川方に再帰属を果たしたようだ。

こうして浜松・懸川間の通路を確保すると、家康は五月九日、軍勢を駿河《するが》に進めた。徳川軍は大井《おおい》川を渡《と》河《か》し、岡部《おかべ》に放火した（『武徳編年集成』他）。これら一連の軍事行動が行われているにもかかわらず、武田方から何らの反撃もみられなかった。これにより家康は、信玄の死を確信し、上杉謙信《けんしん》にこれを報じた（上越一一六一号）。この時家康は、軍勢を駿府《すんぷ》や久能《くのう》城の城下（「根《ね》古《こ》屋《や》」）まで進め、これを蹂躙《じゅうりん》したと記すが、事実かどうかは確認できない。恐らく話が誇張されている可能性が高い。

さらに徳川方は、十一月に井《い》伊谷《いのや》を奪回したらしい。こうして徳川方は、鳳来寺《ほうらいじ》道《みち》を確保し、浜松城と三河方面との路次再開が実現したのである。

武田勝頼の登場

武田軍が去った遠江で、家康が反撃に転じている頃、武田家では信玄の後継者となった勝頼が、家中のとりまとめに苦慮していた。そもそも勝頼は、信玄の四男で、信濃《しなの》諏《す》方《わ》家の後継者とみなされ、諏方四郎と呼ばれていた。そのため、彼の諱《いみな》には、武田家の通字《とおりじ》「信」が、信玄の息子たちのなかで唯一つけられてはおらず、諏方家の通字「頼」を戴いていたのである。しかし、勝頼は祖父諏方頼重《よりしげ》（諏方惣領《そうりょう》家）の名跡を継いだものの、その本城たる諏方上原《うえはら》城には入城せず、高遠《たかとう》諏方家の居城高遠城の城主となるなど、諏方家の後継者としてもかなり変則的な立場に置かれていた。そのため、勝頼自身は「諏方四郎神《じん》勝頼」と名乗っていたが、同盟国北条《ほうじょう》氏からは「伊《い》奈《な》四郎」などと呼ばれていた。

武田勝頼（法泉寺蔵）

　このように勝頼は、ほんらい武田家を相続する立場にはなかったのである。ところが、永禄《えいろく》八年（一五六五）十月の義信《よしのぶ》事件を契機に、勝頼の運命は大きく変転していく。勝頼の異母兄義信は、甲尾同盟（武田と織田信長との同盟、永禄八年九月盟約、十一月成立）をめぐって、父信玄と激しく対立し、クーデターを計画したのである。これは信玄が察知し、計画は失敗に終わった。だが、この事件で、異母兄義信は廃嫡《はいちゃく》となり、永禄十年十月、甲府東光寺《とうこうじ》に幽閉されたまま病歿する（享年三十）。

　永禄十年の段階で、信玄の息子で、後継者になりうる年齢まで成長していたのは、次男龍宝《りゆうほう》（当時二十七歳）と四男勝頼（当時二十二歳）の二人だけで（三男信之《のぶゆき》は夭折《ようせつ》）、その下の五男盛信《もりのぶ》は当時まだ十一歳に過ぎなかった。ところが、龍宝は天然痘の奇禍《きか》により失明していたため、四男勝頼が信玄の後継者に据えられることとなったのである。

勝頼は、永禄五年から高遠城主として、同七年には一軍を率いる物主《ものぬし》として（丸島和洋・二〇一七年②）、そして義信に次ぐ「事実上の次男」として扱われていたものの、まさか信玄の後継者に指名されることになろうとは、予想もしていなかったであろう。ましてや、家中の家臣たちからすればなおさらである。

元亀《げんき》元年（一五七〇）、勝頼は高遠から甲府に移り「武田」に復姓した。この時、父信玄は、室町幕府将軍足利義昭《よしあき》に、勝頼への任官と偏諱《へんき》を申請したが、交渉は失敗に終わっている。その理由は定かでない（丸島和洋著・二〇一七年）。その後、信玄は勝頼の改名や任官に奔走した形跡はない。勝頼は、父信玄とともに、各地を転戦し、物主としての実績を積んでいくが、重臣らにとっては、信玄の息子であるとはいえ、勝頼は同僚であり、主君として仰ぐにはまだ時間が必要であった。ましてや、勝頼は諏方家の人物という印象は否めなかったと考えられる。もし信玄が後見として勝頼を支え続けていれば、家中の人々との調整は順調に進み、家督相続は難なく行われたであろう。だが、わずか三年余で父信玄は死去してしまったのである。

勝頼は、父信玄は病気のため隠居したと公表し、自身の家督相続を宣言した。だが、重臣らとの間で軋轢《あつれき》があったらしく、勝頼は彼らとの関係調整に意を注がねばならなかったらしい。信玄死去から十一日後の四月二十三日、勝頼は、重臣内藤修理亮昌秀《ないとうしゅりのすけまさひで》（西上野《にしこうずけ》国箕輪《みのわ》城代）に三ヶ条の起請文を与え、互いにわだかまりなく尊重しあうこと、勝頼は自分のために思って意見してくれるのであれば聞き届けること、勝頼と不仲な人物であっても今後しっかり奉公するというのであれば無視せぬことなどを誓約している（戦武二一二二号）。このことは、新当主勝頼と重臣層との間で、何らかの衝突があったことを物語っており、勝頼の家督相続は波乱の幕開けとなったのであった。

そのような状況のため、武田氏の動きはさらに停滞を余儀なくされた。信玄の病気が重篤になった元亀四年二月から数えて、すでに二ヶ月が過ぎているなか、さらなる武田氏の活動低下は、家康にとって貴重な息継ぎの時間となったのである。

家康、武田方への反撃を準備す

家康は、五月以後、浜松城の脅威となっていた二俣《ふたまた》城奪回に向けて動き出した。『三河物語』によると、元亀四年（一五七三）に家康は、二俣城への付城《つけじろ》として、社山《やしろやま》城、合代島《ごうだいじま》（亀《かめ》井戸《いど》城）、和田ヶ島《わだがじま》砦を取り立てたという。このうち、社山城と合代島は、武田軍が二俣攻めの際に使用したものを奪取したものであり、新造は和田ヶ島砦だけであろう。

さらに家康は、本国三河での退勢挽回を図るべく、山家三方衆に触手を伸ばした。当時、山家三方衆の田《だ》峯《みね》菅沼刑部丞《ぎょうぶのじょう》定忠《さだただ》、長篠《ながしの》菅沼右近助《うこんのすけ》正貞《まさただ》、作手奥平定能《おくだいらさだよし》は、武田氏から安堵された旧領と、新恩として与えられた所領の配分をめぐって争っており、亀裂が生じていた。

信玄の後継者となった武田勝頼は、元亀四年六月晦日《みそか》付で、三人に判物《はんもつ》を与え、所領の配分については互いの遺恨を抛《なげう》ち、「衆中談合」にて解決するよう指示した。この「衆中談合」とは、山家三方衆間での話し合いと調整を意味しており、武田氏は彼らの自立的な動きを尊重し、その紛争解決を彼らに委《ゆだ》ね、結果を承認する意図だったのだ。だが、とりわけ奥平定能は「衆中談合」の内容を不服とし、これを七月、武田氏に上訴《じょうそ》したのである。だが武田氏は、あくまで問題の解決を山家三方衆内部で済ませるよう指示し、事実上門前払いしたのである。武田氏に対する奥平氏の不満は高まっていた。ここに家康は目をつけたのである。また、長篠菅沼正貞にも照準を定めた。

家康は、元亀四年五月十三日、三河吉田城に入り、長篠城や作手亀山城などの情報収集に当たった。当時、長篠城には、城主菅沼正貞、同新兵衛尉《しんべえじょう》（正貞の弟）、小笠原信嶺《おがさわらのぶみね》（信濃国衆《くにしゅう》、伊那松尾《まつお》城主）、室賀《むろが》満正《みつまさ》（一葉軒禅松、小県《ちいさがた》郡室賀城主）、武田家臣吉田某（吉田左近助信生か）が、また作手亀山城には、奥平定能・信昌《のぶまさ》父子、奥平道紋（定能の父、奥平定勝）らが在城していた。

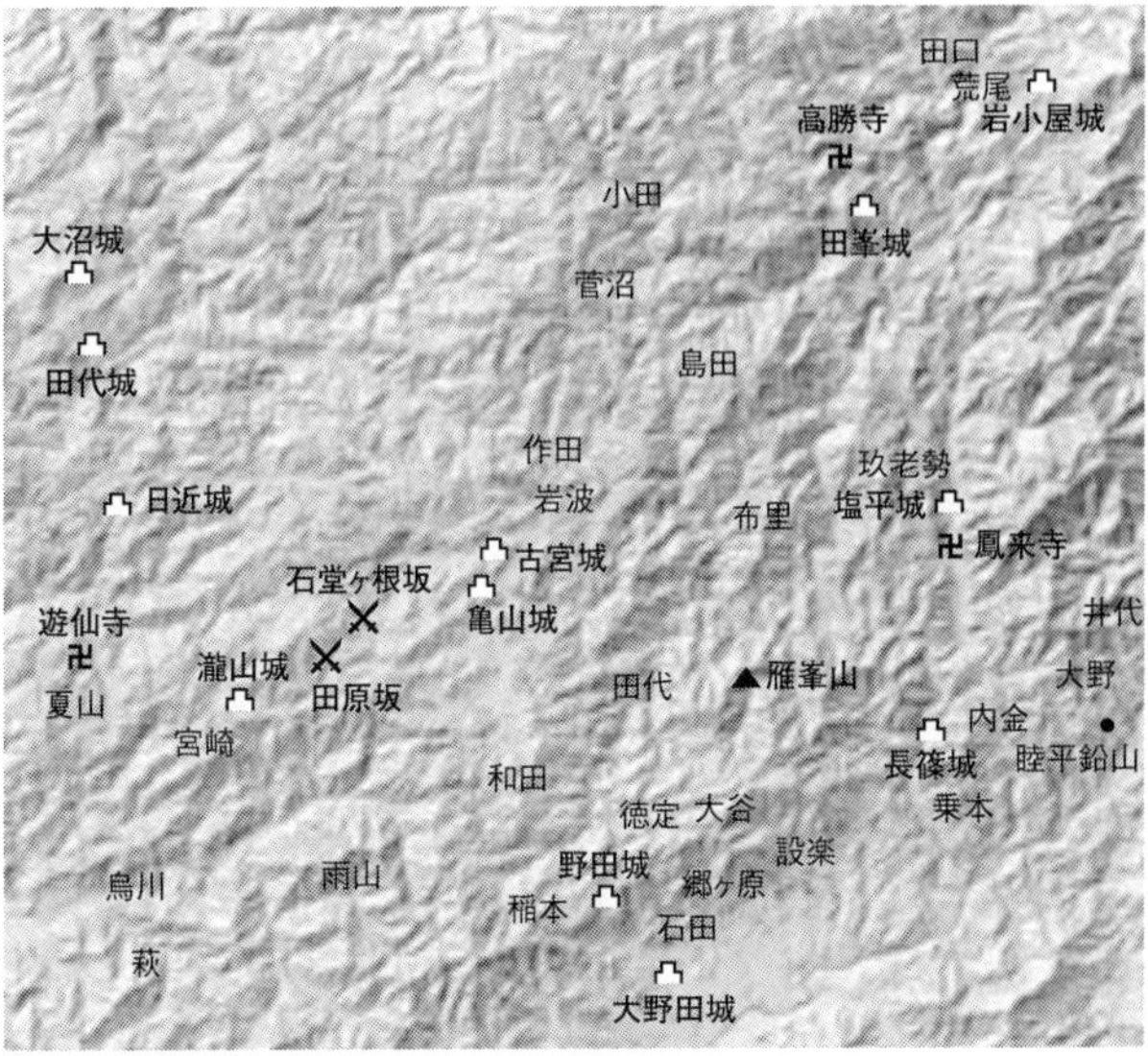

山家三方衆関係要図
（地理院　陰影起伏図をもとに作成）

このうち家康は、奥平定能・信昌父子と菅沼正貞に誘いをかけたという。そのうえで、七月十九日、三千余を率いて長篠城に向けて出陣した。徳川軍は、二十日より長篠城を包囲した。

徳川軍が長篠城を包囲したことは、甲府の武田勝頼のもとに伝えられた。勝頼は、七月二十三日から晦日にかけて、軍勢を逐次出陣させた。勝頼は、奥平道紋・定能父子に書状を送り、自身も八月上旬には出陣する予定であるので、家康を足止めしておくよう指示した。だが勝頼は、自身の喪明けまで対外戦争を自粛せよとの信玄の遺言を遵守《じゅんしゅ》する重臣らの意

長篠城跡

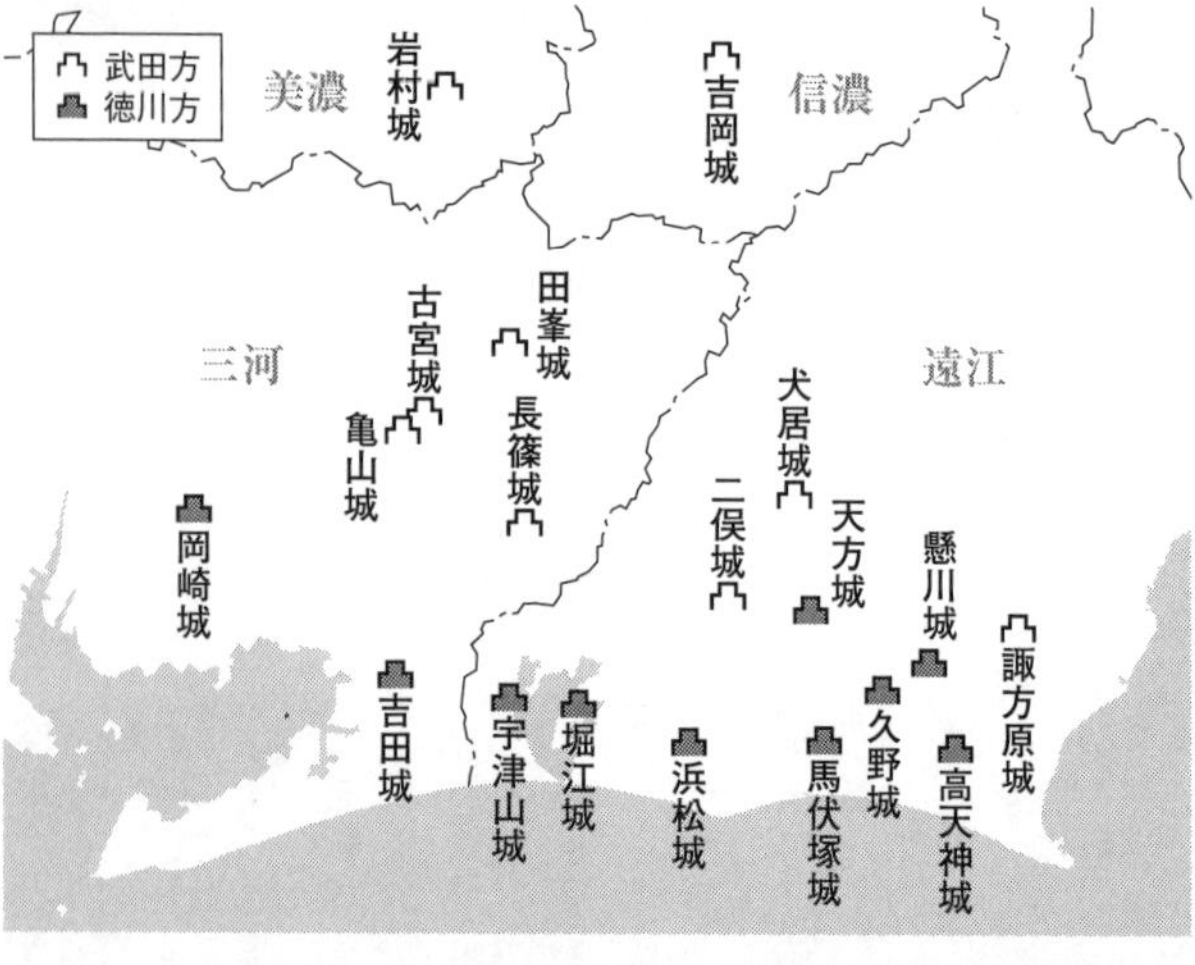

元亀4年（1573）7月時点の徳川・武田方の城

野田城はこの時は破却されている

見に押され、自ら出陣することを押しとどめられたばかりか、全領国からの軍勢動員も果たせず、甲斐一国から招集した軍勢のみで対応せざるをえなかったという（『軍鑑』）。

そのため伊那を経由して長篠城へは武田信豊《のぶとよ》・小山田《おやまだ》信茂《のぶしげ》・馬場《ばば》信春《のぶはる》・土屋《つちや》昌続《まさつぐ》らが、遠江国森を経由し浜松城方面へは山県昌景《やまがたまさかげ》・武田逍遙軒《しょうようけん》信綱《しんこう》・一条信龍《いちじょうのぶたつ》・穴山信君《あなやまのぶただ》らがそれぞれ派遣された。ただ勝頼は、上野・信濃衆の到着次第、自ら出馬するつもりでいたようだ。武田軍のうち信豊・小山田・馬場らは、八月中旬、長篠城近くの玖《く》老《ろ》勢《ぜ》（黒瀬《くろぜ》）に着陣した。徳川と武田の衝突は、時間の問題となっていった。

奥平定能・信昌父子の帰属と長篠開城

家康は、長篠城攻めのために、付城として久間《ひさま》山《やま》砦と中山《なかやま》砦を築き、ここに酒井忠次・松平康忠《やすただ》・菅沼定盈らを配備した（『譜牒余《ふちょうよ》録《ろく》』他）。また武田軍の後詰めを警戒して、有海《あるみ》原《はら》、古《こ》呂《ろ》水《みつ》坂《さか》、篠原、岩城などに軍勢を配置している。

時期は明らかでないが、徳川軍が長篠城に向けて火矢を放ったところ、建物に火がつき、二の丸が焼失してしまったという（『譜牒余録』。なお『三河物語』『当代記』は城の建物のほとんどが焼失したというが誇張だろう）。

この間にも家康は、奥平定能・信昌父子への調略を進めていた。八月二十日、家康は奥平父子に起請文を与え、破格の条件で武田からの離叛を促したのである。それは以下のようなものであった（家康一九八）。

①今度申し合わせたように、来《きた》る九月中には、奥平信昌と家康息女亀姫《かめひめ》との祝言を執り行うこととする。
②本領や日近《ひぢか》奥平氏の所領、遠江の知行などはすべて安堵する。
③田峯菅沼氏やその与党の本領と遠江の知行をすべて与える。
④長篠菅沼氏やその与党の本領と遠江の知行をすべて与える。
⑤新知行として三〇〇〇貫文を半分は三河で、残りを遠江の河西《かさい》（天竜《てんりゅう》川以西）で与える。
⑥三浦氏の跡職は、今川氏真《いまがわうじざね》の許可を得て奥平氏に与えることとする。
⑦織田信長より起請文を取って奥平氏に渡すようにする。そちらの希望である信濃伊那《いな》郡が欲しいとのことも、信長に申請しておく。

ここで家康は、三河の一国衆に、自身の息女を娶《めあわ》せるという破格の条件を提示している。これを知った家康の嫡男信康《のぶやす》は、同母妹亀姫が奥平信昌に嫁ぐことを知って憤慨し、父家康にこれを撤回するよう強く迫ったという。困惑した家康は、信康の舅《しゅうと》信長に事情を伝えたところ、信長は今回は武田と戦うためにはぜひとも必要な工作であるので、何とか堪忍して欲しいと信康を説得した。すると信康も、二人にそういわれては従うしかないと、不承不承ながら承知したという（『三河物語』）。記録をみる限り、これが、家康・信康父子の最初の確執である。

この直後、奥平父子は、家康に内通しているとの噂が、武田方に流れた。事態を重くみた土屋昌続は、武田軍の陣所玖老勢に奥平定能を召喚《しょうかん》した。定能は、誅殺されることを警戒しつつ、わずかな家臣を連れて玖老勢に赴《おもむ》いた。定能はその場で、土屋らの厳しい詰問を受けたが、すでに人質として息子仙千《せんち》代《よ》丸《まる》を差し出し、忠節を尽くしていることなどを言上し、顔色一つ変えず、堂々と返答したという。土屋はなおも定能を疑っていたようだが、確証を摑めぬままであった。そこで、武田方となっていた田峯菅沼重臣城所道壽《きどころどうじゅ》は一計を案じ、定能の帰りを陣所の外で待っていた家臣奥平六兵《ろくべ》衛尉《えじょう》に向かって、「お前の主人は叛逆が露見し、たった今成敗されたぞ」と言い放った。ところが、定能より「武田方より何を言われても、自分の首をみるまでは決して驚いたり、動揺したりするな」とあらかじめ言い含められていた六兵衛尉は表情を変えず、「それは何かの間違いでしょう」と平然と言い返したという。城所は思惑が外れ、定能の離叛の確証を結局得られなかった。しばらくして定能は、武田の陣所を辞し、作手に帰ることができたという（『朝野』他）。

定能は作手に帰還すると、情報漏洩《ろうえい》と武田方の警戒が強化されたことを重視し、長篠城攻撃

田峯城跡

中の徳川方に、城から脱出することを伝えるとともに、亀山城内の父道紋と弟五郎左衛門《ごろうざえもん》常勝《つねかつ》に徳川方への帰属を勧めた。だが、彼らは肯《がえ》んじなかったため、急遽、定能・信昌父子だけが脱出することとなったという。

奥平父子から作手出奔《しゅっぽん》の計画を伝えられた家康は、ただちに本多広孝《ひろたか》・康重《やすしげ》父子、松平伊忠《これただ》、平岩親吉らを作手方面に派遣した。奥平父子の作手出奔については、八月十五日夜説と、同二十五日夜説があるが確定できない。いずれにせよ、奥平父子は、妻子たちを引き連れ、深夜秘かに亀山城を脱出した。

奥平父子の脱出に気づいた武田方は、古宮城の武田勢と、亀山城の在番衆らが後を追った。奥平父子は、石堂ヶ根坂で敵に追いつかれたが、奮戦してこれを撃退したという。夜が明けると、家康が派遣してきた本多・平岩らの援軍と合流することができ、奥平父子は一安心したが、玖老勢から武田方の武田信豊・土屋昌続の軍勢が、奥平父子を討ち取るべく、進出してきたという。

かなわぬとみた奥平・本多らは、宮崎（岡崎市額田《ぬかた》町）に退き、ここで武田軍の攻撃を凌《しの》いだ。奥平父子の離叛は、武田方に動揺と混乱をもたらした。宮崎方面に武田信豊らの軍勢が移動してしまったため、長篠城を救援するための兵力が低下し、馬場信春を残すのみとなってしまった。そのため馬場は、徳川方の策略に乗ぜられることはなかったが、まったく身動きが取れず、長篠城を支援できなくなった。

奥平信昌（久昌院蔵、新城市設楽原歴史資料館提供）

その間徳川軍は、長篠城攻めを継続し、九月七日、遂に籠城衆を降伏、開城させることに成功した。籠城していた室賀満正、長篠菅沼正貞、菅沼新兵衛尉らは助命され、鳳来寺《ほうらいじ》に退去した。家康は、長篠城に五井《ごい》松平景忠《かげただ》を配備したという。

長篠城を確保した家康は、ただちに陣払いを行い、遠江に撤収し、森方面から浜松に進

榊原康政（部分、東京国立博物館蔵、Image: TNM Image Archives）

出していた武田軍と対抗しようとしたのである。

徳川軍、初めて武田軍を撃破す

長篠城の陥落と、奥平父子の離叛による三河の武田方の混乱を知らぬ武田信綱、穴山信君、山県昌景らの軍勢は、信濃から遠江に入り、浜松を目指して南下していた。山県・穴山らの軍勢は、宇《う》刈《がり》、山梨《やまなし》（袋井《ふくろい》市）に在陣し、各所を放火しつつ、苅田《かりた》、乱取りを行っていた。武田信綱の軍勢も堀越《ほりこし》（袋井市）に進出していた。そこに、家康が浜松城に帰還したとの情報が寄せられた。驚いた武田方は、撤退を始めたという（『当代記』）。ところが折しも、濃霧が発生し、地の利に暗い武田方には不利な状況となった。

九月十日、武田・徳川両軍ともに、濃霧のなか、索敵《さくてき》活動を行っていたところ、本多忠勝、榊原康政《さかきばらやすまさ》、本多重次《しげつぐ》、大須《おおす》賀《が》康高《やすたか》の軍勢が、堀越で武田信綱の軍勢と遭遇し、間髪を容れず猛攻を仕掛けたという。これにはたまらず、信綱勢は敗北し逃走した（『軍鑑』『大須賀記』『寛永伝』他）。

また森に在陣していた穴山信君も、油断していたところを徳川軍に不意を衝かれ敗退したという（『三河物語』）。かくてこの合戦は、徳川軍の勝利に終わった。徳川軍は、初めて武田軍を撃破したのである。

山県昌景は、別の地域を進軍しており、この合戦には参加していなかった。敗報を聞いた昌景は、現場に急行し、敗軍を収容して無事、全軍を信濃へ撤退させることに成功した。この敗北は、三河と遠江の武田方の情報共有の欠如による連携不足が原因であった。『当代記』によると、山県昌景や穴山信君らは、長篠落城と徳川家康本隊の遠江転進を知らされておらず、敵襲を予想できなかったといい、帰国後、情報を知らせなかった武田信豊と馬場信春を責めたという。

穴山信君（東京大学史料編纂所蔵模写）

いっぽう、宮崎に撤収した奥平父子と本多広孝らの軍勢は、武田信豊・土屋昌続らの軍勢の進出をみて、ここでの抵抗は不利と悟り、瀧山《たきやま》へと後退し、城普請を実施して敵を食い止めようと考えた。九月二十一日、武田勢は宮崎瀧山に攻め寄せてきたという。だが、まだ徳川方は柵を設置しただけで、城砦とはとてもいえぬ状況であったが、ここで弓・鉄炮を駆使し懸命の防戦を試みた。そのため、武田方は敵を殲滅《せんめつ》できぬと考え、撤退を開始した。これをみた奥平父子らは追撃を展開し、田原坂で激戦となった。この合戦で、武田方は奥平助次郎《すけじろう》定包《さだかね》ら多数が戦死し、敗退したという。勢いに乗った奥平父子らは、作手の赤羽根《あかばね》、島田などで小競り合いを繰り返し、この地域を焼き払ったという。武田方は攻撃を自重し、勝頼の命により、作手の防衛強化に努めた。十二月には、上野国衆小幡《おばた》氏、信濃国衆大井氏、武田鉄炮衆玉虫定茂《たまむしさだしげ》らが作手古宮城に配備されている。このように、奥三河でも、武田方は徳川方に敗北を喫し、奥平父子の出奔を防げぬ大失態を冒したのであった。

家康、犬居攻めで大敗を喫す

思わぬ不覚を取った武田方は、内通の噂があった長篠菅沼正貞とその妻子を捕縛し、信濃小《こ》諸《もろ》城に幽閉した（『当代記』他）。また、九月二十一日には、奥平定能の息子仙千代丸、おふう（於安、おあわ、おつう、おひさとも。日近奥平貞友息女、奥平信昌の妻か）、虎之助《とらのすけ》（萩奥平勝《かつ》次《つぐ》の息子）らを鳳来寺麓《ふもと》の金剛堂前で処刑している（丸山彭《あきら》編・一九八〇年）。

こうして家康は、元亀四年（一五七三）五月より武田方への反攻を開始し、三河では野田《のだ》領と長篠領を奪い返し、作手奥平定能・信昌父子の取り込みに成功した。また遠江では、磐田原台地の諸城奪回を果たしただけでなく、高天神城主小笠原氏助の再帰属をも実現させた。かくて家康は、武田信玄に奪われた領土のかなりの部分を回復することに成功したのであった。

明けて天正二年（一五七四）一月、武田勝頼は東美濃に出陣して岩村城に入ると、周囲の織田方の諸城への攻撃を開始した。勝頼の侵攻を知った織田信長は、二月一日、先陣を東美濃に派遣し、五日に息子信忠とともに岐阜城を出陣した。織田軍は、大井、中津川まで進軍したが、軍勢が揃わず、険阻《けんそ》な山岳地帯に展開する武田軍に手が出せなかった。信長は家康に支援を要請し、徳川勢を足助《あすけ》と小原（豊田市）に配置させて、武田軍を牽制させた。だが、その間に、明知《あけち》城が陥落し、東美濃の城砦十八城が攻め落とされてしまったという（『信長公記』『軍鑑』他）。武田軍は、東美濃で勢力を拡大すると、二月中旬には信濃に撤退したらしい。

武田軍が信濃に撤退し、甲斐に帰還したことを知った家康は、越後上杉謙信《けんしん》と連絡を取り、武田氏を挟撃する手筈を整えた。謙信が信濃、甲斐に出陣するのに呼応して、家康は駿河に出兵することになった。しかし双方の出陣は遅れ、謙信は二月五日に上野国沼田《ぬまた》に出陣し、関東を席巻した。これに対し家康は、謙信との約束にかなり遅れて、四月早々、浜松を出陣した。謙信が信濃に出兵しなかったのと同じく、家康も約束した駿河ではなく、北遠江を目指した。

目標は、犬居《いぬい》城主天野《あまの》藤秀《ふじひで》である。家康が犬居城の攻略をもくろんだのには理由があった。浜松城の脅威たる二俣城の攻略である。家康は、武田方の依田《よだ》信蕃《のぶしげ》が守る二俣城を正面攻撃せ

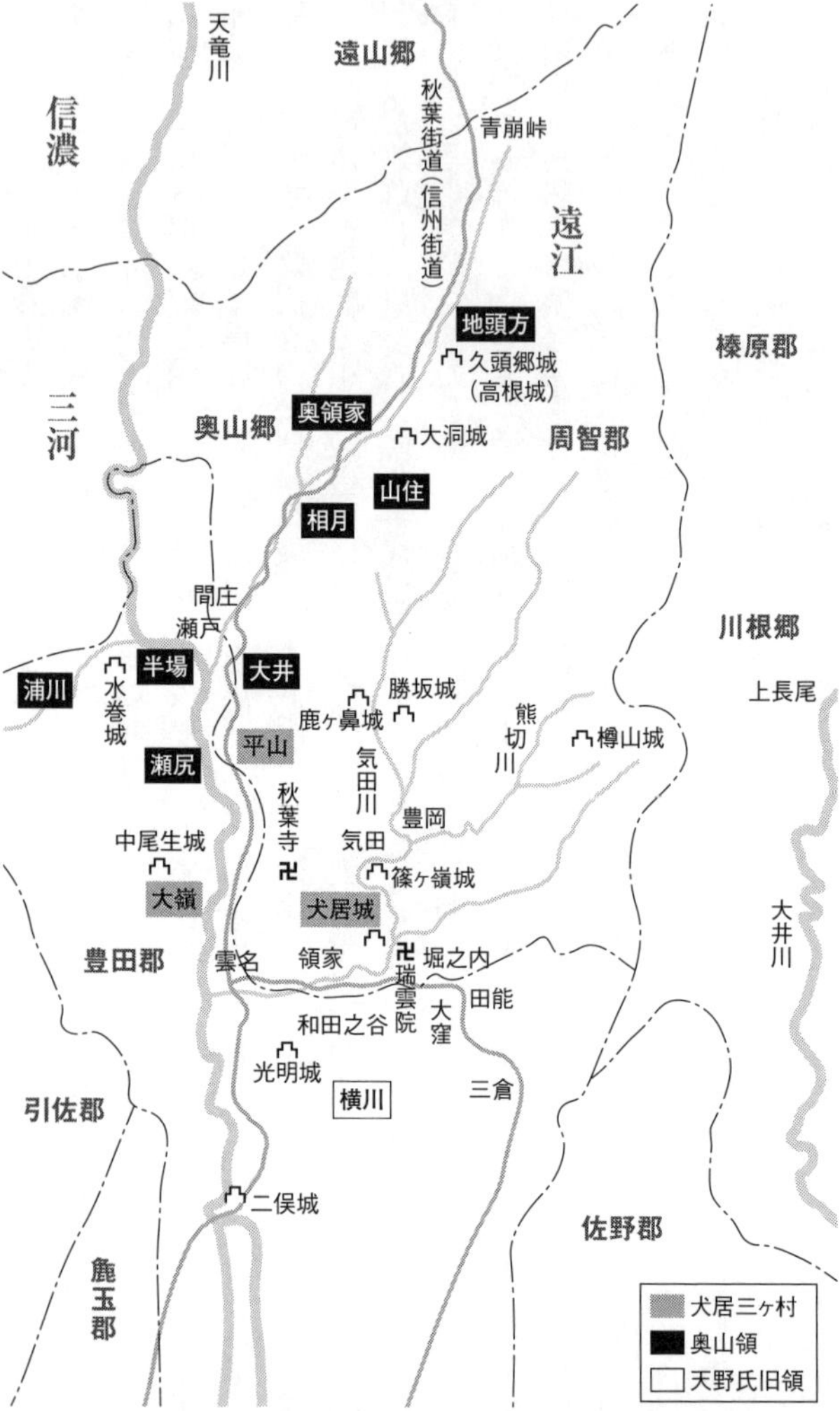

戦国期の犬居谷要図

(鈴木将典編・2012年をもとに作成)

ず、信濃からの補給を断つことで攻略しようと考えたらしい。犬居城の天野氏は、信濃と二俣城の補給を担う重要な役割を果たしていたことから、犬居城攻略こそが、二俣城奪回のための有効な方法であった。

徳川軍の出陣は、四月早々だったと推定される。家康は、犬居城は短期で攻略できると考えていたらしく、腰兵粮《こしびょうろう》のみの携行で浜松を出陣したという。徳川軍は、二俣城を避けて、磐田原台地の北端にある天方城から秋葉街道を進んで、犬居城に向かった。家康は、本陣を瑞雲院《ずいうんいん》（天野氏菩提寺）に据え、諸勢は領家、堀之内、和田之谷などに布陣して、犬居城攻撃に取りかかった。ところが、折しも大雨が降り始めたばかりか、まったく降り止まず、大水となる事態となった。徳川軍は兵粮の欠乏に苦しみ始めたため、家康は雨が降り止んだ頃を見計らって、やむなく撤退することとした。四月六日、徳川軍は、三《み》倉《くら》まで撤退することとした。

ところが、徳川軍の撤退を知った天野藤秀は、樽山《たるやま》城や光明《こうみょう》城の武田方に呼びかけ、追撃を開始したのである。これら諸城の軍勢は、徳川軍の先回りをして待ち伏せていた。この軍勢に、田能《たの》村、大窪《おおくぼ》村の人々も合流し、追撃に加わった。また天野藤秀は、気田《けた》村の人々を従えて家康の後を追ったのである。彼らは山の民で、山や森に潜み、突然姿を現しては、弓や鉄炮で徳川軍を攻撃した。その神出鬼没な攻撃に、徳川軍は翻弄され、敵を捕捉しようとすると、山や森に逃げ込まれてしまい、撤退を再開しようとするとまたもや攻撃を受けるというありさまだった。山道を追撃された徳川の兵卒は、恐怖のどん底に陥り、我先にと前の人々を押しのけて逃げようとする者たちが続出した。そのとばっちりを受け、味方に押されて大久保忠世《ただよ》はあやうく崖下に転落するところであったという。忠世は、すんでのところで下に落ちずに済んだが、彼の小者が持っていた「揚羽蝶の羽」の指物を敵に奪われそうになったといい、忠世の奮戦で何とか取り戻せたものの、従者三人のうち、一人が戦死してしまったという。

この撤退戦で、堀正太郎正信《ほりしょうたろうまさのぶ》、鵜殿藤五郎《うどのとうごろう》、大久保勘七郎忠核《かんしちろうただざね》、小原金内ら多数が戦死した。旗本たちは家康を逃すために奮戦し、多くが犠牲になったといい、三倉に到着した家康は敗軍を知ると急ぎとって返し、敵を討とうと思ったものの、天野勢は山に逃げ込んで出てこようとはしなかった。家康は憤懣やるかたなかったが、敗軍をまとめてようやく天方城に撤退したという（以上『三河物語』）。かくて家康は、武田方を相手に、二度目の大敗を喫したのであった。

徳川・武田の争点高天神城

遠江高天神城は、元亀三年から天正九年までのおよそ十年間、家康と武田信玄・勝頼父子が血道をあげて奪い合った要衝であった。ではなぜそれほど、高天神城は重視されたのだろうか。

まず、家康の本拠地浜松と駿河を結ぶ、東西二つの交通路との関係がある。一つはいうまでもなく、駿河から大井《おおい》川を渡河し、懸川、袋井、見付を経由し、天竜《てんりゅう》川を越えて浜松に至る東海道である。もう一つは、駿河から大井川を渡河し、小山《こやま》、滝堺《たきさかい》、相良《さがら》を経由して、塩買坂《しょうかいざか》を越え高天神城、馬伏塚城を抜けて浜松方面に至る道である（相良から海沿いをたどり、高天神城に至るルートもある）。もし高天神城を、武田氏に押さえられてしまったら、徳川氏は懸川、久野、見付を固めるだけでは、敵の西進を食い止めることができなくなってしまうことになるのだ。つまり高天神城は、東海道の要衝懸川城をすり抜け、武田軍が西進するための経由地になってしまうのである。

それだけではない。当時の高天神城は、城下の近くまで入江が入り込んでおり、遠州灘《なだ》と繋がっていた。この入江は「菊川入江《きくかわいりえ》」と呼ばれており、その一角に、今川時代の史料に登場する浜野浦が存在していた（土屋比都司・二〇〇九年、平山・二〇一七年）。つまり高天神城は、「海の城」という側面もあったのである。しかも浜野浦は、懸川に繋がる塩の道の起点でもあった。もし高天神城が敵の手に落ちれば、懸川城は海からの補給や物資流通の恩恵を受けられなくなり、東海道などの陸路のみに依存せざるをえない状況に陥るのである。

このように、高天神城を武田氏が押さえることになれば、家康の本拠浜松城侵攻に向けた戦略拠点となるだけでなく、懸川城の存続が危うくなるのだった。徳川と武田が高天神城を奪い合ったのは、懸川城の帰趨《きすう》が遠江東部の覇権に繋がったことと、それがさらに浜松城の存亡に関わる重大な事態に直結したからに他ならない。

高天神城陥落

天正二年（一五七四）五月、武田勝頼は、徳川家康に奪回された遠江高天神城攻略のため、甲府を出陣した。武田軍は、五月三日に甲府を出陣すると、四日には大井川を越えて、遠江小《こ》山《やま》城に入り、六日に相良を経て七日には高天神城を包囲し始めたという。驚くべき速さで移動していることがわかるだろう。武田軍の攻撃は、五月十二日に始まった。徳川軍の後詰めが来ないなか、二十二日には、城主小笠原氏助が降伏開城に向けた交渉を武田方と開始した。だが交渉は難航し、勝頼は二十八日に城方を許さないと味方への手紙で書き付けている。その後、六月十一日になっても、勝頼は氏助の嘆願を撥《は》ねつけており、交渉の内容が不満だった様子が窺われる。

勝頼が氏助との交渉で怒りを露わにしたのは、氏助が時間稼ぎをしているのを察知していたからだといわれている。氏助は、家臣匂坂牛之《うしの》助勝重《すけかつしげ》を秘かに城から脱出させ、徳川家康のもとへ援軍要請の使者として送っていた。牛之助は、武田軍の包囲網をかいくぐり、浜松城にたどり着き、後詰めの要請を行った。

家康は、牛之助の活躍を賞して、五月二十二日に知行一〇〇貫文を与える約束をしている。牛之助は、後詰めに出陣するとの家康の返事を持って、二十五日に高天神城に帰還した。氏助はこれを激賞し、武田軍を撃退したら、知行を与えると約束している。

ところが、一向に家康が援軍に来る様子がない。そのため、城内では匂坂牛之助は、一転して虚言を広める不忠者として指弾されるようになった。痺《しび》れをきらした氏助は、再び牛之助を城外に脱出させ、援軍の様子を探らせたといい、帰還した牛之助は、織田の先陣がすでに浜松に到着していることを確認したと報告したものの、誰も信じてはくれなかったという。この時、牛之助が浜松の様子を、いつみてきたのかは、記録に残されていない。もし浜松まで織田の先陣が来ているとすれば、六月初旬のことであろう。

その間にも、武田軍の攻勢は続き、高天神城は本曲輪《ほんくるわ》、二の曲輪、三の曲輪（堂《どう》の尾《お》曲輪）を残すのみとなっていた。六月十日、堂の尾曲輪が武田の手に落ち、遂に城は追い詰められた。この頃、城内では武田に降伏、開城しようとする氏助方と、徳川の援軍を待つべきであるとする一族義頼《よしより》方との対立が表面化し、本曲輪と二の曲輪で戦端が開かれる異常事態となっていたらしい。その結果、氏助は義頼を城内から追放し、徳川家臣大河内政局《おおこうちまさちか》を捕縛したうえで、六月十七日、降伏、開城した。城内の兵卒らは、武田方に降《くだ》る者と、徳川方につき城を去る者とに分かれたという。

いっぽうの家康は、信長に援軍の要請を行いつつ、勝頼を牽制するために、五月、再び犬居《いぬい》谷《だに》に侵攻し、天野藤秀が守る篠ヶ《ささが》嶺《ね》城（浜松市天竜区）を攻めた。だが、天野勢の抵抗が激しく、徳川軍は攻略を諦めて撤退した。この時も、天野勢は追撃を行ったが、殿軍大須賀康高に

高天神城跡

よって撃退されたという。

　六月十四日、織田信長はようやく軍勢の招集を終え、息子信忠とともに、岐阜城を出陣した。織田軍は、十七日、三河吉田城に入り、徳川重臣酒井忠次がこれを出迎えた。信長は、酒井の先導のもと、十九日、東海道を進み、今切《いまぎれ》の渡《わたし》に到着したが、ここで高天神城開城の知らせを聞いて、吉田に引き返した。家康も、浜松より吉田に出向き、信長と対面している。信長は、後詰めが間に合わず、武田勝頼と決戦ができなかったことを無念に思うと告げ、持参した皮袋二つを家康に兵粮代として進上した。その中身は、大人が二人がかりでようやく持ち上がるほどの黄金であったといい、徳川方の人々は度肝を抜かれた。天正二年の遠江は飢饉であったため、信長はこれに配慮し、家康に「合力」として進上したという（『三河物語』『当代記』）。織田軍は、六月二十一日、岐阜に帰還した。

武田勝頼の襲来

高天神城を開城させた武田勝頼は、小笠原氏助をそのまま在城させ、穴山信君を配備した。氏助は、勝頼から「弾正少弼《だんじょうしょうひつ》」の官途と、偏諱を与えられ「信興《のぶおき》」と名乗り、「高天神」の朱印を用いて城東《きとう》郡の統治を始めている。

いっぽうの家康は、八月、高天神小笠原氏の属城であった馬伏塚城を接収して、大改修を行うと、高天神城への押さえと位置づけ、城将として大須賀康高を配置した。

高天神城の後詰めに失敗した織田信長は、七月十三日、伊勢《いせ》長島一向一揆を攻撃すべく、尾張津島に出陣した。一揆勢は善戦したものの、織田軍の猛攻により次第に追い詰められていった。大坂本願寺は、八月、武田勝頼に後詰めを要請した。勝頼は近日中に出陣すると約束したが、高天神攻めから帰国したばかりなので、軍勢の招集に手間取ったらしい。

勝頼が遠江に出陣したのは、天正二年（一五七四）九月のことである。武田軍は、駿河から遠江に入り、浜松城に向けて進軍したと推定される。『三河物語』によると、勝頼は懸川城と久野城を脅かしながら国中に放火し、天竜川の上の瀬を渡って浜松に迫ったとあるので、元亀

馬伏塚城跡

三年（一五七二）十月から十二月にかけて、武田信玄が進んだルートを再び利用したのだろう。

　武田軍は、馬《ま》込《ごめ》川（小天竜）に到達すると、各地を放火してまわったという。勝頼の遠江侵攻は、十一月まで三ヶ月に及んだらしい。この間、武田軍は浜松城の家康を牽制しながら、天竜川流域の諸村を蹂躙し、稲などの略奪を行った。家康は手も足も出ず、浜松城に籠城し、武田軍の略奪を黙って見守るしかなかった。

　しかし勝頼の遠江出陣もむなしく、長島一向一揆は、九月末に壊滅したが、武田軍はなおも遠江を席巻し続けた。勝頼は、家康が出てこないので、浜松進軍を諦め、神増《かんぞ》の渡を渡ると、社山城に入り、その後、山梨を経て螬田ヶ《すくもだが》原《はら》（数雲塚原のことで、吉岡〈掛川市〉の北に展開する台地を指す）に布陣して家康の出方を窺った。だが徳川軍に動きがみられなかったことから、勝頼は悠々と懸川城のそばを素通りし、諏方《すわ》原《はら》に布陣すると、ここに城普請を実施した。これが諏方原城である。

　天正二年の勝頼の行動は、父信玄が元亀三年十月から十二月にかけて実施した、遠江経略の再現であったといえる。彼は、信玄死去の直後に、家康に奪回された高天神城や、磐田原台地の再奪取を企図し、浜松・久野・懸川の連携を遮断し、これらを封じ込めようと考えていたのだろう。勝頼の攻勢により、家康の危機はより一層深化したのである。

第三章

分水嶺

奥三河をめぐる攻防の背景

徳川家康と武田氏が抗争を繰り広げた奥三河《おくみかわ》の地域は、山家三方衆《やまがさんぽうしゅう》の支配領域であった。この地域は、信濃《しなの》から三河のあらゆる場所に通じる道（塩の道）が通っており、武田氏にとっては徳川攻略の、家康にとっては領国防衛のための、戦略的価値の高い地域であった。それゆえ、元亀《げんき》三年（一五七二）十月から天正《てんしょう》三年（一五七五）まで、両氏による激しい角逐《かくちく》が展開されたのである。

だが、この地域の重要性は、単に戦略的な価値だけではなかったことが明らかになりつつある。それは、奥三河が鉱山資源の宝庫であったということだ。とりわけ、この地域は、金と鉛が産出されるという希有《けう》な場所だったようなのだ。

残念ながら、古文書などの文献史料に乏しいが、考古資料の存在により、この地域の鉱山資源が戦国期に発見され、採掘されていた可能性が高くなっている。まずは、信濃との国境に近い津具《つぐ》にある、津具金山《きんざん》について述べよう。津具金山についての史料は、ほぼ皆無だが、現地から発見された石臼《いしうす》（鉱山臼、磨《すり》臼）は、甲州系のものであることが判明している（萩原三雄・二〇二二年）。このことから、津具金山は戦国期に武田氏の支配下にあり、金山衆や金掘《かなほり》衆は甲《か》斐《い》から投入されていた可能性が高い。そして、長篠《ながしの》合戦の前哨戦は、この津具で始まっている。

津具金山（信玄坑、設楽町奥三河郷土館提供）

天正三年四月、武田勝頼の三河侵攻が激しさを増すなか、奥三河の寺脇《てらわき》城主奥平信光《おくだいらのぶみつ》は、津具郷に攻撃を仕掛け、土豪後藤九左衛門《くざえもん》を始め多数を討ち取り、家康から感状を与えられた（愛⑪一〇七八号）。信光は、その後、家康重臣石川数正《かずまさ》からも書状を受け、武田軍がその方面に襲来するとのことなので、詳細を注進するよう指示されている（同一〇八一号）。この時、奥平信光に討たれた後藤氏は、津具城主であり、城下に「金掘奉行屋敷跡」なども伝承されている。津具後藤氏は、武田氏に属し、津具金山を守る役割を果たしていたのだろう。だが、長篠合戦直前に、津具は徳川の手に落ちたとみられる。その後、津具金山がどうなったかは定かでないが、徳川氏によって採掘が続けられた可能性がある。

ここに登場する奥平信光は、名倉《なぐら》奥平氏といい、作手《つくで》奥平氏の一族ながら、独立の領主として寺脇、名倉を支配していた。元亀三年十月以後、信光は武田氏に帰属し、『甲陽軍鑑』の「武田法性院信玄公御代惣人数之事」にも、三河先方衆として「なぐらの奥平」と登録されている。そして信光は、天正元年春に、武田氏に「矢之根幷煙硝」を上納している（戦武二二〇五号）。この「煙硝」はいうまでもなく鉄炮に使用される火薬のことを指すのだが、これは信光が購入したものか、名倉奥平氏が製造していたものかは判断が難しい。ただ、鉱山資源が豊富な地域の特性を活かし、奥平氏が製造していた可能性は否定できないであろう。記して後考をまちたいと思う。

次に注目されるのは、設楽《したら》郡にある睦平鉛山《むつだいらかなやま》（新城《しんしろ》市睦平）である。この鉛山発見の経緯については、次に掲げる徳川家康判物《はんもつ》が注目される。

（花押）

菅沼常陸介《すがぬまひたちのすけ》・同半五《はんご》郎《ろう》知行の境目に鉛があるとのことだ。そこで、諸役を一切不入免許にする特権を与えることにする。もしまた分国中で、銀や鉛が発見されたら、大工職を両人に申しつけることにしよう。

元亀二辛未年

九月三日
高野山
仙昌院
小林三郎左《さぶろうざ》衛門尉《えもんのじょう》

これによると、山家三方衆菅沼常陸介定仙《さだのり》（井代《いしろ》菅沼氏、田峯《だみね》菅沼氏の支流）と、菅沼半五郎定満《さだみつ》（野田《のだ》菅沼氏、定盈《さだみつ》の叔父《おじ》）の所領の境界から、鉛が発見されたといい、これは仙昌院、小林三郎左衛門尉より、家康に報告された。家康は、二人に採掘を命じ、諸役免許の特権を与え、引き続き、銀や鉛山の探索を命じている。井代菅沼定仙の居城井代城と、菅沼定満の領地山吉田《やまよしだ》の境目に位置する鉛山といえば、睦平鉛山しかない。まさにこの家康判物は、睦平鉛山発見を示す貴重な史料といえるだろう。ここに登場する、仙昌院については、詳細不明ながら、紀州高野山とは別の寺院であるらしい。いっぽうの小林三郎左衛門尉は、黒瀬《くろぜ》谷《だに》の双瀬《ならぜ》村の土豪と推定されている（『鳳来町誌　長篠の戦い編』）。

　このように、睦平鉛山は元亀二年九月に発見され、稼働が始まったとみられる。その規模などはまったく不明ながら、近年、貴重な発見があったので記しておこう。二〇二一年、ＮＨＫの歴史番組『歴史探偵』の製作に際し、長篠《ながしの》古戦場出土の鉛玉のうち、国産鉛のものと、複数

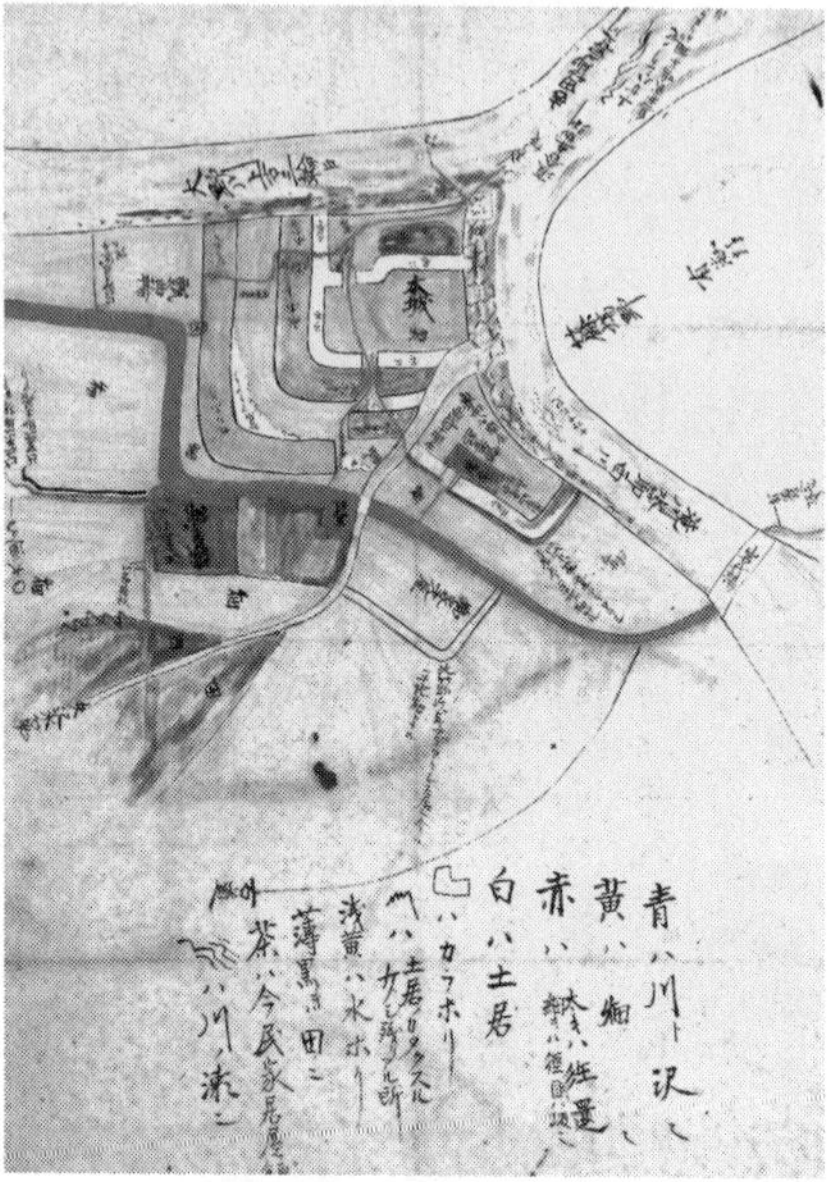

長篠城古絵図（新城市長篠城址史跡保存館蔵）

の国内鉱山のサンプル鉛の化学分析が実施された。両者の同位体比を分析したところ、この睦平鉛山から採掘された鉛と一致する鉄炮玉の存在が明らかとなったのである。この成果は、残念ながら、調査報告書や論文などでは公表されていないようだが、睦平鉛山が戦国期に確実に稼働しており、しかもそこから採掘された鉛が、鉄炮玉として実戦に、長篠合戦に投入されていたことが明らかにされたことは大発見といえる。睦平鉛山が発見された元亀二年から長篠合戦があった天正三年までの間に武田氏がこの地域を統治したのは、元亀三年十月から天正元年九月の約一年間だけなので、鉛採掘の恩恵に大きく与《あずか》ったのは、間違いなく徳川家康だと考えられるだろう。

徳川家康と武田勝頼が、奥三河の争奪に執念を燃やしたのは、この地域が戦略上、徳川領国の帰趨を左右する重要な地域であったことはもちろんであるが、さらに鉱山資源の確保という理由も数えられるとみてよかろう。

大岡弥四郎の謀叛と岡崎の危機

天正元年（一五七三）九月、家康は三河長篠城に、五井《ごい》松平景忠《かげただ》を配備し、防備を固めさせた。その後、家康は、天正三年二月二十八日、奥平信昌《のぶまさ》を長篠城へ入城させ、城主に任命した。信昌は、長篠城の大改修を行い、要害堅固な城に作り替え、家康を喜ばせたという。長篠城跡の現状遺構は、信昌の改修によるものといわれている。

だが家康は、武田氏に対抗するために、三河・遠江《とおとうみ》の諸城に備蓄すべき兵粮《ひょうろう》の手当てまでは、到底追いつかなかったようだ。このため織田信長は、家康に兵粮の支援を行った。まず、天正三年三月、近江《おうみ》国坂田《さかた》郡鎌刃《かまは》城に備蓄されていた米二〇〇〇俵を家康に送った。さらに重臣佐久間信盛を家康のもとへ派遣し、兵粮の引き渡しと、徳川方諸城の検分などを行わせ、徳川と対武田戦の協議を行わせた。もはや、徳川氏は、織田の支援なくして、武田勝頼と戦うことはできなくなっていたのである。

家康が、信長の支援を受けつつ、武田氏の襲来に備えている頃、家康の本拠地岡崎《おかざき》で、武田氏の調略を受けたクーデター計画が、秘かに進行していた。岡崎城には、家康の嫡男《ちゃくなん》松平信康《のぶやす》

築山殿(西来院蔵)

と生母築山殿《つきやまどの》が在城していたが、その家臣団である岡崎衆は、武田氏の調略により、着々と切り崩されていたのである。

その中心人物は、岡崎町奉行大岡《おおおか》弥《や》四《し》郎《ろう》であった。この事件の経緯は、『三河物語』の記述が著名である。その内容を紹介してみよう。

天正三年（一五七五）、家康譜代の御中間《おちゅうげん》大賀（大岡）弥四郎という人物が謀叛《むほん》を企てた。弥四郎は、奥《おく》郡（三河国渥美《あつみ》郡）二十余郷の代官を務め、何不自由のない生活を送っていたにもかかわらず、家康を討ち、岡崎の城を奪い、自分の城にしようと企てたのだという。そこで、小谷甚左《じんざ》衛門尉《えもんのじょう》、倉地《くらち》平左衛門尉、山田八蔵《はちぞう》らを味方に引き入れ、武田勝頼に話を持ちかけ、手を結んだのである。勝頼と密約を結んだ弥四郎は、家康・信康父子に腹を切らせる計画はもはや成功したも同然とほくそ笑んだ。というのも、家康が岡崎城に入城する時は、弥四郎が先導し、馬先にて城門に向かい「上様がお出でになった。御門を開け。大賀弥四郎である」と呼ばわることになっていたので、門は何の疑いもなく開かれることだろう。なので武田軍が作手に出陣し、その先手の二、三頭を岡崎に派遣してくれれば、これを家康と偽って城内に入れ、信康を討ち取り、城を占領できるだろう。家康についている家臣たちは、岡崎に妻子を置いているので、これを人質として確保したならば、ほとんどが武田に降参し、家康から離叛することは確実である。もし我らの動きに気づいて、尾張《おわり》へ落ち延びようとする女子供らは、矢《や》作《はぎ》川を越えていくであろうから、川端で小谷と山田に待ち伏せさせれば、一網打尽に捕縛できる。さすれば、家康につく者など一〇〇騎ばかりになってしまうだろうから、浜松城も維持できなくなり、船で伊勢《いせ》に脱出するか、吉良《きら》まで落ち延びてそこから船で尾張に逃げようとするだろう。そこを道中待ち伏せしていれば、家康を討てることは間違いない。そして、家康・信康父子の首級を念じ原（根石原）にかけてやろう。このように企んだ弥四郎らは、小谷、倉地、山田らと連判状を作成し、武田勝頼に送ったところ、勝頼は喜び、「それはもっともだ。すぐに実行せよ」と指示し、自身は作手筋に出陣してきた。

以上が、『三河物語』にある大賀（大岡）弥四郎密謀の前半である。かくて岡崎は、武田方に乗っ取られる危険が高まった。だが、家康はまだこの事実を知らなかったのである。

密謀の発覚と大岡弥四郎の最期

武田勝頼の調略による岡崎乗っ取りのクーデター計画について、『三河物語』は以下のように続ける。

ところがここで山田八蔵がよくよく思案し始めた。こうなっては、家康が討ち取られることは疑いない。しかし自分には、家康を討つことなど、やはりできそうにもない。とにかく弥四郎らの一味になることはやめようと思い立ち、このことを家康方に訴え出て、「もしお疑いならば、私の寝所に誰かを寄こして下されば、密談をお聞かせしよう」と言ったので、家康は「それはよい」と言って、二人ほどを山田宅に派遣したところ、事実であることがはっきりした。

しかし、大賀弥四郎は、自らの密謀が露見したとは夢にも思わず、女房に向かって「私は謀叛を起こし、御主家康を討ち取ろうと思っている」と言ったところ、彼女は本気にせず「戯《ざ》れ言を言うのもいい加減にしろ、言ってよいことと悪いことがある、ああもう聞きたくもない」と顔を背けた。そこで弥四郎はさらに「努々《ゆめゆめ》偽りなどではない」と真顔で言ったので、女房も驚き、「本当にそんな企みをしたのか、とうとう運も尽き果てたというものか、家康様のお陰で大きな御恩を頂き、何不自由なく暮らしていることさえ、分に過ぎたことで、天罰があたると思い、家康様へ懸命の奉公をしてきたのだ。ましてやお前は御中間の身ながら、奥郡二十余郷の代官にまで取り立てられた。それなのに、譜代の人々でさえ、そんな大それたことは考えないのに、何が不足で謀叛を企てたのか。すぐにやめてくれ。思いとどまってくれ。そうでなければ、まず私たち妻子を殺してから、謀叛を企ててくれ。必ず家康様より罰を受け、お前も最期は様々な責め苦を受け、苦しみ抜いて果てることだろう。私らも火あぶりか磔《はりつけ》にされて、悪名をさらされるのも目に見えているから、たった今刺し殺してくれ」と掻き口説いたという。

弥四郎は、「わからない女だな、お前を岡崎城に移して、御台所《みだいどころ》といわせようと思っているのだぞ」というと、女房は「もし御台と呼ばれれば幸運だが、そうでなかったらどうなるのか、お前様、よくお聞きなされ、稲が実れば頭を垂れるというが、人間は実が入れば頭が反《そ》るというのはお前のことだ」といい、その後は口もきかなくなった。

そしてまもなく、弥四郎は岡崎城で捕縛された。倉地平左衛門尉は計画が露見したことに気づき、逃走したが、討ち取られた。小谷甚左衛門尉は、遠江《とおとうみ》国国領で服部半蔵《はっとりはんぞう》が生け捕りにしようとしたが、彼は天竜川《てんりゅう》に飛び込み、泳いで二俣《ふたまた》城に逃れ、甲斐に亡命した。

弥四郎は、高手小手《たかてこて》に縛られ、手枷《てかせ》、足枷がつけられたばかりか、頸金《くびがね》もはめられ、馬に逆に乗せられたという。そして馬具に括《くく》り付けられ、彼が謀叛の時に掲げるつもりであった指物を指させ、楽《がく》、鉦《しょう》、笛、太鼓で打ちはやしながら、岡崎から浜松に連行された。

途中、「念じ原」（根石原）に差し掛かったところ、そこには彼の女房と子供の五人が磔にかけられていた。それをみた弥四郎は、さすがに悪びれた様子であったが、何を思ったか、顔を上げて五人の姿をみて言った。「お前たちは先にあの世に行くか、めでたいことだ、私も後から行く」と言うと、見物人は嘲笑《ちょうしょう》し、道々で弥四郎を囃《はや》し立て、人々は大いに憎んだ。弥四郎は、浜松の町中を引き回されると、再び岡崎に戻され獄《ごく》に繋がれた。

武田勝頼は、出陣していたものの、弥四郎の計画が露見したため、そこから二連木《にれんぎ》へ向かい攻撃を仕掛けた。その時、信康の軍勢は、山中の法蔵寺《ほうぞうじ》（岡崎市）に布陣し、家康の本陣は吉田《よしだ》城にあった。薑原《はじかみはら》（豊橋市二連木町）で徳川と武田の足軽による激しい戦があり、その後勝頼は長篠に攻め寄せ、厳しい攻撃を始めた。

その間弥四郎は、頸板《けいばん》をはめられ、十本の手指を切り落とされ目の前に並べられ、足の大筋を切って岡崎の町の辻の穴に生き埋めにされた。そのそばに竹の鋸《のこ》と鉄の鋸が二つ置かれ、通りを行く人が「さてさてご主君を裏切るなど罰あたりなやつめ、憎いやつめ」と鋸をとりかえながら引いたので、弥四郎は一日のうちに殺された。

以上が、『三河物語』が記す大賀弥四郎謀叛の顚末《てんまつ》である。この事件については、いくつかの研究によって、今日では『三河物語』の曲筆《きょくひつ》などを含めて様々なことが明らかにされている。まず、同書では大賀弥四郎とあるが、彼の実名は大岡弥四郎であり、言わずと知れた大岡一族である（系譜関係は明らかでない）。これは著者の大久保忠教《ただたか》が、譜代大岡氏を慮《おもんぱか》って名字を変えたのだろう。また、弥四郎が御中間（武家奉公人）であったというのも事実と相違する。彼は、岡崎町奉行の要職にあった人物で、れっきとした武士身分である。つまり大久保忠教は、弥四郎ら身分の低い人々が起こそうとしたものと記すことで、事件の規模と広まりを矮小化しようとしたのだろう。

今日、指摘されているのは、大岡弥四郎に与《くみ》した一味は、岡崎町奉行三人のうち、自身と松平新右衛門《しんえもん》、また信康家臣小谷甚左衛門尉・倉地平左衛門尉・山田八蔵、さらに信康傅役《もりやく》兼家老石川修理亮春重《しゅりのすけはるしげ》（三河国小川《おがわ》城主、愛知県安城《あんじょう》市）とその子豊前守《ぶぜんのかみ》らであったことである。そればかりか、築山殿も加わっていた可能性が高い。

近世前期の記録ではあるが、『岡崎東泉記』によると、その頃甲斐より口寄せ巫女《みこ》（神を降ろし、その言葉を伝える巫女のこと、呪術者、占い師でもある）が岡崎の領内に多数入り込んできていた。この巫女たちは、勝頼の息のかかった女性たちで、築山殿の下女たちに取り入り、やがて奥上臈《おくじょうろう》たちの心を摑むまでになったという。遂には、築山殿の御前にまで召し出されるようになると、神降ろしを行い、「五徳《ごとく》（信康の正室）と武田勝頼が手を結べば、築山殿は天下の御台所（天下人となる勝頼の妻）となるだろう。勝頼が天下を取れば、やがて信康にこれを譲ることとなろう」との口寄せをしたのだという。築山殿はこれに籠絡され、密謀の一味になったといい、ちょうどこの頃、築山殿の屋敷に出入りしていた、唐人医師西慶なる人物も加わって、計画が具体化していったと記されている。

つまり、大岡弥四郎の陰謀は、信康家臣団の中心メンバーが武田勝頼に内通し、家康・信康父子の排除を図ったクーデター計画であったが、家康正室築山殿も信康殺害計画を知らされぬまま、一味に加わったと推定されている。

彼らは、三河国足助《あすけ》もしくは作手方面から、武田軍を引き入れ、岡崎城を占領し、徳川家臣の妻子を人質にしようとした。そして弥四郎は、岡崎を制圧した武田軍とともに、浜松城の家康を討つことも考えていたのである。だがクーデター計画は失敗し、弥四郎一味のうち、生き延びたのは、武田のもとに逃亡した小谷と、家康正室築山殿だけである。後の者たちは、すべて誅殺されるか、切腹を命じられた。

ではなぜ、岡崎衆の有力メンバーは、武田と結び、家康打倒を謀ったのか。それは、当時の徳川領国の状況をみれば容易に推測できるだろう。元亀三年十月から始まった武田信玄の遠江・三河・東美濃侵攻と、天正二年（一五七四）に実施された武田勝頼の東美濃、遠江侵攻により、徳川氏は領国の三分の一ほどを一挙に失う痛手を受けていた。特に、天正二年の勝頼による東美濃攻撃により、陥落した十八の城砦のなかには、奥三河の武節《ぶせつ》城なども含まれていた。武田の勢力は、岡崎の間近に迫りつつあったのだ。もはや武田に抵抗することは不利という空気が、岡崎衆のなかには確かに醸成されていたとみられる。武田氏の攻勢が、すぐ間近に迫るなか、岡崎衆の不安と焦燥は募るばかりであり、それが信長と同盟を結び、武田氏との対決路線を取る家康と浜松衆への不満へと繋がっていたのだろう。

だが、クーデターは未然に鎮圧され、岡崎が武田の手に落ちることはなかったのである。

武田軍、動き出す

大岡弥四郎一味の謀叛計画が秘かに進められていた頃、武田勝頼は、四月十二日に控えた、亡父信玄の三回忌法要の準備を進めていた。ところが勝頼は、武田氏館での法要準備を進めながら、慌ただしく、三月下旬には、信濃伊那《いな》衆を三河国足助城に向けて出陣させ、さらに全領国に出陣の命令を下していた。勝頼は、西上野《にしこうずけ》国衆安中景繁《あんなかかげしげ》に対し、今度の出陣について「計策之首尾相調候条」（調略がうまくいったので）、四月一日に出陣すると報じていた（戦武二四七三号）。この「計策之首尾」こそ、大岡らのクーデター計画だったとみられる。

勝頼は、天正三年（一五七五）四月十二日、三河出陣を前に父信玄の三回忌法要を実施し、ただちに三河に出陣した。勝頼本隊は、諏方《すわ》を経て、そのまま南下し、兵越《ひょうごし》峠を越え、遠江に入ると二俣城に着陣し、浜松を牽制しつつ、平山を越え三河へ侵攻した。家康は、浜松城に在城したまま身動きが取れなかった。

いっぽう勝頼に先発を命じられた、武田軍先陣は、三月下旬に三河国足助に攻め寄せ、四月、城主鱸《すずき》越後守《えちごのかみ》父子を降伏させ、ここに伊那国衆下条伊豆守信氏《しもじょういずのかみのぶうじ》を配備した。足助城陥落に動揺した、近隣の浅賀井（浅谷《あざかい》）・阿須利《あすり》（阿摺。円山《まるやま》城のことか）・八桑《はっそう》（八桑城。以上愛知県

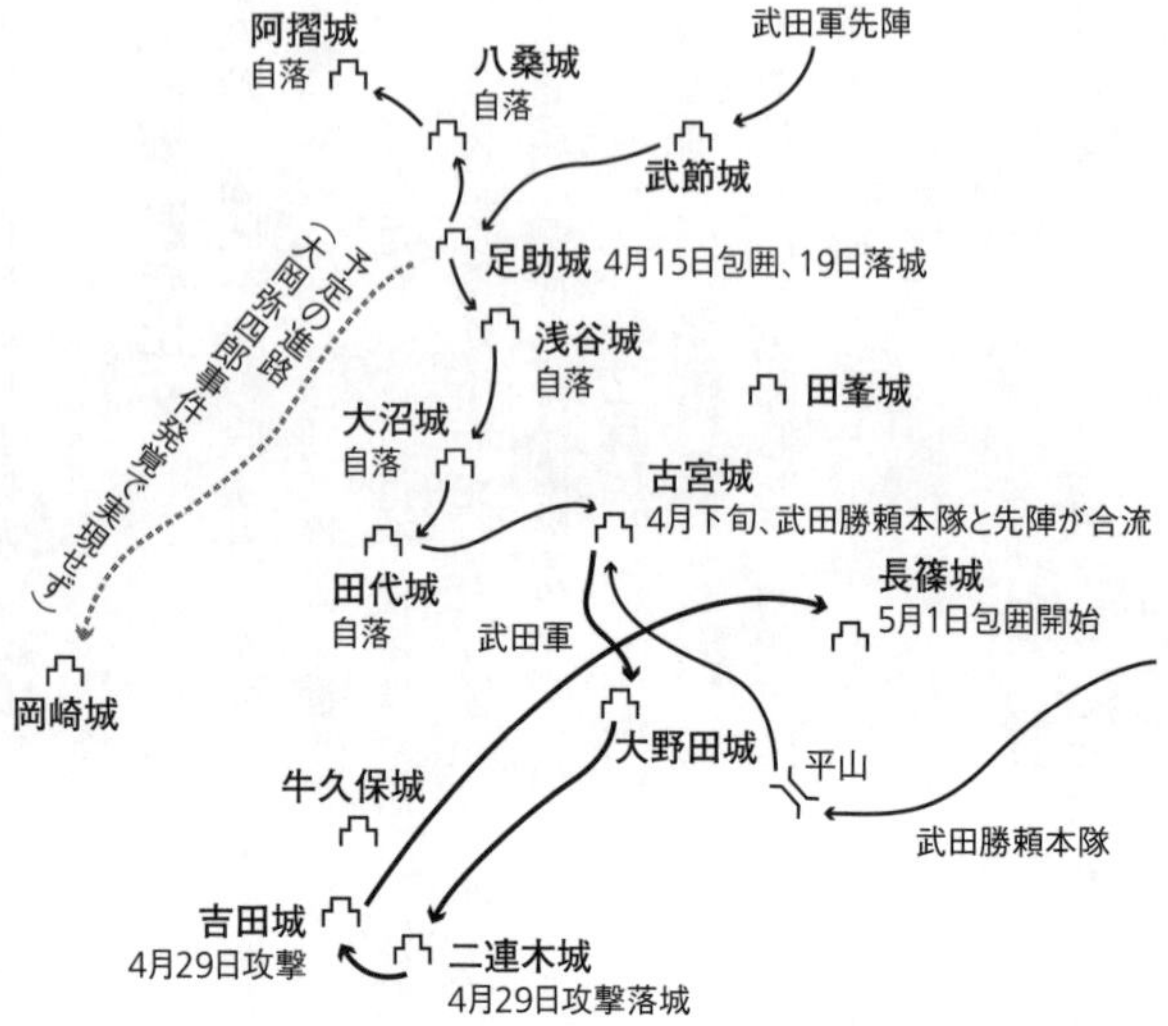

武田軍侵攻路想定図

（『武田氏滅亡』平山優、角川選書より転載）

豊田市足助町）・大沼《おおぬま》（大沼城）・田《た》代《しろ》城（以上同県豊田市）などは自落した。だが、武田軍先陣は、そのまま岡崎城に向かうことはなかった。ちょうどこの頃、大岡弥四郎らの密謀が発覚したからである。目標を失った先陣は、作手《つくで》古宮《ふるみや》城に入り、勝頼本隊の到着を待った。

　大岡弥四郎らのクーデターを防いだ家康は、重臣石川数正に、岡崎城の防備を固めるよう指示し、武田軍の襲来に備えさせた。だが家康は、勝頼本隊が二俣に現れたため、浜松に釘《くぎ》付けにされ、岡崎方面への備えをそれ以上強化することができなかったのである。

作手古宮城跡

勝頼は、四月下旬、作手古宮城で先陣と合流し、大野《おおの》田《だ》城（浄古斎《じょうこさい》砦）に攻め寄せ、築城を急いでいた菅沼定盈を再び追放した。同じ頃、家康・信康父子は、それぞれ吉田城に急行していた。この情報を摑んだ武田軍は、四月二十九日、吉田へ侵攻し、城外で家康を捕捉、殲滅《せんめつ》しようと図った。これを阻もうと、徳川方の戸《と》田《だ》康長《やすなが》は、自身の拠る二連木城で武田軍に攻撃を仕掛けた。武田軍は、山県昌《やまがたまさ》景《かげ》・山家三方衆・小笠原《おがさわら》信嶺《のぶみね》らが二連木城の宿城を放火し、城に猛攻を加え、これを陥落させた。城主戸田康長は、すんでのところで吉田に逃亡した。武田軍が、二連木城で交戦している間、家康・信康父子は、無事に吉田城に入城を果たした。家康・信康父子の入城により、吉田城は二千余人が在城することとなり、容易に攻め落とすことはできなかった。

勝頼は、家康を挑発し、城外に誘い出すべく、宝飫《ほお》郡橋尾《はしお》の用水堰《ようすいせき》を破壊した。この用水堰は、東三河一帯の水田に水を供給する重要な堰だったから、これを破壊されることは、東三河の凶作に直結する。だが家康は、挑発には乗らず、吉田城に籠城したまま動かなかった。果たして、天正三年秋、橋尾堰を破壊された東三河一帯は、旱魃《かんばつ》のため大凶作になったという（『当代記』）。勝頼は、ここで吉田攻略を諦め、全軍を率いて攻撃目標を長篠城に変更したのである。

追い詰められる家康と長篠城

武田勝頼が、三河に出陣してきたのは、主に二つの理由からであった。まずは既述のように、岡崎衆の有力者たちが、武田に内通したためである。まずは家康の本拠岡崎城の奪取が最大の理由であった。もう一つは、織田信長に攻められていた大坂本願寺からの支援要請を受けていたからである。当時信長は、大坂本願寺や三好《みよし》氏と対決するため、畿内に出陣していた。勝頼は、信長が畿内に出陣し、家康を支援できぬ間に、徳川領国の簒奪《さんだつ》と家康打倒をもくろんでいたのであろう。勝頼の狙い通り、家康は武田軍の侵攻に、単独ではまったく対応できず、各地で敗北を重ねていた。

勝頼は、岡崎攻略を断念したものの、次の攻撃目標を吉田城に据えた。ここを攻略できれば、

鳶ケ巣山砦遠景（長篠城本丸跡、画面中央の小高いところが砦跡）

徳川領国を東西に分断できたからであろう。だが家康のすばやい対応により、吉田城はすんでのところで救われた。やむなく勝頼は、攻撃目標を三度変更し、徳川に奪われていた長篠城の奪回に向けたわけである。

家康の苦境を知った信長は、畿内での合戦を早期に終結させる必要に迫られた。だが簡単にはいかず、信長は、岐阜城にいた息子信《のぶ》忠《ただ》に尾張衆とともに出陣するよう下知している。

武田軍は、五月一日、奥平信昌・松平景忠らが籠城する長篠城を包囲した。勝頼は、医王寺山砦を本陣とし、長篠城を見下ろす大通《だいつう》寺《じ》、天神山《てんじんやま》、篠場野《しのばの》、岩代《いわしろ》、有海《あるみ》などに軍勢を展開させた。また鳶ケ巣《とびがす》山《やま》砦（武田〈河《かわ》窪《くぼ》〉信実《のぶざね》ら）、姥ケ懐《うばがふところ》砦（三枝昌貞《さいぐさまさただ》ら）、中《なか》山《やま》砦（那波無理助ら）、久間《ひさま》山《やま》砦（脇善兵衛《わきぜんべえ》ら）、君ケ《きみが》伏床《ふしど》砦（和田《わだ》信業《のぶなり》ら）などの付城の構築も行い、長篠城を完全に封鎖した。武田軍は、竹束を持って仕寄せをつけ、さらに金堀を所々から入れて昼夜を分かたず城を攻めた。

五月十三日頃、武田軍は、奥平軍を、長篠城の本丸と野牛曲輪《やぎゅうくるわ》に追い詰めた。城内では、武田氏に降伏しようとする者たちと、徹底抗戦を主張する者たちに分裂していたらしい。そこで城主奥平信昌は、自らの命と引き換えに、籠城衆の助命嘆願をする決意を固めた。だが最後の手段として、岡崎城の家康のもとに援軍要請の使者を送ることとした。これが失敗したならば、信昌は降伏開城するつもりであったようだ。かくて長篠城は追い詰められ、これを救援できぬ家康も、三河の国主として追い込まれていたといえよう。

信長の三河着陣と鳥居強右衛門尉の活躍

三河で武田軍が大暴れしている頃、織田信長は、四月十七日、堺近くの新堀《にいぼり》城を攻略し、三《み》好方《よしかた》十河《そごう》因幡守《いんばのかみ》・香西越後守《こうざいえちごのかみ》らを討ち取り、三好康長《やすなが》を降伏させ、河内《かわち》国の諸城を悉《ことごと》く破却する大成果を挙げ、二十一日には京都に凱旋したのである。これは大坂本願寺にとって意外な結果であった。これほど三好方がたやすく敗退することなど、予想しなかったであろう。信長は、四月二十八日に京を発し、坂本から船で安土《あづち》に上陸すると、佐和山《さわやま》を経て岐阜《ぎふ》に帰還した。信長は、岐阜城で軍勢と鉄炮足軽の募集、編成に努め、五月十三日、岐阜を出陣すると、尾張国熱田《あつた》を経て、十四日には三河岡崎城に着陣したのである（『信長公記』他）。ここに信長と家康・信康父子は合流を果たした。

　信長が岡崎に到着したのと同じ五月十四日、追い詰められていた奥平信昌の前に進み出て、使者を買って出たのが、信昌家臣鳥居《とりい》強《すね》右衛門尉《えもんのじょう》である。強右衛門尉は、十四日夜、城を抜け出し、豊《とよ》川を泳ぎ下り、翌十五日早朝、雁峰山《がんぼうさん》で脱出成功を知らせる狼煙《のろし》を上げ、十五日夜に岡崎に到着した。強右衛門尉の到着を知った奥平定能は、彼を招き寄せ、事情を聞き、ただちにこれを家康に伝えた。すると、強右衛門尉は、信長と家康の御前に呼ばれ、事情を言上するよう命じられたという。

　強右衛門尉は、説明を聞いた信長・家康から、必ず救援に向かうので、今しばらく城を保持するよう伝達せよと言われたので大いに喜び、周囲が止めるのも聞かずに、そのまま長篠に戻っていった。五月十六日夜、強右衛門尉は長篠に到着したものの、武田軍の包囲網と警戒が厳重で、城に入る隙を見いだせなかった。

　強右衛門尉は、武田逍遙軒信綱《しょうようけんしんこう》の陣場に雑兵として紛れ込み、人足として働きながら、竹束を背負ったまま城に戻ろうとしたが、これを見とがめられ、合い言葉をかけられた。だが強右衛門尉は、返答できず、武田方ではないことが発覚し捕縛された。

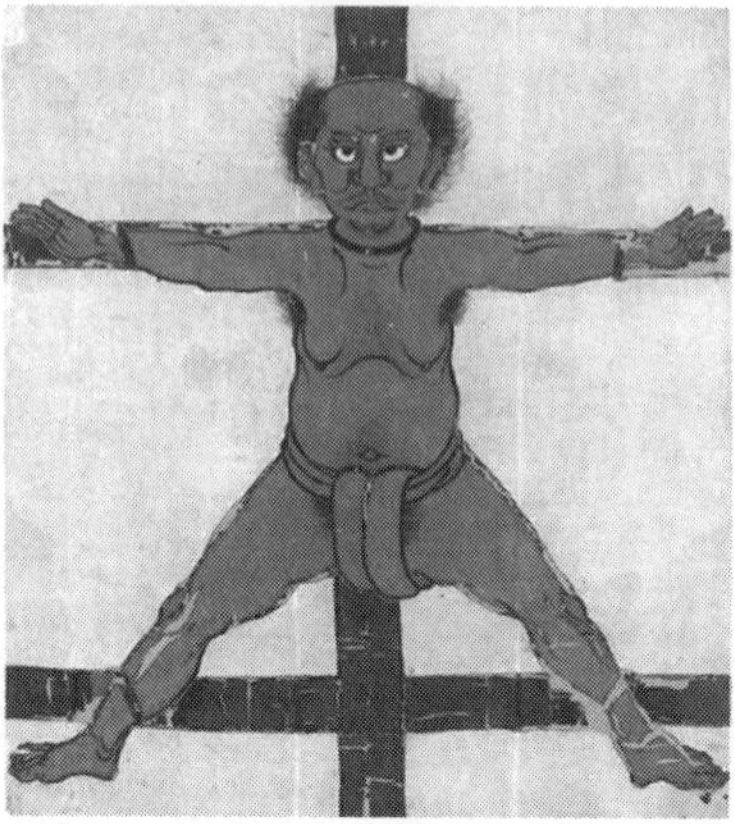

鳥居強右衛門尉の磔の絵（東京大学史料編纂所蔵）

勝頼の前に引き出された強右衛門尉は、「私の言う通りにするならば、命を助け、国に連れて行き、十分な知行を与えよう。まずは磔にして城にみせるから、その時、知己を呼んで信長は出陣していないから、城を明け渡せと言え。そうしたらお前を下ろしてやろう」と誘われた。強右衛門尉は「ありがとうございます、命をお助け頂けるならばなんでも致します、そのうえ知行を下さるとのお言葉を賜り、これ以上ありがたいことがありましょうか。城の近くで早く磔にして下さい」と返答したという。

そこで武田方は、強右衛門尉を城近くで磔にした。磔にされた強右衛門尉は「城のなかの方々、出てきて私の話を聞いて下さい、鳥居強右衛門尉は秘かに城に戻ろうとしたところを捕まってしまい、このざまです」と呼ばわったところ、この声を聞いた城兵たちが「強右衛門尉か」と聞いた。強右衛門尉は「信長は出てこぬと言えば助命だけでなく知行も与えると持ちかけられたが、信長は岡崎まで御出馬しているぞ。信忠は八幡《やわた》まで進出した。先手は一之《いちの》宮《みや》、本野《ほんの》が原《はら》に満々と布陣している。家康と信康は野田に移られた。城を堅固に守り抜け。あと三日のうちに運が開けるぞ、このことを信昌殿に伝えよ」と叫んだという。これを聞いた武田方の将兵たちは、約束を違《たが》えた強右衛門尉をただちに刺殺した（以上『三河物語』）。

城内では、城主奥平信昌や城兵たちが、強右衛門尉の命をかけた呼びかけに発奮し、籠城継続を決意したのであった。

決戦前夜

五月十五日、織田・徳川連合軍は岡崎城を出陣し、十六日に牛久保《うしくぼ》城、十七日に野田原に到着した。信長は、十八日に設楽郷の極楽寺《ごくらくじ》山《やま》に本陣を据え、息子信忠は御《み》堂山《どうやま》に布陣した。この時、信長は、この一帯が窪地なので、織田の大軍が武田軍にわからぬよう、三万人をここに配置したという。これならば、弾正山《だんじょうやま》の陰になり、大軍が到着していることは、武田軍には容易に判明しないからだ。

いっぽうの徳川家康は、高松山に布陣し、設楽原の連吾《れんご》川を前に当てて、五月十九日から織田軍の滝川一益《かずます》とともに馬防柵の敷設を開始した。織田の武将滝川一益・羽柴秀吉・丹《に》羽《わ》長秀《ながひで》らも、設楽原に進み、武田軍を牽制した。

織田・徳川連合軍の接近を知った武田方は、五月二十日に軍議を開き、重臣らは撤退か、長

長篠古戦場に復元された馬防柵

篠城を攻略しこれを足場に敵に備え、長期戦に持ち込むべきと進言した。勝頼は、決戦を決断し、その夜のうちに設楽原に向けて移動を開始した。勝頼が決戦に踏み切った理由については、今もその詳細は判明していない。ただ、勝頼は、家臣今福《いまふく》長閑斎《ちょうかんさい》（駿河《するが》久能《くのう》城代）や駿河衆三浦員久《かずひさ》に宛てて、決戦前日に書状を送っており、そのなかで「長篠の地を包囲していたところ、信長・家康が後詰めにやって来た。だが、大したこともなく対陣している。敵は策を失い悩み抜いているようだ。無二に敵陣に攻めかかり、信長・家康の両敵どもを討ち、本意を達するのも目前だ」と記し、信長・家康が武田を恐れていると誤認していたようだ。この他に、軍記物ながら『三河後風土記』は、決戦前日の五月二十日は雨であったと記録している。雨ならば鉄炮の使用は厳しくなる。勝頼は、これらを勘案して、決戦に踏み切ったのかも知れない。特に、武田家中での権威確立に腐心していた勝頼にとって、信長、家康が顔を揃えた決戦で勝利すれば、御屋形としての地位は不動のものとなると考えていたのではあるまいか。しかしどうやら武田方は、織田の大軍が、弾正山の背後、設楽郷周辺に息を潜めていることを察知できていなかったらしい。これは武田方の索敵《さくてき》、諜報《ちょうほう》不足を示しているとみられる。

勝頼は、長篠城包囲のため、室賀《むろが》信俊《のぶとし》・小《お》山田《やまだ》昌成《まさなり》ら二千余人、鳶ケ巣山砦以下の付城群の軍勢二千余を残留させると、自身は、全軍一万一千人余を率いて滝沢《たきさわ》川を越え、有海《あるみ》原《はら》に進出した。

いっぽうの家康は、五月十九日、馬防柵の敷設を指揮していた重臣石川数正に対し、「先刻申し含めておいた場所について、様子を見積もり、柵などをよくよく入念に作ることが肝心だ。敵は馬一筋に突っ込んでくるぞ」と念を押している（愛⑪一〇九五号）。

酒井忠次の奇襲

織田・徳川連合軍は、五月十九日から二日間ほどで、設楽原に三重の馬防柵を構築した。左翼、中央は織田軍、右翼は徳川軍、さらに最右翼に織田援軍佐久間信盛、水野信元《のぶもと》軍を配置した。織田軍は、三〇〇〇挺（一説に一〇〇〇挺とも）の鉄炮を擁する鉄炮隊三部隊を配備し、弓隊を支援のために柵内に待機させた。いっぽうの徳川軍は、柵外に出て、武田軍を挑発し、馬防柵に引き寄せる危険な任務を担った。織田軍三万人ほど、徳川軍は五〇〇〇人ほどの大軍であったという。

　徳川軍が最も危険な場所を担当したのは、いうまでもなく三河本国での戦いであったからである。誤解されることが多いが、長篠合戦は、徳川家康対武田勝頼の合戦であり、信長は同盟国として援軍に来たに過ぎない。

『信長公記』に「先陣は国衆の事に候間、家康ころみつ坂上、高松山に陣を懸け」（先陣には、その国の軍勢が担当するのが慣例であるから、家康は古呂水坂上の高松山に布陣した）とあることからも確認できる。また『松平記』にも「今日の御合戦、信長衆は加勢、当手こそ本陣なれ、信長衆に戦を初られては此方の恥辱也」と大久保忠世らが意気込んでいたと記されている。

　いっぽうの武田軍も、攻撃の主力を徳川軍に向けていた。武田軍は、右翼が、馬場《ばば》信春《のぶはる》、土《つち》屋《や》昌続《まさつぐ》、一条信龍《いちじょうのぶたつ》（信玄の異母弟）、真田信綱《のぶつな》・昌輝《まさてる》兄弟、穴山信君ら、中央は、小幡憲重《おばたのりしげ》・信真《のぶざね》父子、武田信豊《のぶとよ》、武田信綱・望月《もちづき》左衛門尉（武田信豊の弟）、安中景繁ら、左翼は、内藤《ないとう》昌秀《まさひで》、原昌胤《はらまさたね》、山県昌景、小山田信茂《のぶしげ》、加藤景忠《かげただ》（都留《つる》郡上野原《うえのはら》城主）、跡部《あとべ》勝資《かつすけ》らであった。総勢は一万一千人余であったと想定されている。このうち、最も軍勢が多かったのは、左翼山県らの軍勢で、その狙いが徳川軍であったことがはっきりする。

徳川軍は、弾正山が尽きる平地に布陣していたため、ここを突破されると、連合軍は背後に回りこまれる危険性があった。そのため、連合軍は念のために、最後の馬防柵を宮川沿いに敷設していたと伝わる。

武田軍の設楽原進出を知った信長は、敵の退路を断ち、勝利のためには連合軍に攻撃を仕掛けてこざるをえない状況に、武田方を追い込むことを考えた。すると、家康重臣酒井《さかい》忠次《ただつぐ》が、自分が軍勢を率いて敵の背後に回りこみ、鳶ケ巣山砦などを攻略したいと献策したという。信長は大いに喜び、酒井麾下《きか》の東三河衆に、織田援軍と鉄炮足軽を貸与し、四〇〇〇人ほどの規模としたうえで、五月二十日夜、連合軍の陣所を秘かに出陣させ、菅沼山方面の山中に回りこませ、長篠城を包囲する武田方の付城群を奇襲攻撃させたのである。酒井らは、闇夜のなかを、地元の菅沼氏らの先導を受けて、目印をつけて後から続く者たちへの道標としながら、山岳地帯を縫うように進んだという（『菅沼家譜』他）。

酒井らは、明けて五月二十一日辰刻（午前八時頃）、ようやく山道の踏破に成功し、鳶ケ巣山砦を始めとする武田方付城群を攻撃した。奇襲を受けた武田方は善戦したものの、主将武田信実《のぶざね》（信玄の異母弟）、三枝昌貞、脇善兵衛らが戦死し、陣所には火が放たれた。これをみた長篠城の奥平勢も、城から打って出て、武田方の長篠城包囲陣は、酒井勢

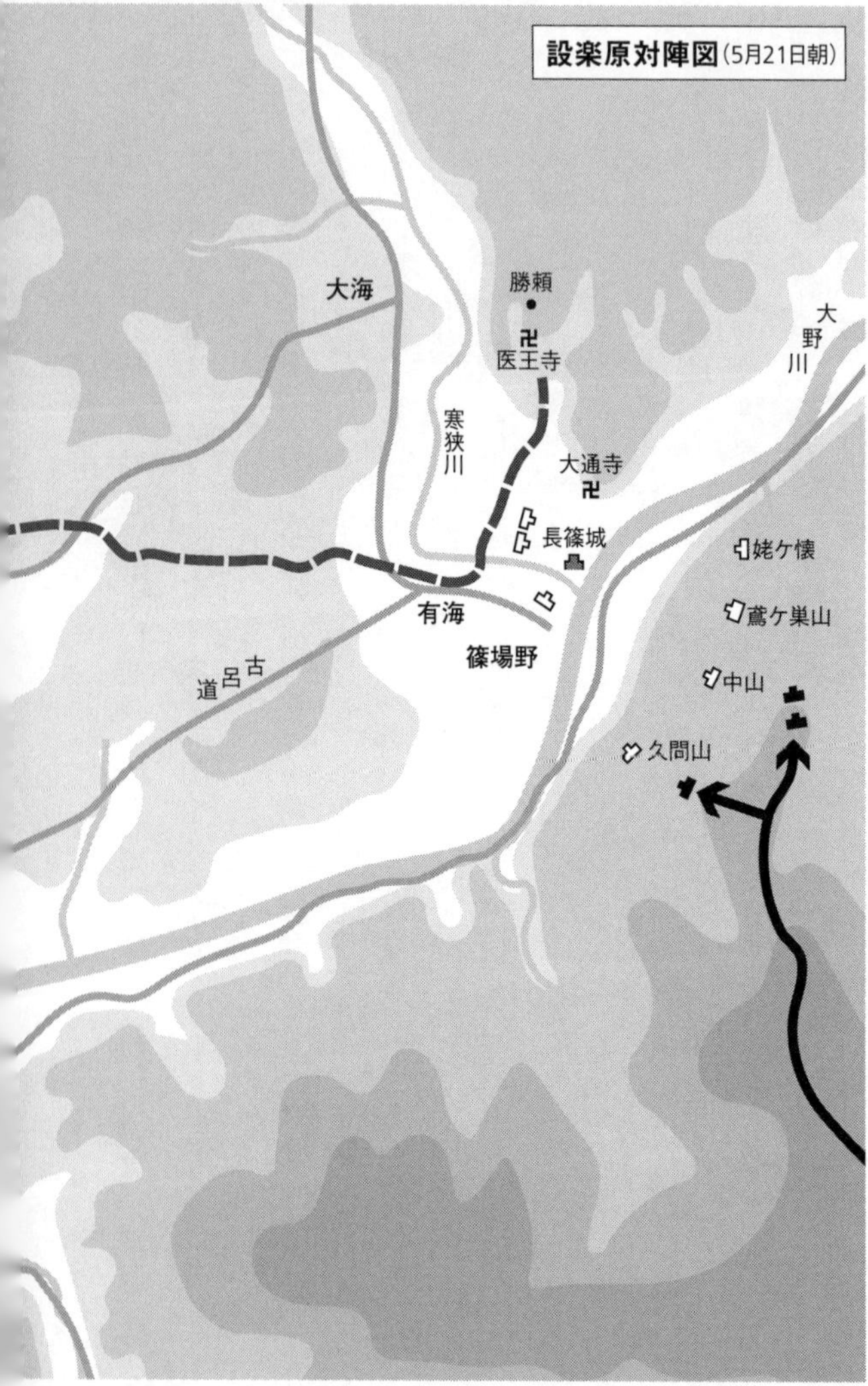
設楽原対陣図（5月21日朝）
勝頼
医王寺
大海
大野川
寒狭川
大通寺
長篠城
姥ケ懐
鳶ケ巣山
有海
篠場野
古呂道
中山
久間山

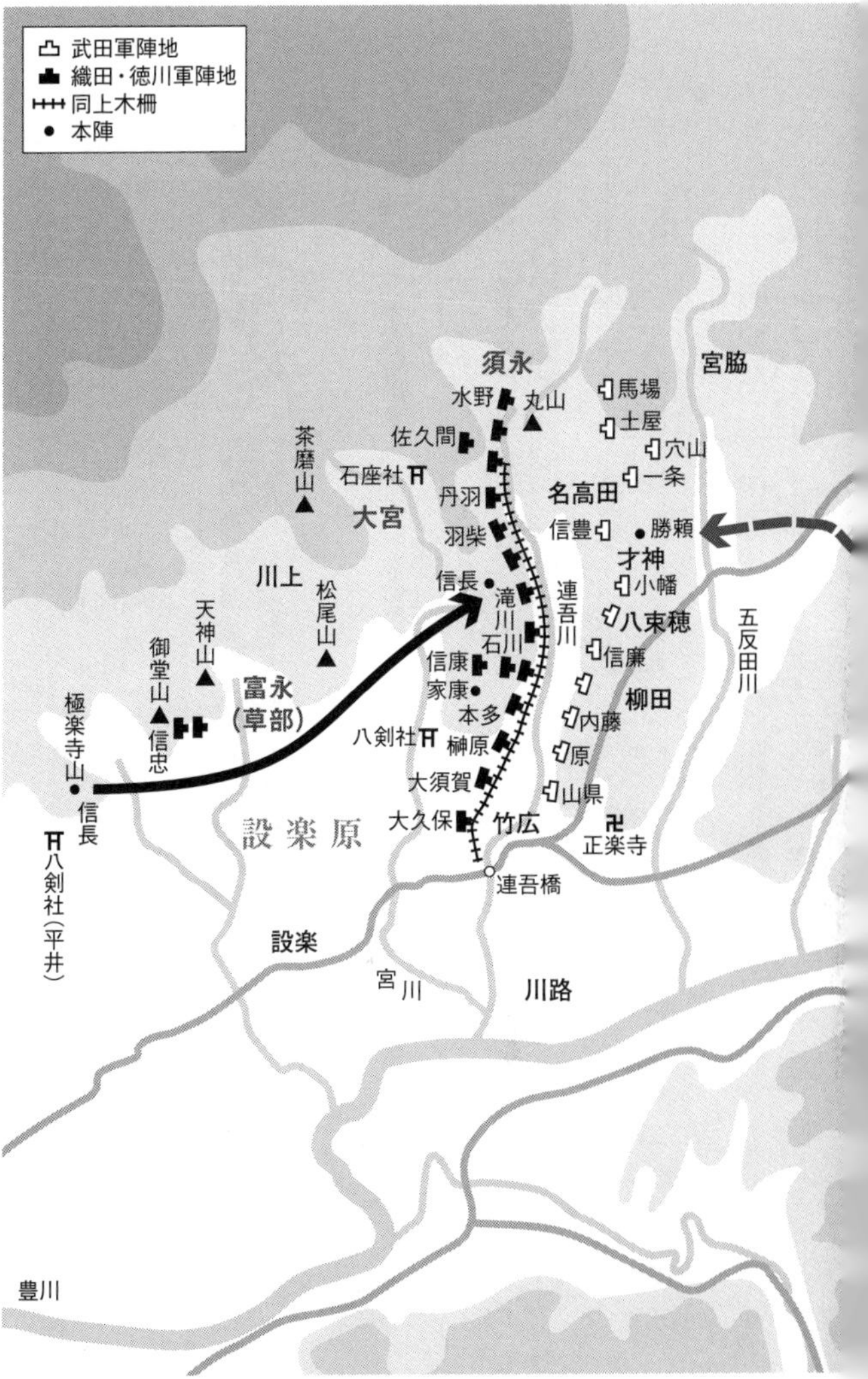

長篠合戦両軍対陣図　(高柳光壽氏による。本文の解説とは異なる部分があるが、参考のために掲載)

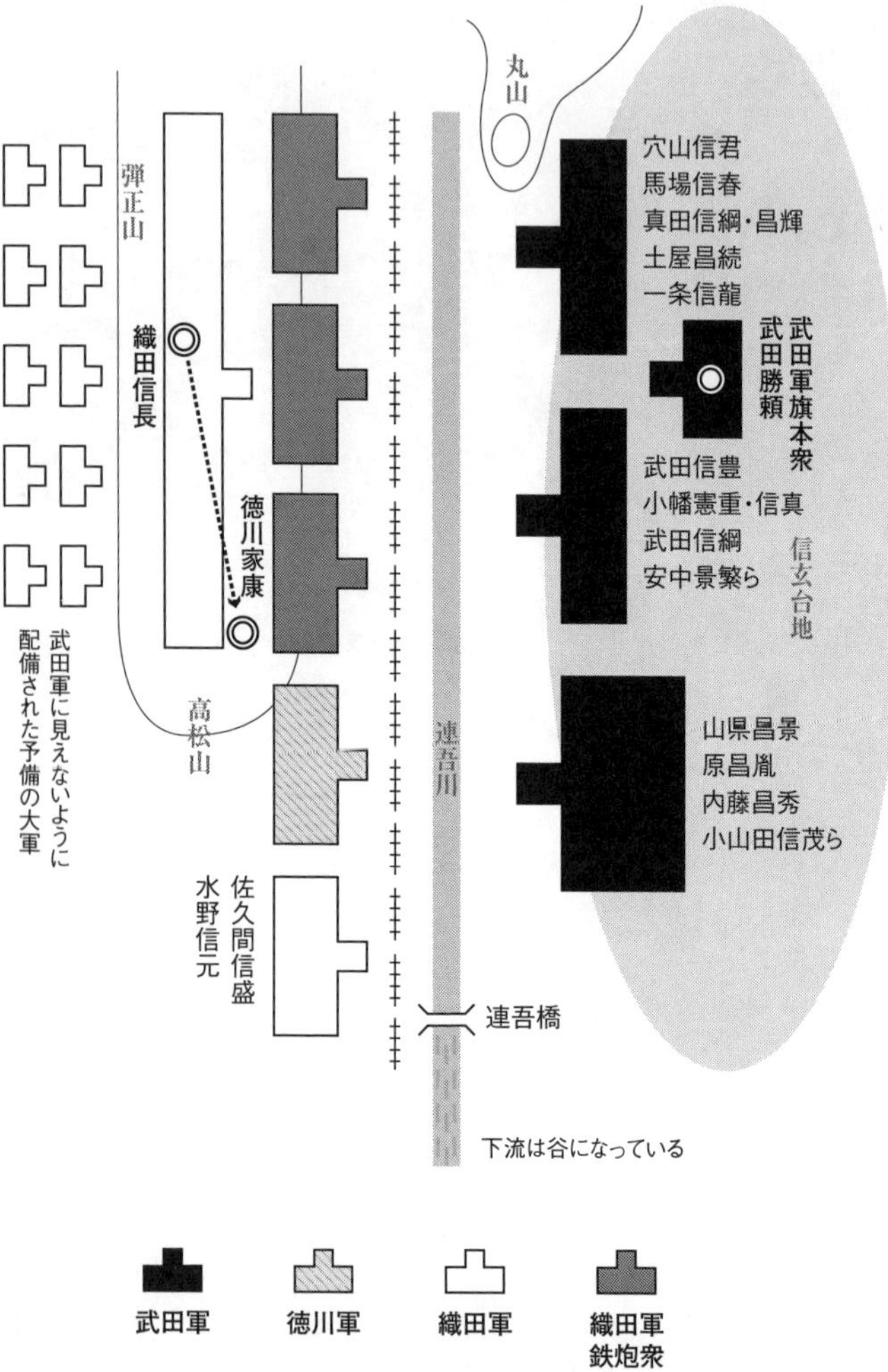

長篠合戦両軍対陣想定図

と奥平勢により壊滅したのである。だが酒井勢も、深溝《ふこうず》松平伊忠《これただ》（家忠の父）が戦死するなど、被害が少なくなかった。しかしながら、酒井らの活躍により、連合軍は長篠城を解放したばかりか、武田軍の背後を封じることが可能になったのである。

長篠合戦

両軍の決戦は、二十一日早朝から始まった。武田軍は、左翼が徳川軍に猛攻を仕掛け、中央と右翼はこれを援護すべく、織田軍に襲いかかった。開戦からしばらくして、鳶ケ巣山砦を始めとする長篠城包囲陣が、酒井忠次らの軍勢によって壊滅したことが知らされた。このため、武田方は、背後を塞《ふさ》がれ、敵に挟撃される危険が出てきたことから、もはや目前の連合軍を撃破する以外に、戦場を脱出する術はなくなったのである。かくて両軍の戦闘は激化した。連合軍は、鉄炮と弓で武田軍の鋭鋒《えいほう》を何度も退けたが、各地で馬防柵が引き倒され、突破された。とりわけ、徳川軍前面の馬防柵は、三重のすべてを武田軍に突破されたという。

いっぽうの徳川軍は、武田軍が攻めてくれれば引き揚げて馬防柵のなかに逃げ込み、敵が引けば追撃するという作戦で、山県勢らを消耗させていった。徳川の戦局を危ぶんだ信長は、自ら家康の本陣に赴き、合戦を望見したといい、武田方にべったりとくっついて離れぬ大久保忠《ただ》世《よ》・忠佐《ただすけ》兄弟を褒めそやしたという（『三河物語』他）。

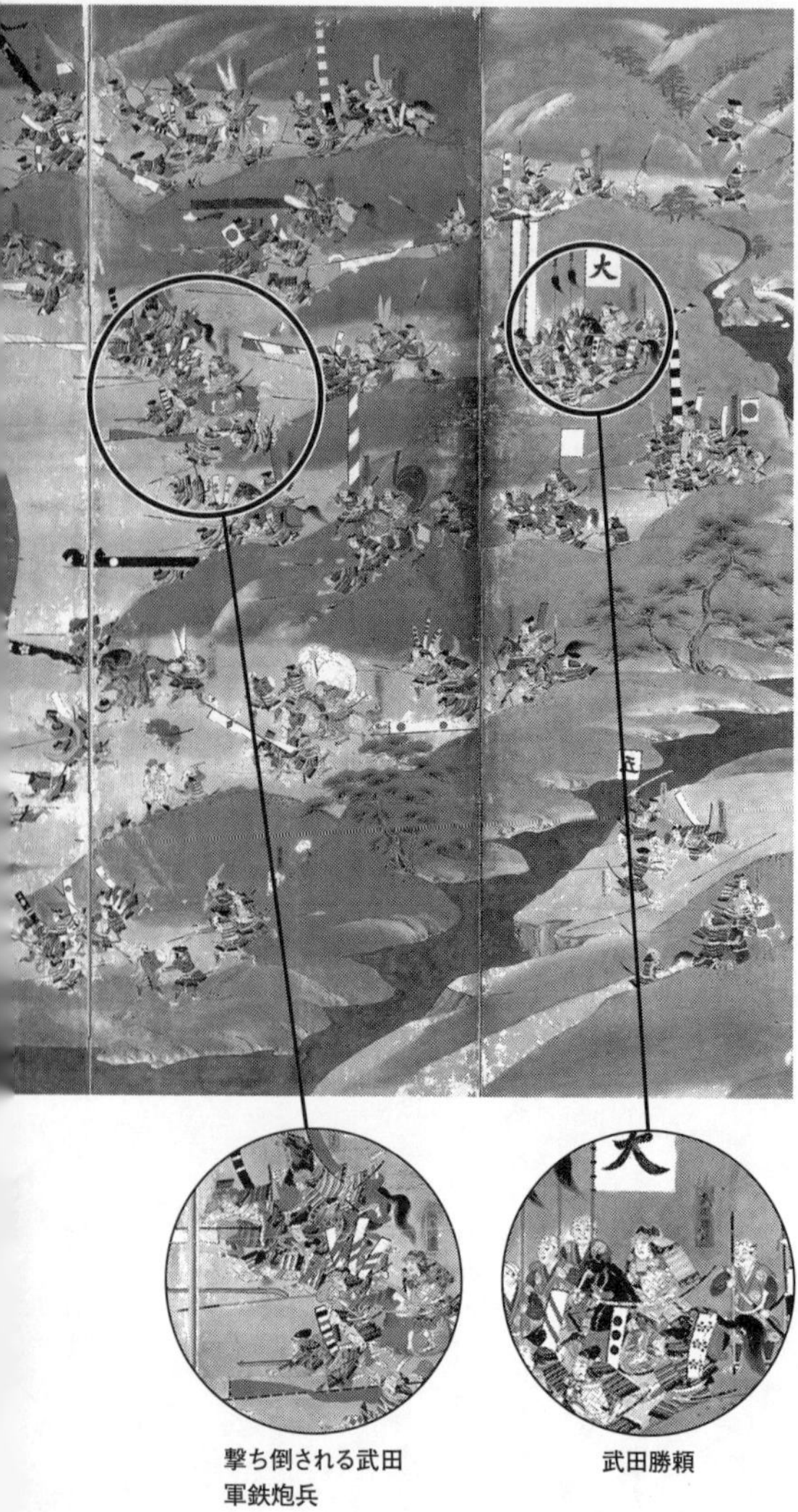

撃ち倒される武田軍鉄炮兵

武田勝頼

織田信長

徳川家康

馬防柵と織田・徳川軍鉄炮隊

長篠合戦図屛風（部分、犬山城白帝文庫蔵）

武田軍は、連合軍の馬防柵を突破したものの、その間に多くの兵卒が銃撃され、戦闘から脱落してしまい、後から続く兵力が決定的に不足したため、連合軍の陣中に突入した兵たちは、たちまち反撃にあい、討ち取られてしまったという。軍勢の指揮を執りながら、馬防柵際で戦死したのは、土屋昌続と甘利《あまり》信康《のぶやす》（鉄炮衆の物主《ものぬし》）ぐらいであり、その他の武田重臣らは、まだこの時は健在であった。

昼過ぎ、武田軍の攻撃には勢いがなくなり、手詰まりの状況に陥っていた。そして午後二時頃、残存部隊が勝頼本陣の周囲に集まり、遂に撤退を開始した。これをみた連合軍は、馬防柵を出て、総攻撃に転じたのである。勝頼は、諸将の勧めにより土屋惣三昌恒《そうぞうまさつね》と初鹿野《はじかの》伝《でん》右衛門《えもんの》尉《じょう》らわずかな側近とともに戦場を離脱し、信濃に向かった。武田の軍勢は、勝頼を逃がすために踏みとどまって戦い、遂に総崩れとなった。

この退却戦のなかで、山県昌景、内藤昌秀、原昌胤、真田信綱・昌輝兄弟など、重臣や国衆の当主ら多数が戦死した。内藤昌秀は、徳川軍の朝比奈《あさひな》弥太郎《やたろう》が討ち取ったという（『松平記』他）。最後の殿戦を指揮した馬場信春は、寒狭《かんさ》川沿いの橋詰《はしづめ》というところで奮戦し、勝頼が無事に落ち延びたことを確認すると、壮烈な戦死を遂げたといい、織田・徳川方の人々も彼の忠節と奮戦ぶりを称賛したという（『信長公記』他）。勝頼は奥三河の武節城にたどり着き、まもなく信濃飯田に脱出することに成功した。

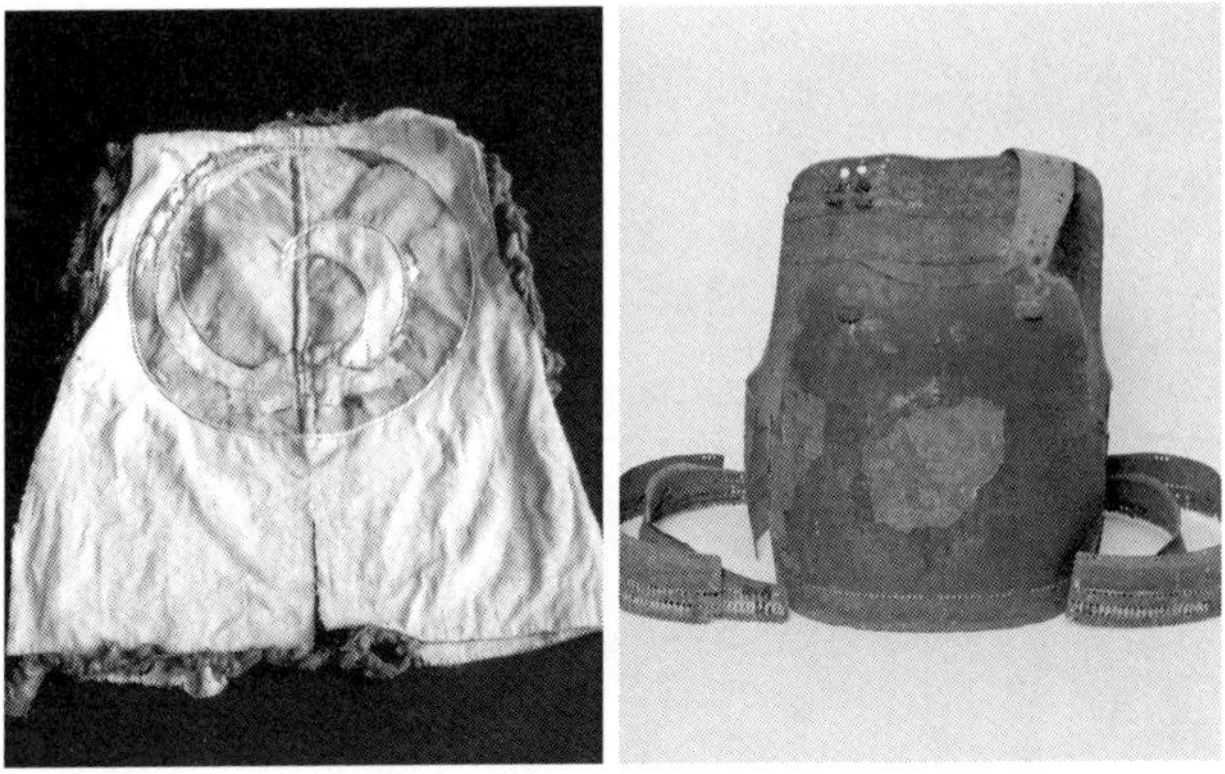

真田信綱血染めの陣羽織と着用の鎧（信綱寺蔵）

この合戦で、武田軍の戦死者は一万人余とも千人余ともいわれるが、はっきりした人数は定かでない。しかし甚大な被害だったことは間違いない。連合軍は、信濃・三河国境までで追撃戦を中止し、それ以上の戦線の拡大を、信長も家康も許可しなかった。信長は、連戦の兵を休めることを優先したが、家康は休むことなく、奥三河の武田方諸城を攻略し、武節城を除く武田方の諸城を降伏、開城させたのである。こうして、三河から武田方の勢力はほぼ排除されたのであった。

武田氏と鉄炮

武田氏は鉄炮を軽視し、新時代に対応する軍事改革を怠ったために、長篠合戦で織田信長に敗れ去ったというイメージはいまだに根強く、これは歴史教科書を通じて、現在でも繰り返し生徒たちに教え込まれている。

だが史料をみると、東国戦国大名において、最も早く鉄炮を導入し、実戦に三〇〇挺もの規模で投入していたのは武田信玄であった（平山・二〇一四年②）。また、武田氏が家臣や国衆に発給した軍役定書（動員する兵員の人数と装備を指示した命令書）をみると、鉄炮の装備率は、弓と同じく、約一〇％である。これは、織田信長が長篠合戦時に動員した鉄炮数が、三〇〇〇挺（一〇〇〇挺とも）とされ、その実数に圧倒されがちであるが、織田軍三万人に対し三〇〇〇挺ならば、装備率は武田氏と同じく一〇％となり、ほぼ変わらないのである。

武田氏は、信玄・勝頼ともに、鉄炮の装備を重視し、その動員強化に躍起になっていた。当時武田領国では、武家はもちろん、猟師が鉄炮を積極的に購入、装備しており、これらを実戦に動員できるように、課税免除など様々な優遇措置を講じていた。しかし、武田氏にとって重大問題であったのは、鉄炮そのものよりも、玉薬《たまぐすり》（銃弾と火薬）の購入が極めて困難であったことである。それを証明するように、武田氏の鉄炮関係に関する文書をみると、「鉄炮の玉薬は、大将陣から配給するようにするが、最近は入手も困難となっており、不足気味である。これはいざという時に、凶事となりうるので、各人も自分で確保する努力を怠らぬようにせよ」「鉄炮の玉薬を揃えた者は忠節と認定する」などと記されていた。

また、武田氏に関係する城郭から発掘された鉄炮玉を分析すると、鉛のものはほとんどなく、青銅製のものが多い。山梨県上野原市にある長峰《ながみね》砦跡（都留郡の国衆加藤氏の属城）から発掘された鉄炮玉は青銅製であり、その化学分析の結果、青銅の成分は中世日本で流通した中国からの渡来銭のものと同じであることが報告されている。

これと符合するように、武田氏は、甲斐国冨士《ふじ》御室《おむろ》浅間《せんげん》神社の神主に対し「鉄炮の玉が必要であるので、（賽銭のうち）悪銭をこちらに納入するようにせよ。その見返りに、黄金であろうと都留郡の棟別銭《むなべつせん》であろうと、望むままに与える用意がある」と指示していた。武田氏は、鉄炮玉として最も適した鉛不足に苦しみ、銅銭（青銅製）を鋳《い》つぶして、鉄炮玉を確保しようとしていたのである。これは隣国の北条氏も同様であり、寺社の梵鐘《ぼんしょう》を供出させ、これを鋳つぶして鉄炮玉を製造しようとしていた（北条氏の史料には、黒鉄玉〈鉄製の鉄炮玉〉の記録もある）。

こうした武田・北条の慢性的な玉薬不足は、天正期になるとさらに深刻になっている。これは織田信長を始めとする畿内を押さえた権力による経済封鎖が効いている可能性があるだろう。いっぽうの信長は、京都や堺などを押さえ、とりわけ南蛮《なんばん》貿易の恩恵を一手に受けていたことから、鉛も硝石《しょうせき》（火薬の原材料）も容易に入手できたのであった。その証拠に、長篠古戦場から発見されている鉄炮玉のうち、かなりのものが中国産、朝鮮半島産、東南アジア産（タイのソントー鉱山の鉛）であることが判明している。これらはいうまでもなく、貿易によって織田・徳川方が入手したものであり、青銅玉や黒鉄玉を代替品とせざるをえない武田氏とでは雲泥の差があったといえる。

長篠合戦とは、物量（兵力と鉄炮、玉薬の量）が明暗を分けた戦いであったといえ、それは新戦法（織田・徳川）と旧戦法（武田）ではなく、物量豊富な西（織田・徳川）と内陸部で物資の入手が困難な東（武田）との激突という構図で理解すべきものといえるだろう。

家康の遠江・三河奪回作戦

長篠戦勝後も、家康だけは、兵馬を休めず、そのまま遠江・駿河の武田方を攻撃した。五月下旬、徳川軍は、駿府になだれこむと、城下を放火した。また六月から七月にかけて、徳川軍は、天正二年（一五七四）に一敗地に塗《まみ》れた遠江犬居谷《いぬいだに》に侵攻した。家康は、天野藤秀《あまのふじひで》を徹底的に攻め、本拠犬居城、光明《こうみよう》城、樽山《たるやま》城を攻め落とし、藤秀が最後に拠った勝坂《かつさか》城も攻略して、犬居谷をほぼ制圧、天野藤秀の追放に成功した（なお藤秀は、犬居谷の北端鹿ヶ鼻城〈猪ヶ《ししが》鼻《はな》砦、浜松市天竜区春野町豊岡〉を確保し、なおも反攻の機会を窺っていた）。これは徳川氏にとって、大きな意味を持った。遠江の要衝二俣城（城将依田《よだ》信蕃《のぶしげ》）は、犬居谷を通過する秋葉街道（信州街道）を利用して、兵員や兵粮、矢玉の補給を受けていたからである。犬居谷の陥落により、二俣城は補給を封じられた。家康は、二俣城の周囲に付城の建設を命じると、自身は八月、遠江諏方原城を攻め、鳥居《とりい》元忠《もとただ》らが負傷するなど、激しい攻防戦の末、これを降伏、開城させることに成功した。なお、諏方原城は、徳川方により「牧野《まきの》城」と改称されている。家康は、さらに高天神城の攻略をもくろみ、駿河からの補給を封鎖すべく、遠江小山《こやま》城（城将岡部《おかべ》元信《もとのぶ》）を包囲した。

これを知った勝頼は、天正三年八月、遂に再編成した軍勢一万三千余を率いて、小山城の後詰めに出陣した。徳川軍は、長篠大敗後であるにもかかわらず、勝頼が一万三千余もの軍勢を招集し、出陣してきたことに驚き、大事を取って軍勢を諏方原城に引き揚げさせた。ただ、新編成の武田軍は、徳川軍の兵卒が遠目にみても、急拵《きゅうごしら》えの寄せ集めという状態が丸わかりであったといい、その戦闘力の低下は隠しようがなかった（『三河物語』他）。

それでも勝頼は、何とか小山城の救援と、高天神城への兵粮補給には成功した。そのうえで勝頼は、城主小笠原信興《のぶおき》の去就を危ぶみ、彼を駿河富士郡重須《おもす》に転封し、城を武田氏直轄としたのである。

しかしながら、勝頼は徳川に包囲された二俣城救援のために、遠江の奥深くに侵攻することはできなかった。孤立した二俣城は、依田信蕃が懸命に防戦に努めたものの、兵粮が尽き、進退きわまった。そこで依田は、勝頼の許可を得て、十二月二十四日に徳川方に降伏、開城した。憤懣やるかたない依田信蕃は、なおも家康と戦うことを望み、信濃の本領佐久《さく》郡芦田《あしだ》には戻らず、そのまま高天神城に入城し、ここの守備を担った（『依田記』他）。信蕃は、天正八年より駿河田中《たなか》城の城将に任じられるが、その間、少なくとも天正七年までは、高天神城将を担っていた可能性が高い（後任は、最後の城将岡部元信）。

いっぽう三河方面では、残る武節城攻略の計画が進んでいた。天正三年六月、徳川方の奥平定能・信昌父子に、織田重臣佐久間信盛が援軍として合流し、同二十五日、武節城を陥落させた。この時、岡崎城主松平信康もこれに合流する予定であったらしいが、佐久間信盛はこれを必要なくなったとして謝絶し、自らは東美濃に向かったのである。武節城陥落により、三河は徳川氏によって再統一された。

岩村城陥落と水野信元事件

その後、佐久間信盛は、織田信忠と合流し、武田重臣秋山虎繁《とらしげ》らが籠城する東美濃岩村《いわむら》城を包囲、攻撃した。岩村城は、頑強に抵抗し、勝頼も十一月、信濃伊那に後詰めとして出陣したが、積雪に阻まれ、思うように動けず、先遣した軍勢は、信忠軍に夜襲を仕掛けたが失敗し、大敗を喫した。かくて岩村城は、十一月二十一日に城兵の助命を条件に開城した。信長は、秋山らを十一月二十六日、長良河原で磔に処し、助命の約束をしていた城兵らを偽って城内に押し込め、焼き殺したという。岩村落城を知った勝頼は、むなしく撤退するしかなかった。

この岩村城包囲戦で、事件が起こった。織田の一軍であった水野信元が、武田方に内通して

岩村城跡

いたと疑われたのである。信元は、元亀三年（一五七二）十二月の三方原《みかたがはら》合戦において、まともな戦いもせず、岡崎まで逃げ帰るありさまで、「さては信玄に内通していたか」と噂が立つほどであった（『当代記』）。

　事の経緯は次のようなものであったといわれる。岩村城代秋山虎繁は、兵粮や武器弾薬の欠乏に苦しみ、ここで一計を案じた。それは城内に備蓄されていた銭や道具類を、武田氏と縁の深い商人に託し、売却して兵粮と交換させ、城に運び込もうというものであった。そこで城兵たちは、銭や道具類を、秘かに運び出し、織田軍の包囲網をかいくぐって、商人らに預けることに成功した。商人らは、これらを岩村城に近い水野信元の城下刈谷《かりや》や緒《お》川《がわ》で売却し、食料などと交換したのである。

だがこうした動きは、すぐに織田方に察知された。水野信元と領域を接する佐久間信盛は、日頃から信元と不仲であったこともあり、武田の息のかかった商人らが、信元の城下や所領で、兵粮の調達をしているにもかかわらず何ら取り締まっていないと騒ぎ立て、秋山に味方して秘かに兵粮調達に荷担していると、信長に讒訴《ざんそ》した。

これを知った信長は激怒し、信元を岐阜に召喚《しょうかん》したのである。驚いた信元は、家老を岐阜に派遣して弁明しようとした。ところが、この家老は、信長の使者と同道し、岐阜に向かう途中、酒に酔って使者と斬り合いになり、双方ともに絶命するという失態を演じてしまった。この不手際について、佐久間信盛は、信元が武田への内通露見を恐れ、喧嘩を装い、信長の使者を斬殺したのだ、と信長に言上した。そのため、遂に彼は信元の誅殺を命じた。

進退きわまった信元は、城を捨て、甥の家康を頼り、岡崎に逃亡したのである。だが信長の怒りは解けず、彼は家康に、信元に腹を切らせるよう依頼した。信元は、徳川の菩提寺大樹寺《だいじゅじ》（一説に松應寺《しょうおうじ》とも）に匿《かくま》われていたが、十二月二十七日に自刃した（『松平記』他）。さしもの家康も、伯父信元をかばいきれなかったようだ。

かくて、家康にとって運命の分水嶺となった波乱の天正三年（一五七五）は暮れた。少なくとも、家康は遠江・三河で武田氏に対し、優位に立つことに成功したのである。

第四章

一進一退

長篠合戦後の武田氏

長篠《ながしの》合戦での敗北は、武田氏にとって山県昌景《やまがたまさかげ》・馬場《ばば》信春《のぶはる》・内藤昌秀《ないとうまさひで》を始めとする重臣層を一挙に失う打撃となった。まず、武田一門の事情からみてみよう。長篠合戦では、武田（河《かわ》窪《くぼ》）信実《のぶざね》（信玄の異母弟）、望月左衛門尉信永《もちづきさえもんのじょうのぶなが》（信濃《しなの》望月氏当主、武田信繁《のぶしげ》の息子、勝頼の従兄弟）が戦死している。このうち、信実は息子新十郎信俊《しんじゅうろうのぶとし》が継いだが、望月信永には息子がおらず、幼い息女が残された。そのため、望月氏の家督を継ぐべき者については、勝頼がしばらく預かることとなり、名代として武田信豊《のぶとよ》（信繁の長男、望月信永の兄、勝頼の従兄弟）が指名され、老養父望月印月斎一峯が家中を統括することとなった。

次に、重臣層（譜代家老衆）であるが、山県・原《はら》・内藤・馬場らの跡目は、それぞれ息子が相続し、実子がいない場合は、養子が継ぐなど、問題なく進められたようである。ただ、彼らは天正《てんしょう》三年（一五七五）以前の史料にはほとんど登場しないため、多くは若年だったと考えられる。そのため、父が担っていた役職をそのまま引き継ぐことはなかったらしい。例えば、山県昌景の息子源四郎昌満《まさみつ》は父昌景が担っていた駿河《するが》江尻《えじり》城代に就任していない。馬場信春の子民部少輔《みんぶのしょうゆう》も、しばらくの間は信濃牧之《まきの》島《しま》城将に就任した形跡がない（就任は天正七年以後らしい）。また内藤昌秀の養子昌月《まさあき》も西上野箕輪《にしこうずけみのわ》城代をすぐには継承していない（昌月の箕輪城代就任は、天正七年二月。なお昌月は天正三年当時二十六歳）。さらに、山県・原・内藤らは、父の時代においては、武田氏が発給する朱印状で取次役などを行っていたことが判明しているが、息子たちはその数が極端に少なくなっている。つまり、譜代家老衆の人々は、ほぼ例外なくその地位が低下したと推定される。

　それに代わって大きく力を伸ばしたのが、勝頼側近跡部《あとべ》大炊助《おおいのすけ》勝資《かつすけ》（後に尾張守《おわりのかみ》）である。

この他に、土屋《つちや》惣三昌恒《そうぞうまさつね》（重臣土屋昌続《まさつぐ》の弟、後に右衛門尉《うえもんのじょう》）、秋山摂津守《あきやませっつのかみ》昌成《まさなり》（尾張牢人小《こ》牧新兵衛《まきしんべえ》〈秋山万可斎《まんかさい》〉の子、勝頼が登用）、秋山内記《ないき》（昌成の子か）、秋山紀伊守《きいのかみ》光継《みつつぐ》、秋山宮内丞《くないのじょう》（光継の子）、安倍加賀守《あべかがのかみ》宗貞《むねさだ》、小原下総守《おばらしもうさのかみ》、小原丹後守《たんごのかみ》継忠《つぐただ》、真田《さなだ》昌幸《まさゆき》、加津野《かづの》隠岐守《おきのかみ》昌春《まさはる》（真田昌幸の弟、後の真田信尹《のぶただ》）、長坂釣閑斎《ながさかちょうかんさい》光堅《こうけん》などがいる。

　このうち、跡部勝資、長坂光堅、秋山昌成は、『軍鑑』に勝頼の「出頭人」（主君の寵愛を得て権勢を振るった人物のこと）とされる人物である。また、安倍宗貞、秋山紀伊守・宮内丞父子、小原下総守・小原継忠兄弟は、高遠《たかとお》時代からの勝頼家臣である。譜代家老衆の系統で、勝頼の信頼を得ていたのは、土屋昌恒ぐらいであろう。このように、長篠合戦後の勝頼の重臣層は、信玄時代のそれとはかなり様変わりしていることがわかる。

　なお、武田一門で勝頼を支えたのは、従兄弟の武田典厩《てんきゅう》信豊と、大龍寺麟岳和尚《だいりゅうじりんがくおしょう》（武田逍遙軒信綱《しょうようけんしんこう》の息子）であった。いっぽうで、穴山信君《あなやまのぶただ》は駿河江尻城代に任ぜられ、駿河・遠江《とおとうみ》方面の軍事を委《ゆだ》ねられたが、信玄時代に担っていた対徳川外交などは、対外関係の悪化もあって機能しなくなっており、武田氏の外交からは疎外される結果となっていた。

このような長篠合戦後の勝頼政権の変容は、信玄以来の譜代層と勝頼重臣層との軋轢《あつれき》を生んだ可能性がある。『軍鑑』において、勝頼時代に非難の対象となっていたのは、跡部、長坂、秋山摂津守昌成らの出頭人であった。彼らが実権を握ったことにより、勝頼と譜代層との関係性の希薄化をもたらしたのかも知れない。これらは今後の検討課題である。

最後に、長篠で戦死した兵卒らの後継問題をみてみよう。『軍鑑』などによると、甲斐《かい》・信濃・上野《こうずけ》などの兵卒のうち、名のある者は、息子、孫、弟などを取り立てたが、それがいない場合は、出家していた男子や、町人などになっていた者を家に呼び戻す措置を取ったという。こうして勝頼は、武田軍の再編成につとめ、総兵力一万三千余の軍勢を何とかまとめ上げたとされる。だが、勝頼が新たに編成した軍勢は、実戦経験に乏しく、年齢も十二、三歳の若年層も目立ち、出家あがりの者を引き連れてきたことが敵の目にも明らかなほどであったという(『三河物語』)。兵力こそ回復したものの、武田軍の質的低下は覆《おお》いようがなかった。そのため、兵力では上回っているにもかかわらず、武田軍は家康率いる徳川軍と単独で会戦できるだけの力量に欠けていた。

しかしそれでも家康は、武田軍を甘く見てはおらず、兵力でも武田に対しては寡兵であることから、慎重に行動し続けたのである。そのため、天正四年以後、家康と勝頼は一進一退の攻防を繰り返し、相互に決定的な打撃を与えることはできなかったのであった。

武田勝頼の意地

長篠で大敗を喫した勝頼であったが、天正三年（一五七五）八月まで、戦死者の後継者取り立てや、兵員の補充を行い、一万三千余の軍団の再編成を実現し、遠江小山《こやま》に出陣した。そればかりか、織田・徳川の反攻に備え、信濃国伊那《いな》郡、木曾《きそ》郡、遠江北部の奥山《おくやま》領を対象にした軍勢配置と防衛計画を策定していた。

また、信長に京を追放された将軍足利義昭の斡旋で、上杉謙信《けんしん》との和睦（「甲越和睦」）を実現させた。これは、義昭による甲相越《こうそうえつ》三国和睦構想（武田・北条・上杉の三和構想）の結果、成立したものである。この三者和睦については、勝頼はもちろん、北条氏政《ほうじょううじまさ》も了承していたのだが、謙信が勝頼とは和睦してもいいが、氏政とは駄目だとごねたことから、流れてしまった経緯がある。だが氏政が同意していたこともあり、同年十月、勝頼と謙信は和睦したのだった。これは、織田信長との同盟に違反するものであり、以後、上杉と織田の関係は冷却化していく。

そして天正四年、勝頼は軍団の再編成をさらに進めるなかで、徳川領国侵攻を全領国に宣言した。彼は、家康打倒を当面の目標に掲げ、三河《みかわ》・遠江への出兵をもくろんでいたのである。

そのために勝頼は、川中島の海津《かいづ》城代春日《かすが》虎綱《とらつな》（いわゆる高坂弾正《こうさかだんじょう》）を、信濃・三河国境の城（飯田《いいだ》城もしくは大島《おおしま》城か）に配置し、彼をして三河侵攻の先陣にしようとしていたらしい。

そして、天正三年末までには、家中では三河侵攻作戦についての協議が済み、年明けには三河攻めが始まることとなっていたらしい（戦武二二五三号。なお年次比定は天正四年と考える）。

天正四年一月、勝頼は春日虎綱に書状を送り、予定していた三河侵攻の延期を通達した。その理由として、同年春の軍事行動は不吉との卦《け》が出たためだといい、しかも来《きた》るべき「仏事」（武田信玄の葬儀）も控えているので、三、四月まで様子をみることにしたと述べている。だが結局、武田氏による三河侵攻は、遂に実施されぬまま、武田氏滅亡を迎えている。

天正四年の攻防

武田軍が徳川領国に侵攻したのは、天正四年（一五七六）九月のことであった。それは八月、家康が駿河《するが》の山西《さんせい》地域に侵攻し、人足を動員して思うままに苅田《かりた》などを実施したことへの報復であった（『当代記』）。山西とは、駿府の西にある宇津ノ谷《うつのや》峠と当目《とうめ》峠を結ぶ山岳地帯以西の駿河西部のことであり、現在の藤枝市、島田市、焼津市などの地域を指す。この地域には、田中《たなか》城などの武田方の城があったが、徳川軍の蹂躙《じゅうりん》になすすべがなかったらしい。勝頼が出陣してくると、家康はすばやく兵を退き、牧野《まきの》城（諏方原《すわはら》城のこと）に入った。家康が撤退したため、

山西・当目峠（焼津市歴史民俗資料館提供）

武田軍は小山城に入り、徳川軍と対峙しながら様子を窺《うかが》ったが、双方それ以上の行動はせず、まもなく両軍ともに撤退したらしい。

なお、勝頼が小山在陣中の九月（下旬か）、遠江小山城で異変が起きている。城中で、武田重臣甘利《あまり》三郎次郎《さぶろうじろう》信恒《のぶつね》（長篠で戦死した甘利信康《のぶやす》の子）が、暗殺されたのである（享年十七）。犯人は、佐橋甚五郎《じんごろう》という人物であった。彼は、三河岡崎の出身で、松平信康の小姓であったが、仲間の刀を盗んだことが露見したため出奔《しゅっぽん》し、武田方に身を寄せていたのである。甘利と佐橋は、衆道の間柄であったという。すっかり油断していた甘利は、佐橋に寝首を掻かれたばかりか、大小を奪われたといい、甚五郎はそのまま小山城を出奔し、徳川に帰参を願い出たという。家康は再出仕を許したが、衆道の相手の寝首を掻く非道さにあきれ、決して用いようとはしなかった。信康も彼を疎み、同僚たちからも指弾され、肩身が狭くなった佐橋は、再び出奔し行方知れずになったという（『当代記』『朝野』他）。

天正四年十二月、捲土重来《けんどちょうらい》を期し、本領犬居《いぬい》谷《だに》の奪回を狙っていた天野《あまの》藤秀《ふじひで》が動き出した。彼は、駿河江《え》尻《じり》城代穴山信君《あなやまのぶただ》と、武田勝頼から多大な支援を受け、遠江北部の山岳地帯に潜み、徳川方を虎視眈々と狙っていたのである。天野は、駿河衆三浦員久《かずひさ》の協力を得て、徳川方安倍《あべ》大蔵《おおくら》が守る樽山《たるやま》城に攻め寄せた。この時、天野・三浦勢は、城そのものは攻め落とせなかったが、敵や周辺の村々を襲い、徳川方に大きな打撃を与えたようだ。この時、天野らは「分捕《ぶんどり》・生捕《いけどり》・高名《こうみょう》」といった乱取りを実施し、首注文を穴山信君に送って戦果を誇示している。しかし藤秀の本領奪回の悲願は、遂に達成されることはなかった。

天正五年の攻防

家康は、鹿ヶ《ししが》鼻《はな》城に在城する天野藤秀や、久《く》頭《ず》郷《ごう》城（高根《たかね》城）の奥山氏の動向を睨みながら、山岳地帯から駿府に肉薄する作戦を進めた。そのための拠点として重視されたのが、樽山城である。ここには安倍大蔵元真《もとざね》・弥《や》一郎信勝《いちろうのぶかつ》父子が配備され、三倉久右《みくらきゅう》衛《え》門《もん》らが援軍として入城したという（『譜牒余録』）。

井川・梅ケ島周辺図

（『武田氏滅亡』平山優、角川選書より転載）

これに対し武田氏は、小長谷《こながや》城や津渡野《つどの》城（筒野《つつの》城、静岡市）などの防備を固め、駿府の防衛を強化しようとした。とりわけ駿府の北側の守備を今川時代から担っていたのが、山深い井川・安倍地域の土豪らである。井川は、田代・上田・薬沢・中野・岩崎・上坂本・小河内の七ヶ村（井川七郷）によって構成され、海《うん》野《の》・朝倉《あさくら》・末高《すえたか》氏らの土豪がこれらをとりまとめていた。永禄十一年（一五六八）から同十二年にかけて、今川氏真《いまがわうじざね》・北条氏政に味方し、武田信玄を苦しめた井川・安倍一揆とは、この地域の人々が組織したものである。井川・安倍一揆は、長篠敗戦後、樽山城の徳川方の攻勢を受け、これを懸命に凌《しの》いでいたという。
ところが、徳川方は井川・安倍一揆に調略を仕掛け、内通者を募ったらしい。すると、数人の内通者を獲得し、安倍元真らはこれを突破口に、井川・安倍一揆を制圧しようと画策した。これは未然に発覚し、内通者は、穴山信君によって捕縛、成敗されたといい、これを好機と攻め寄せてきた徳川勢を、武田方は多くの犠牲者を出しながらも撃退したという。だが徳川方の調略は、これだけでは終わらなかった。大寸又の望月五郎兵衛《もちづきごろべえ》、上富士《かみふじ》川の小長谷長門守《ながとのかみ》、海野七郎太郎《しちろうたろう》・七郎三郎兄弟も徳川に内通したと伝わる（『了夢先祖書』『駿河記』他）。

勝頼は、要衝小長谷城の守備を強化するため、天正五年（一五七七）三月には駿河衆三浦員久を、十一月には甲斐国都留《つる》郡上野原《うえのはら》城主加藤次郎左衛門尉信景《のぶかげ》を、在番《ざいばん》衆として派遣している。これ以後、樽山城の徳川方は、駿府に向けて積極的な行動に出ていない。武田方が、内通者をすべて処断し、小長谷城などの守備を強化したことが奏功したのだろう。

天正五年閏《うるう》七月、勝頼は、家臣らに三ヶ条に及ぶ軍役定書を出した。そのなかで勝頼は、今度武田家興亡の一戦をする予定であることを宣言し、そのためには武勇にすぐれた者を軍役衆として参陣させるのはもちろん、十五歳から六十歳までの男子を二十日間の期限付で徴発し、出陣に帯同することとした（ただし二十日を過ぎれば、軍役衆を除く人々は、無条件で帰国してよい）。また、武具を整え、とりわけ鉄炮と玉薬《たまぐすり》の用意を怠らぬようにし、指示があり次第、昼夜を問わずただちに出陣してくるように求めている。ただ、勝頼は、世間で武田軍は、軍役の補塡《ほてん》のために夫丸《ぶまる》などの百姓までも、員数合わせで動員しているようだと噂されていることを気にしており、そのようなことがないようにせよと厳命し、それらの防止のために着到《ちゃくとう》（軍勢の員数と装備の点検）を強化すると述べている。

その直後、家康は高天神《たかてんじん》城攻撃のために行動を開始した。情報を得た勝頼は、ただちに信濃、西上野に動員をかけたが、軍勢の招集がままならず、さらに織田信長が、軍勢の招集を行っているとの情報を摑み、信濃に侵攻してくる可能性から、彼は甲府から動けずにいた。家康は、勝頼本隊が動かぬことを好機とみて、高天神城を攻撃したようだが、成果が挙がらず、その後、小山城や駿河田中城に鉾先を転じてみたものの、ここでも戦果を得ることができなかったらしい。

九月、家康は再び高天神城を攻めるべく、動き出した。これに対し勝頼も、今度は軍勢を率いて九月二十二日、駿河江尻城に着陣した。勝頼は、高天神城の在城衆に書状を送り、二十五日には田中城に兵を進め、徳川軍と決戦をする予定であり、もし討ち漏らした敵兵を見つけたら、大井《おおい》川で仕留めるよう指示している。

家康は、勝頼本隊がやってきたことを知ると、高天神城から撤収し、九月二十八日には馬伏《まむし》塚《づか》城に入った。両軍は、しばらく相手の様子を窺っていたが、十月にはともに軍勢を撤退させている。

こうして天正五年も、家康と勝頼は一進一退の戦局を続け、大きな変動はなかった。

家康は勝頼をどうみていたか

ここまで、家康と勝頼による激しい角逐《かくちく》の様相を紹介してきたわけだが、家康は武田勝頼という人物をどのように評していたのだろうか。管見《かんけん》の限り、家康が勝頼を自身の口から批評した文書は存在しない。ただ、比較的信頼できる記録や同時代の史料にその痕跡を見いだすことができるので紹介しておこう（平山・二〇〇八年）。

家康は、元亀四年（天正元年、一五七三）から天正三年五月まで、武田勝頼による一方的な攻撃を受け続けてきた。そのため、徳川家中には動揺も生じ、大岡弥《おおおかや》四郎《しろう》事件などが発生したわけである。長篠合戦で勝利した直後、家康は愁眉《しゅうび》を開いたとされ、昔でもこれほど味方を損じることなく強敵を撃破したことはないだろうと述べたという（『信長公記』）。また、『当代記』にも家康は武田軍が敗退したことで、しばらく休息できるとほっとしたとあり、それは勝頼が「強敵」ゆえなおさらそう思ったと記している。ここでは、勝頼は家康の存亡に関わる「強敵」だとあり、彼は実際にそう考えていたのだろう。

その後、家康は天正三年九月、遠江《とおとうみ》小山《こやま》城を包囲していたが、なんと勝頼が一万三千余人を率いて後詰めに出てきたのである。家康は、武田軍は打撃が大きくしばらくは身動きが取れないと判断しており、その隙に遠江・三河《みかわ》の武田方諸城を奪回しようとしていたのだった。ところが、家康の予想に反して、勝頼は大軍を再編成して出陣してきたのである。さすがの家康もこれには驚いたといい「去る五月の長篠での敗軍の後、さほど時を経ていないにもかかわらず、これほどの軍勢を率いて出陣してくるとは、武士がなすべきことを実践している証左《しょうさ》である。さすがは信玄に鍛えられただけのことはある」と評したという（『当代記』）。

　また、天正七年に息子松平信康《のぶやす》を処断した時に、家康は「勝頼という大敵を対峙している状況では、織田信長の援助がなければ到底太刀打ちできないのがわが徳川なのだ。だから信長に背《そむ》くことなどできようはずがない」と述べたと『三河物語』は伝えている。この事件の詳細は後述したいが、この段階でも家康は、勝頼を徳川にとっての「大敵」と見なしており、とてもではないが信長の支援なくして正面切って戦うことはできないと考えていたらしい。

　そして武田氏滅亡後の天正十二年に、駿河《するが》国重須《おもす》の北山本門寺《きたやまほんもんじ》と、西山の西山本門寺が寺宝の帰属をめぐって争い、徳川家康に裁許を求めた。この争論の経緯を聴取するなかで、家康は勝頼を高く評価している。この争論は、永禄《えいろく》五年（一五六二）に発生し、天正九年に再燃したもので、武田氏滅亡後に三度紛争が発生したものである。永禄五年の争論では、今川氏真も周《しゅう》旋《せん》したようだが、最終的には京都上行院日春《じょうぎょういんにっしゅん》の斡旋で和睦となった。しかし、寺宝の帰属問題は根本的に解決したわけではなかった。

天正九年の争論では、事情を精査した武田勝頼が、駿河興国寺《こうこくじ》城の奉行衆らを重須の北山本門寺に派遣し、寺宝を没収して西山本門寺に移したという。北山本門寺はこれを不満としていたところ、勝頼は滅亡してしまった。そこで北山本門寺は、家康に訴え出て、寺宝没収と西山本門寺への移動を不当としたのである。徳川氏は、係争となっている寺宝を、西山本門寺から江尻城に移し、双方の意見を慎重に検証することとなった。最終的に家康は、寺宝は元通り重須の北山本門寺に返却する判断を下している。

この時、家康が語ったとされる言葉が記録されている。それは次のようなものであった。

「（仏法にかかわるような）そのような難しい裁定は、（俗世の家康に）せよと迫る仏説は珍しいのではないか。とかく私は無知であり、破戒者なので、こうした事情には疎《うと》いのだ。そのうえ、今川家の先祖たちには有能な守護が多かったはずなので、この時に（この問題は）決着していたであろう。それを蒸し返し、今度はこの家康に三百年来の由緒ある重宝の帰属を判断せよというが、それは容易なことではないのだ」「（天正九年の裁許については）勝頼のような物《もの》数寄《ずき》なことは、知恵があってこそできるのである。私にはとてもそのような判断はできない」

ここで家康は、勝頼の裁許を「物数寄」と指摘し、彼を「知恵」ある人物だと評価している。

ここにみえる「物数寄」とは、普通とは違ったことを好むこと、新機軸を打ち出そうとする考えの持ち主、つまり進取の気質に富む人物といった意味合いである。家康の眼には、勝頼の裁許が、先例に囚《とら》われぬ思い切ったものであると映っていたようだ。家康は自身を従来型の保守的な思考の持ち主と自認しており、勝頼の考え方を先例に囚われぬ斬新なものと評していたらしい。これを、皮肉と捉《とら》えるか、素直に図抜けた革新的な考え方の人物と捉えるかはなかなか難しいが、家康にとって勝頼は、常人とは違う発想の持ち主であり、だからこそ難敵であったと評価していたと考えておきたい。勝頼なればこそ、長篠合戦での大敗後、あっという間に軍勢を再編成する政治家としての手腕を発揮したばかりか、徳川と戦う気概をみせられたのだと家康は認識していたのだろう。

第五章 転機

信長包囲網の形成と上杉謙信の急死

武田勝頼は、長篠《ながしの》敗戦以後、将軍足利義昭《よしあき》の斡旋を受諾し、甲相越《こうそうえつ》三国和睦に前向きであった。しかしながら、上杉謙信《けんしん》と北条《ほうじょう》氏政《うじまさ》や、謙信と反北条の関東諸将との調整がつかず、勝頼と謙信の和睦（甲越和睦、天正《てんしょう》三年十月）が成立したのみであった。その後も、三国和睦の交渉は、将軍義昭と彼を庇護《ひご》していた安芸《あき》毛利《もうり》輝元《てるもと》の後援で続けられていた。その結果、武田・毛利同盟（甲芸同盟）が成立し（天正四年九月）、さらに勝頼は、伊予《いよ》河野《こうの》通直《みちなお》とも同盟を締結している。また、この和睦交渉の過程で、武田と北条の同盟強化も合意に達し、天正五年（一五七七）一月二十二日、北条氏政の妹（桂林院殿《けいりんいんでん》、北条夫人）が、勝頼の正室として輿入れした。北条夫人は、当時十四歳であった。これにより、甲相《こうそう》同盟は強化されたのである。

さらに注目すべきは、将軍義昭は、天正三年以来、謙信と大坂本願寺・一向一揆との和睦にも乗り出していたことである。謙信は、次第に前向きとなり、天正四年五月、永年の仇敵であった大坂本願寺・一向一揆との和睦を受諾したのである。これを契機に、謙信は毛利輝元とも結ぶこととなり、六月、上杉・大坂本願寺・一向一揆・毛利輝元の提携が成立した。

変則的ながら、こうした東国の三戦国大名の提携強化は、それまで蜜月の関係にあった、上杉と織田・徳川の関係に亀裂をもたらした。信長と謙信は、遂に天正四年六月、断交した。謙信は、毛利氏に対し、一向一揆を含む北国衆を率いて、北陸の織田分国に攻め込むとの意思を鮮明にしている。このような事情から、武田信玄対策のために、家康が謙信と締結した越三同盟も崩壊したとみられる。

かくて、武田・北条・上杉・大坂本願寺・一向一揆・毛利の連携による、新たな信長包囲網が形成されたのである。こうした新たな情勢下で、武田勝頼は、天正五年閏《うるう》七月に、全領国に対し「来《きた》る調儀は、武田家興亡をかけた重要な作戦となる」と通達しており、織田・徳川への反攻を明確に宣言したのであった。

そして天正五年には、上杉謙信の北陸侵攻と、織田方との交戦が始まり、謙信は能登《のと》を制圧し、加賀《かが》に侵攻するなど、戦局は上杉優位に推移した。武田勝頼も、これと連動して、西への攻勢をかけようと考えていたとみられる。

ところが、天正六年三月、事態を急変させる出来事があった。三月九日、上杉謙信が春日《かすが》山《やま》城内で昏倒《こんとう》し、同十三日に急死したのである（享年四十九）。家督は、養子景勝《かげかつ》が相続しこれを内外に公表したが、まもなく家中の反景勝派が、同じ養子景虎《かげとら》（北条氏政の弟）を擁立する叛乱を起こし、上杉の内乱（御館《おたて》の乱）が勃発した。

この時、北条氏政は、上杉領国であった東上野《ひがしこうずけ》の簒奪《さんだつ》と、弟景虎支援のために動こうとしたが、常陸《ひたち》佐竹《さたけ》氏らとの交戦で身動きが取れなかった。そこで氏政は、武田勝頼に越後《えちご》侵攻と景虎支援を要請したのである。勝頼はこれを了承し、六月、越後に出陣した。

その間、上杉領国の東上野では国衆《くにしゅう》や諸士の動揺が収まらず、武田方に帰属する者や、北条に奔る者などの混乱が始まっていた。とりわけ、吾妻《あがつま》郡岩櫃《いわびつ》城に在城していた真田《さなだ》昌幸《まさゆき》は、東上野の上杉方調略を開始しており、これを知った北条氏政より抗議を受けていた。北条と武田の亀裂が早くも兆していた。

いっぽう上杉景勝は、父謙信と勝頼との甲越和睦がなおも継続中であったことから、これを同盟に昇格させるべく、武田方に申し入れた。勝頼も、御館の乱の早期沈静のため、景勝・景虎の和睦調停に乗り出し、これが成就すれば、武田が仲介となって、甲相越三国和睦を成立させ、さらにこれを同盟に昇格させようと考えていたとみられる。勝頼は、一刻も早く、御館の乱を終息させて、織田・徳川戦にその成果を投入したかったのだろう。

家康の横須賀築城と武田軍の襲来

勝頼の努力の甲斐《かい》あって、八月十九日に、景勝・景虎の和睦が成立した。この日勝頼は、景勝・景虎双方に対し、中立を宣言し、武田・両上杉の友好と、対織田戦での連携を確認した。

いっぽうの家康は、謙信急死の直前にあたる天正六年（一五七八）三月五日に懸川《かけがわ》城に入り、駿河《するが》に侵入すると、九日、田中《たなか》城へ猛攻を仕掛けた。徳川軍は、城の外郭を破り、城内に侵入したが、武田方の抵抗により城外に弾き出されている。家康は我攻めを避け、軍勢を撤収させると、今度は遠江小山《とおとうみこやま》城を攻めた。しかしこれも効果がなかったらしい（『家忠日記』）。

その後、家康は、武田勝頼が越後に向けて出陣したことを知ると、好機到来とばかりに、天正六年七月、高天神《たかてんじん》城奪回に向け、横須《よこす》賀《か》城の築城を開始した。これはそれまでの馬《ま》伏塚《むしづか》城に代わる、新たな拠点城郭の構築となった。横須賀城は、七月三日から普請が始まり、同十五日には一応の完成をみたらしい（『家忠日記』）。

そして八月、家康・信康《のぶやす》父子は、遠江小山城を包囲し、別働隊平岩親吉《ひらいわちかよし》・松平家忠《いえただ》らは大井《おおい》川を越え、駿河田中城周辺で大規模な苅田《かりた》を実施した。この時、徳川方が田中城周辺の山西《さんせい》地域で分捕った稲は、膨大だった。家康は、別働隊が分捕った稲を集めさせ、各部隊に兵粮《ひょうろう》として分配した。松平家忠の軍勢が配分を受けた兵粮は、何と二〇〇俵にも及んだという。家忠勢だけで二〇〇俵なのだから、全体でどれほどの苅田の成果があったのか、想像できない規模である。武田方が大打撃を受けたことは、想像に難くない。徳川軍は、九月まで遠江、駿河西部を荒らし回ったものの、遂にどこの城も攻略することはできなかった。それにしても、家康の対武田戦は、慎重のうえにも慎重を期すものであった。あまりの慎重さに、信長が「四郎（武田勝頼）は飯山《いいやま》に在陣していると聞いている。あまり慎重にならなくてもよいのか」と申し入れるほどであった（信長七六八号）。

家康襲来の情報に接した勝頼は、気が気でなく、一刻も早い景勝・景虎の関係修復を望んでいたが、八月二十四日、景勝と景虎は、再び戦端を開いてしまい、遂に和睦は破綻した。勝頼は、和平と内戦終結を実現したかったのだが、それを諦め、八月二十八日に越後から撤退した。勝頼が和睦仲介を放棄したと捉えた双方は、内戦を本格化させた。これ以後、景虎方は次第に劣勢となり、各地で敗北を重ね、明けて天正七年三月、上杉景虎は自害してしまうのである（享年二十六）。

天正六年十月二十四日、帰陣してまもない東三《み》河《かわ》衆に、酒井《さかい》忠次《ただつぐ》から「武田軍がやってきたので明日二十五日までに出陣せよ」との陣触が届いた（『家忠日記』。以下断らない限り、同書による）。全軍が、二十五日に浜松《はままつ》城に集結し、信康も二十七日には岡崎《おかざき》より浜松に到着している。徳川方は、二十八日に武田軍が山を越えた（宇《う》津《つ》ノ《の》谷《や》峠か当目《とうめ》峠を越えること）との注進を受け、勝頼が遠江に侵攻してくるのは確実と判断した。果たして勝頼は、六月晦日《みそか》、大井川を渡河《とか》し、遠江に侵入したとの情報が、牧野《まきの》城よりもたらされると、家康は全軍を見付《みつけ》まで進軍させている。

十一月二日、武田軍は、小山城から相良《さがら》に移動した。勝頼が、高天神城に向かっていることは確実となった。そしてそのまま、築城したばかりの横須賀城に攻め寄せることが予想された。そこで家康・信康父子は、馬伏塚城に入り、他の軍勢は柴原《しばはら》（袋井《ふくろい》市浅羽《あさば》）に布陣した。これ

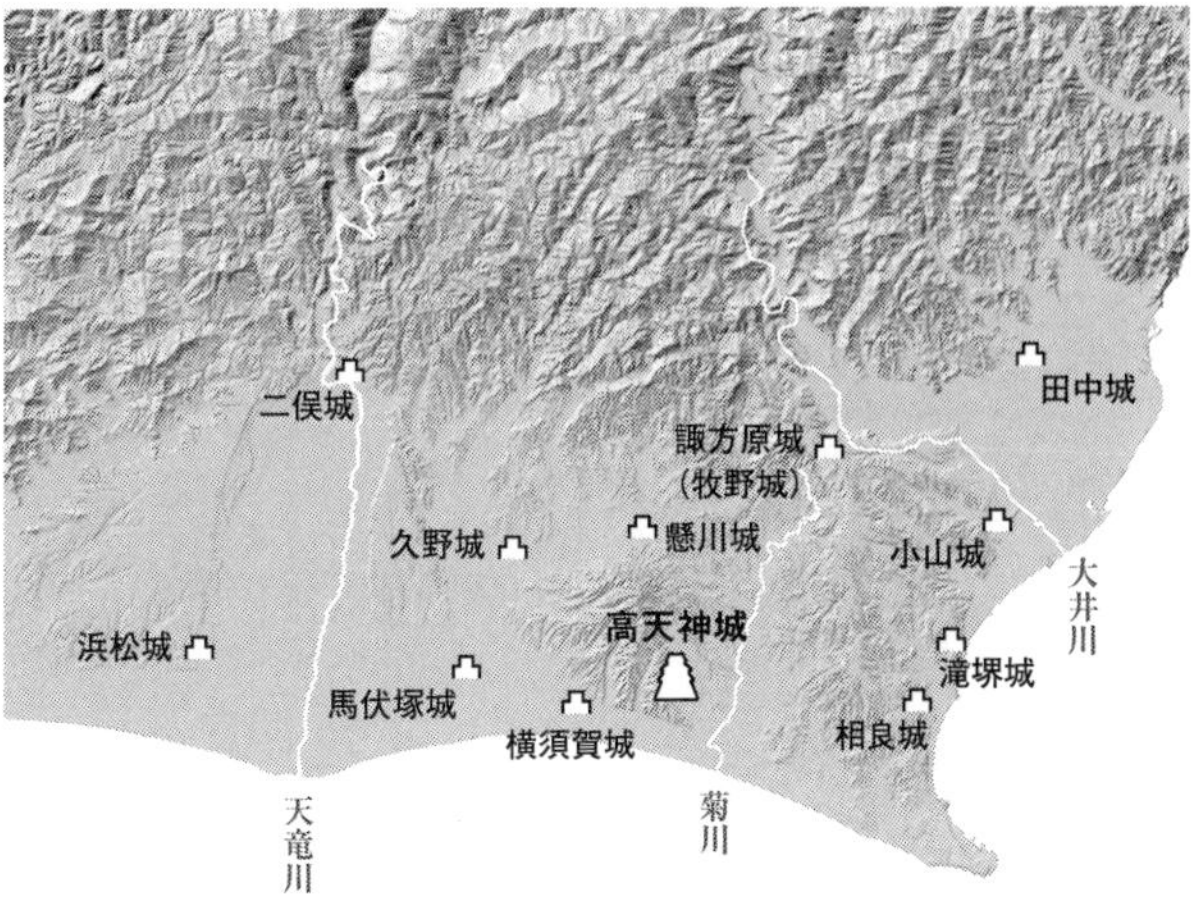

高天神城と遠江国の城
（地理院 陰影起伏図をもとに作成）

は、高天神方面からの攻撃に備え、馬伏塚城の前面に徳川の軍勢が展開したことを示している。

同日、武田軍は遂に横須賀城の近くに進軍してきた。家康は軍勢を率いて、城に入り、全軍を城際に配置し、武田軍の攻撃に備えた。この時、『軍鑑』などの軍記物によると、武田軍、徳川軍ともに決戦の気運が醸成され、開戦の許可を求める者が多かったという。だが家康はこれを許さず、防戦に徹するように指示したといい、また勝頼も周囲の諫めもあり、決戦を回避したのだという。『軍鑑』によると、当時の武田方は、新編成の兵卒ばかりで実戦経験も少なく、徳川軍と戦えばひとたまりもないと、長篠の生き残りの宿老らは考えていたという。

いずれにせよ、勝頼が合戦を回避したのは事実である。『家忠日記』によると、勝頼は軍勢を高天神城に引き揚げさせたため、家康もまた横須賀城の臨戦態勢を解除している。『三河物語』によると、家康は、勝頼が高天神城に退いたとみせかけ、回り道をして懸川に進出してくることを警戒し、大久保忠世《ただよ》と本多広孝《ひろたか》に命じて沓部《くつべ》（久津部、袋井市国本《くにもと》）に移動させ、武田軍に備えさせたという。

だが勝頼は、それ以上の行動をすることなく、大井川畔まで移動すると、十二月十九日、駿河田中城まで撤収した。そして十二月二十五日、勝頼は甲斐に向けて帰国の途についたのである。これを知った徳川軍も、十二月晦日、帰国した。勝頼は、危機的な状況にあった、高天神城、小山城、田中城の後詰めに成功し、恐らく高天神城などへの補給をも実施したとみられる。こうして、天正六年も暮れたのであった。

甲相同盟の決裂と徳川・北条連携の動き

天正七年（一五七九）一月、北条氏は、徳川家康と交渉を開始した。表面上、武田・北条の甲相同盟は維持されていたが、氏政は越後に侵攻しながら、景虎に味方せず、景勝と和睦し、さらに軍勢を撤収させてしまった勝頼に不信感を抱いていたのだろう。

いっぽうの勝頼も、三月三日には、北条氏政との同盟破棄を決意し、氏政への呪詛《じゆそ》と武田氏の武勇長久を祈願した願文を、伊勢神宮、熊野三山に奉納している（戦武三一一〇・三一一一号）。甲相同盟決裂は、天正七年三月には、武田家中では決定的となっていたらしい。こうしたなか、三月二十四日、上杉景虎は滅亡したのである。

勝頼は同じ三月、それまで対上杉氏の要《かなめ》であった川中島の海津《かいづ》城より、城代春日《かすが》信達《のぶたつ》を駿河・伊豆国境の沼津《ぬまづ》（静岡県沼津市）に配置転換し、後任として海津城には、勝頼側近安倍加《あべか》賀守宗貞《がのかみむねさだ》を配備した。甲越和睦により、信越国境の防衛の必要性が低下し、勝頼は駿河防衛強化に転用したとみられる。こうした駿豆《すんず》国境での武田方の動きは、北条氏を刺激した。氏政は、伊豆韮山《にらやま》城の普請強化を実施したのである。これに対し勝頼は、七月、駿豆国境の沼津に、沼津三枚橋《さんまいばし》城の築城を開始した。同盟国との境目に、同意や許可なく築城することは、事実上の敵対行為、宣戦布告に等しい。北条氏政は、これに激怒しすぐに反応した。勝頼の沼津三枚橋築城を重大な同盟違反として指弾し、甲相同盟の破棄と戦争への突入を宣言したのである。そして北条氏も九月、泉頭《いずみかしら》城の普請を開始し、十一月には伊豆に長浜《ながはま》城（静岡県沼津市）を築き、北条水軍の拠点の一つとした。この他にも北条方は、駿相国境の足柄《あしがら》城、駿豆国境の韮山城などの改修を実施し、武田氏に備えた。かくて甲相同盟は破綻したのである。

これに対し勝頼は、天正七年十月、妹菊姫《きくひめ》（当時二十二歳）を、甲越和睦の際の約束通り、上杉景勝に輿入れさせ、甲越同盟を正式に成立させたのである。甲越同盟は、織田・徳川・北

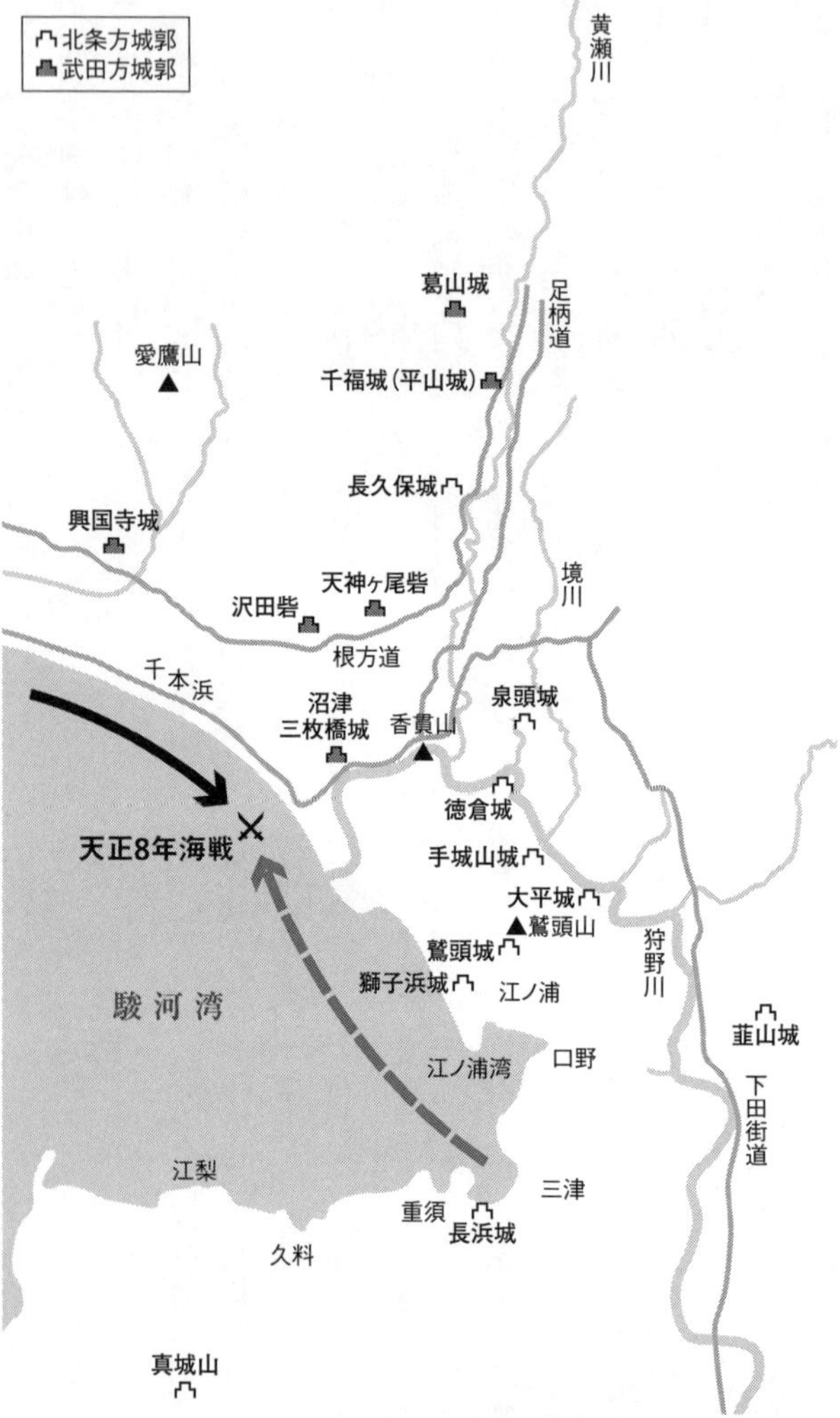

駿豆国境の武田・北条方の城図
（『沼津市史通史編　原始・古代・中世』をもとに作成）

条に向けて機能することが期待された。

勝頼は、甲相同盟破棄に伴い、常陸佐竹義重《さたけよししげ》と、天正七年十月に同盟（甲佐同盟）を成立させた。その後武田氏は、那須《なす》、宇都宮《うつのみや》、結城《ゆうき》氏ら「東方之衆」との同盟にも成功し、北条包囲網を形成したのである。

この外交成果により、勝頼と佐竹義重らによる対北条戦は、優勢となった。このため北条氏政は危機感を募らせ、起死回生の策に打って出る。それは、勝頼の宿敵徳川家康との同盟交渉であり、さらに家康を仲介とした織田信長との同盟、すなわち勝頼包囲網の形成に他ならなかった。

しかし、甲相同盟が険悪化し、破綻に至った頃、徳川家中では未曾有の事件が発生し、震撼していた。それが、信康事件である。

信康事件の表面化

天正七年（一五七九）は、八月二十九日に家康正室築山殿《つきやまどの》が、九月十五日には嫡男信康《のぶやす》が、死に追いやられた年にあたる。この事件は、徳川氏の歴史上、最も衝撃的であるとともに、最も謎に満ちたものであるといえるだろう。なぜならば、その詳細を明確に語る同時代史料がほぼ皆無といえるからだ。

戦後の日本人の徳川家康像に多大な影響を与えた、山岡荘八『徳川家康』も、原則として『三河物語』と、幕府の編纂物である『朝野旧聞裒藁《ちょうやきゅうぶんほうこう》』などに依拠して、物語を展開しており、現代の歴史学者も同じ立場にあるといってよい。通説による信康事件の顚末《てんまつ》を紹介しよう。まずは、当事者に最も近い証言者である大久保忠教《ただたか》による『三河物語』の記述である。以下、現代語訳で掲げてみる。

丑年《うしどし》（天正五年―これは天正七年の誤記）、信康の奥方様は、信康についての中傷を十二ヶ条に書き連ね、酒井忠次に持たせて、父織田信長に送った。信長は忠次を召し寄せ、巻物を開き、一ヶ条ずつこれはどうかと尋ねた。忠次が、その都度、その通りですと申し上げた。信長は、またこれはと尋ねる。すると忠次がそれもその通りでありますと返答した。信長は、一ヶ条ずつ指さしては質問し、十ヶ条とも忠次が肯定したところで、残りの二ヶ条についてはお尋ねにはならず、徳川家中の宿老がすべてその通りというならもはや疑う余地はない。信康をとてもこのまま放置してはおけぬ。ただちに切腹させるよう家康に申せと言明した。忠次は承知して退出し、岡崎へは立ち寄らず、直接浜松に赴《おもむ》き、家康にこのことを伝えた。家康は聡明な人物であったので、これを聞くとすぐに納得され、あれこれいうこともない。信長を恨むこともない。身分の上下なく、子を可愛く思うのはみな一緒だ。それにしても、十ヶ条まで指さされ、一ヶ条ずつ質問され、もし知らぬとこちら側が申し上げたなら、信長とてこうは言うまい。すべてその通りと認めたのだから、こうなったのだろう。他に、このように言明される理由などなかろう。三郎（信康）は、忠次の中傷で腹を切らせることになっただけだ。私も大敵に直面し、背後に信長がいては、織田に叛《そむ》くこともできぬ。もう何も言うまい、と仰った。

そこに平岩親吉が進み出て、軽々に嫡男を切腹させては、きっと後悔されましょう。私が信康様の傅役《もりやく》だったのですから、万事は私の不行届であり、その理由で私を誅殺して首を信長に送り、誰か有力者に（信康赦免《しゃめん》の働きかけを）依頼して欲しい。信康は、家康のたった一人の子なのですから、どうか哀れに思し召して下され、と言上した。さらに親吉の首も届けられたと聞けば、信長も疑いを解くことでありましょう、と親吉は思い詰めて、一息《ひといき》に申し上げた。

すると家康は、親吉のいうことはもっともである。だがよく考えてみよ。私も国を統治する国主であり、その跡を継がせようとしている何にも代えがたい一人息子を、このよう

松平信康（勝蓮寺蔵）

な形で先立たせるのは、このうえない恥辱であり、とても残念なのだ。だが、勝頼という大敵と戦っているさなか、信長の援助なくばとても太刀打ちできない。信長を裏切っては、どうにもならないのだ。親吉の首を斬って信長に届け、それで三郎の命が助かるならば、お前の命を貰いもするが、忠次の中傷であればどうにもならない。親吉まで失っては恥の上塗りとなろう。可哀そうだが、三郎を岡崎から出せ、と家康は仰った。

そこで信康は岡崎から出されて大浜に出て、そこから堀江《ほりえ》城に移され、さらに二俣《ふたまた》城にお越しになり、天方山城守《あまがたやましろのかみ》、服部半蔵《はっとりはんぞう》に命じられ、天正六年（天正七年の誤記）、生年二十歳（実際は二十一歳）で十五日にご切腹なさったのである。

以上が、『三河物語』による信康事件の主要部分である。

藪のなかの信康事件

信康事件については、その事件の衝撃の大きさのわりには、詳細はほとんど明らかにされていない。なぜならば、信康事件については、確実な史料に乏しく、同時代史料である『家忠日記』も、意図的かどうかは定かでないが、事件に関する部分が擦《こす》り消し抹消がなされていたり、事件そのものにまったく触れていないなど、家康への忖度《そんたく》が見え隠れしているからだ。

そこで信康事件の経緯を追跡すべく、『家忠日記』『三河物語』を始め、他の史料を併せて事件の関連次項を年表化したものが、次ページである。家康・信康父子の対立は、元亀四年に早くも表面化している。だがこの時は、舅《しゅうと》信長の説諭もあって、信康はおとなしく引き下がっていた。

その後、家康・信康父子の関係には、波風が立っていた形跡はさほどみられず、むしろ信康が成長し、立派に武田軍との戦いに積極的に参加している様子が窺《うかが》われるのだ。ところが、事態は天正六年二月から動き出す。そして、天正七年八月四日、信康は父家康により岡崎城から追放され、大浜に移り、同二十九日に生母築山殿が殺害され、九月十五日に信康が切腹したことで終息するのである。

いったい、何が起こったというのか。なぜ家康は、二十一歳になる嫡男を死に至らしめたのか。その陰にあったといわれる武田勝頼の調略は存在したのか。以下、数少ない記録と、近年の研究をもとに紹介していこう（新行紀一・一九八九年、平野明夫・二〇〇六年、平山・二〇一七年、本多隆成・二〇一七年・二〇一九年、黒田基樹・二〇二二年、桐野作人・二〇二三年）。

信康事件の発端——五徳の条書は実在したのか

『三河物語』『松平記』などによると、信康事件の発端となったのは、信康正室五徳《ごとく》が、父信

(註)出典の略号は以下の通り、『家忠日記』→家忠、『三河物語』→三河、『信長公記』→信長、中村孝也『家康の族葉』→族葉、『愛知県史』資料編11→愛+巻数+文書番号

年	月	日	事項	出典
天正6年	9月	27日	深溝松平家忠、深溝城に帰る	家忠
天正6年	10月	17日	信長(御家門様)が近日西条に来るとのことで、酒井忠次が三河国内の番匠を雇う(この訪問予定は、荒木村重謀叛により中止となったらしい)	家忠
天正6年	10月	25日	深溝松平家忠、武田勝頼の侵攻を受け出陣、27日には信康も出陣	家忠
天正6年	11月	15日	信康、陣中にて各国衆に振る舞いを行う	家忠
天正6年	11月	晦日	武田軍の撤退を受け、徳川軍も撤収	家忠
天正6年	12月	2日	家康、岡崎城に来る	家忠
天正6年	12月	26日	深溝松平家忠、岡崎に歳暮のため赴く	家忠
天正7年	1月	1日	岡崎衆、信康に新年の礼を申し上げる	家忠
天正7年	1月	2日	岡崎衆、浜松城に出仕	家忠
天正7年	1月	19日	家康、岡崎城に来る	家忠
天正7年	1月	20日	家康、吉良に鷹狩りに出かける	家忠
天正7年	4月	7日	家康三男長松丸(秀忠)誕生	族葉他
天正7年	4月	23日	武田軍の侵攻を受け、岡崎衆に陣触、信康も出陣し29日に帰陣	家忠
天正7年	6月	1日	深溝松平家忠、岡崎城に赴き、3日深溝に帰る	家忠
天正7年	6月	5日	家康、岡崎城に来て、信康と五徳の仲裁を行う	家忠
天正7年	6月	7日	家康、「霍乱」により浜松城に帰る	家忠
天正7年	7月	7日	深溝松平家忠、岡崎城に出仕し、翌日深溝に帰る	家忠
天正7年	7月	16日	家康、安土城の信長のもとへ酒井忠次、娘婿奥平信昌を派遣する	信長
天正7年	8月	3日	家康が岡崎城に来る	家忠
天正7年	8月	4日	家康・信康父子が激しく対立、信康は大浜に移される	家忠
天正7年	8月	5日	深溝松平家忠、岡崎城に行ったところ、家康より弓・鉄炮衆を連れて西尾城へ行くよう命じられる。家康も西尾城に移る	家忠
天正7年	8月	8日	家康、織田家臣堀秀政に書状を送り、信康を岡崎から追放したことを報じる	愛⑪1336号
天正7年	8月	9日	信康、大浜から遠江堀江城に移される	家忠
天正7年	8月	10日	家康、岡崎に三河衆を集め、信康と内々に連絡を取らぬと誓約した起請文を提出させる	家忠
天正7年	8月	11日	深溝松平家忠、深溝に帰る	家忠
天正7年	8月	13日	家康、浜松城に帰り、岡崎城には本多重次を配備	家忠
天正7年	8月	29日	築山殿、遠江佐鳴湖畔の富塚村(小薮村とも)で殺害される	族葉他
天正7年	9月	3日	家康、北条氏政との同盟を成立させる	家忠他
天正7年	9月	15日	信康、遠江二俣で自刃(享年21)	三河他

信康事件略年表

年	月	日	事項	出典
元亀4年	5月?		信康、妹亀姫と奥平信昌の婚姻に反対し、父家康と対立	三河
天正3年	4月		大岡弥四郎事件、武田軍の三河侵攻始まる	三河他
天正3年	5月	21日	長篠合戦、織田・徳川連合軍、武田勝頼を撃破	信長他
天正4年	12月	22日	織田信長、三河吉良の御鷹野に来る	信長
天正4年	12月	26日	信長、吉良から岐阜城に帰る	信長
天正4年			この年、信康・五徳夫妻に長女福(登久、後に小笠原秀政室)誕生(天正5年誕生説もある)	族葉他
天正5年	12月	15日	織田信長、三河吉良の御鷹野に来る	信長
天正5年	12月	19日	信長、鷹狩りから岐阜に帰る	信長
天正5年			この年、信康・五徳夫妻に次女久仁(熊とも、後に本多忠政室)誕生	族葉他
天正6年	1月	16日	信長(御家門様)がお出でになるとのことで家康が三河に来る	家忠
天正6年	1月	18日	信長、三河吉良に鷹狩りに来る	信長
天正6年	1月	21日	信長(御家門様)が岡崎に来る	家忠
天正6年	1月	22日	信長、吉良を経て尾張へ帰る	信長、家忠
天正6年	2月	3日	築山殿、深溝松平家忠に書状を送る	家忠
天正6年	2月	9日	信康、岡崎の人々に対し何らかの要請をしたか	家忠
天正6年	2月	10日	信康、深溝城に赴き、松平家忠を訪問する	家忠
天正6年	2月	11日	この日から岡崎の拡張工事(新城普請)が始まる	家忠
天正6年	2月	13日	深溝松平家忠、岡崎城に赴く	家忠
天正6年	3月	19日	深溝松平家忠、浜松から岡崎に帰る	家忠
天正6年	4月	2日	信康、小姓衆に振る舞いを行う	家忠
天正6年	4月	17日	信康、父家康に礼を申し上げるため浜松城に赴く	家忠
天正6年	4月	18日	信康、岡崎城に帰る	家忠
天正6年	6月	22日	酒井忠次、岡崎に来る	家忠
天正6年	6月	23日	深溝松平家忠、岡崎に赴き、忠次より来る7月1日に浜松城普請に来るよう命じられる	家忠
天正6年	6月	晦日	深溝松平家忠、浜松城普請に赴く	家忠
天正6年	8月	21日	家康・信康父子、遠江小山城攻めに向かう	家忠
天正6年	9月	5日	深溝松平家忠、家康の使者鵜殿善六より岡崎城下に詰める必要はないと言明される	家忠
天正6年	9月	6日	家康・信康父子、帰陣	家忠
天正6年	9月	20日	深溝松平家忠、吉田城の酒井忠次より岡崎に詰めることは無用だとの通達が来る	家忠
天正6年	9月	23日	深溝松平家忠ら、石川数正・平岩親吉のもとへ使者を派遣し、問い合わせを行ったところ、早々に本領に越すように指示される	家忠
天正6年	9月	25日	深溝松平家忠のもとに、石川数正・平岩親吉より在所へ越すように指示が来る	家忠
天正6年	9月	26日	深溝松平家忠、妻らを深溝城へ引っ越しさせる	家忠

長に十二ヶ条の条書《じょうしょ》を送ったことにあるとされている。この条書の存在について触れている史料は、『三河物語』と『松平記』だけである。そして、双方は微妙に内容が食い違っているところがある。『三河物語』については前掲の通りであるので、ここでは繰り返さない。

ただ、『三河物語』の記述で注目しておきたいのが、①きっかけが、信康正室五徳（信長息女）が十二ヶ条の手紙を書き、これを父信長に送ったことであったこと、②それを持参し、信長の下問《かもん》に返答したのが家康重臣酒井忠次であったこと、③家康ら徳川家中は、信長の下問に事実と相違すると返答してくれればよいものを、その通りと忠次が返答したことは中傷であると考えていること、④ところが、五徳の十二ヶ条の内容を全部虚偽だとは家康や家中の人々も否定しておらず、何とか言い抜けられなかったのかと考えていたこと、などである。

今日の研究では、この記述について、酒井忠次の讒言《ざんげん》など、かなり曲筆《きょくひつ》されていることが指摘されている。いっぽうで、内容をよく読むと、条書に記された信康に関する告発について、家康を始め徳川重臣らは否定できていないのだ。大久保忠教の書きぶりをみると、「信康への告発は確かにそうだったのだが、何とか否定できなかったものなのか」という程度でしかない。

だがその内容には、事実に反することが、いくつかある。例えば家康が、跡を継がせようとしている一人息子を処断する苦しみについて記しているが、これは事実と相違する。家康には、次男秀康《ひでやす》もいるし（天正二年二月八日生、ただし認知していない）、信康処断の直前に、秀忠《ひでただ》が誕生している（天正七年四月七日生、長松丸）。このように、『三河物語』には数多くの曲筆があることは間違いない。

いっぽうの『松平記』には、どのように記されているか。ここでも、「一ツ書」（箇条書き）の手紙であったとされているが、その条数は明らかではない。この他に、近世初期に岡崎で成立した『岡崎東泉記』には、十ヶ条であったとされている。

残念ながら、その内容は明らかでないが、『三河物語』『松平記』『岡崎東泉記』などの記録を参考にすると、判明しているだけで、以下のようなものであったらしい。

①信康が尋常でない荒い気性の持ち主であったこと。
②鷹狩りに出た時に、成果が出ず苛立ち、たまたま出くわした出家に八つ当たりをして、無惨にも殺害したこと。
③踊りが下手だったというだけで、町人を弓で射殺したこと。
④築山殿が、武田方と内通し、信康にもこれに同調するよう勧誘したこと。
⑤しかもこれを知った家康が、信康を訓戒したもののまったく聞く耳を持たなかったこと。

ところで、この五徳の条書については、その存在の実否をめぐって議論がある。これを否定する論者（本多隆成氏、桐野作人氏）と、実在を肯定する論者（新行紀一氏、平野明夫氏、黒田基樹氏、平山）に分かれている。

桐野作人氏は、この条書について、『三河物語』の顛末は、酒井忠次に責任を転嫁し、家康をかばう大久保忠教の意図が強すぎて史実とは認められないとしている。また、本多隆成氏は、五徳が酒井忠次を通じて信長に条書を渡したとすれば、『信長公記』などをみる限り、忠次が安土城を訪問し信長に謁見《えっけん》したのは、天正七年（一五七九）七月十六日しかない。だがそれは、家康が信康の処断を報告し、同意を得るためのもので、五徳からの告発ではないと指摘し、彼女の条書の存在は疑わしいとしている。

これに対し、黒田基樹氏は、五徳が条書を信長に渡したのは、天正五年十二月か、翌六年一月、信長が鷹狩りのついでに岡崎城を訪問した時ではないかと推定している。信長が、わずか二ヶ月の間に、二度も三河吉良《きら》に鷹狩りに訪れ、岡崎城に立ち寄ったのは異例である。しかも気になるのは、天正六年一月二十一日に、信長が鷹狩りのついでに岡崎城を訪問した直後、築山殿と信康が、深溝《ふこうず》松平家忠に書状を送ったり、自ら訪問したりしていることである。

これは異例であり、築山殿・信康母子にとって、三河衆と緊密な関係を構築しなければならぬ事態が持ち上がったことを示すのではなかろうか。私は、信康事件が大事になったのは、その内容が信長に漏洩《ろうえい》したことが契機であることを重くみて、やはり五徳が告げ口をしたのは事実と考え、条書は存在したと推定している。

徳川家中における信康の評判の悪さ、五徳との不仲、そして武田氏への内通が揃ってしまっていたばかりか、詳細を聞きただした徳川重臣酒井忠次（この時、大久保忠世も同席していた可能性がある）が、事実関係の照会に対し、まったくかばい立てする気配をみせなかったことが、家康の後継者として、また信長の婿《むこ》としての資質に疑問符をつけたのだろう。

では、五徳はなぜ夫信康を、父信長に告発したのだろうか。そこには、いくつかの背景が存在しているようである。

信康事件の背景①――信康・五徳夫妻の不和

まず、諸記録にみえるのは、信康・五徳夫妻が不仲であったということである。不和の原因は、五徳が二人の子供を産んだものの、すべて女子だったため、男子を望んだ信康と諍《いさか》いとなったことにあるという。こうした視点で１４８〜１４９ページの年表をみてみると、天正四年（一五七六）と同五年に、五徳は年子で息女を産んでおり、それぞれの年末には信長が鷹狩りのついでに岡崎を訪問しているのは、孫の顔を見に来たと考えられるだろう。

しかし、その後、夫婦の間に子供はできていない。そう考えると、やはり夫婦の不仲は、男子を産まぬ五徳に、信康が苛立ったからだという『松平記』などの記述は容認できるのかも知れない。さらに五徳は、信康の素行にも嫌悪感を示したといい、不仲は抜き差しならぬものになっていったとされる。

信康事件の背景②——五徳・築山殿の不和

築山殿と五徳も、不和であったとされる。すでに信康と五徳が婚約をすることとなった時に、問題が発生していたといわれてきた。それは、いうまでもなく築山殿は、今川《いまがわ》御一門衆関口氏の出身であるのに対し、五徳は今川義元《よしもと》を討った織田信長の息女だったからである。このことから、築山殿と五徳の間は、かねてから険悪だったとの記録がある（『岡崎東泉記』）。しかも、この当時は、五徳の父信長は天下人であったのに対し、築山殿は実家関口家も、主家今川氏もすでになく、その格差ははっきりしていた。このことを象徴する記録がある。

『岡崎東泉記』によると、ある時、信康が楊枝《ようじ》を使っていた。そこで彼は五徳に対し、そばにいた母築山殿にも楊枝を取って差し上げるようにと言ったところ、彼女は返事もしなかったという。これに信康が怒り、五徳を叱りつけ、「万事躾《しつけ》が悪いから、この程度なのだ」と言い放ったといい、これを聞いた五徳がむくれて、父信長に十ヶ条の条書を送ったのだとある。この逸話は、五徳と築山殿の不和だけでなく、父信長の威勢を背景に、姑《しゅうとめ》築山殿に尊大な態度を取る、嫁五徳の不行儀を示して余りあるであろう。これが事実とすれば、五徳は姑築山殿を見下していたように思え、夫信康の怒りを買ったといえる。

信康事件の背景③——家康と築山殿の不仲

信康事件の背景の一つに、家康と正室築山殿との不仲が存在することは、多くの先学の指摘するところである。二人の間には、信康（永禄二年生）、亀姫（永禄三年生）の子女があったが、その後は子供に恵まれていない。亀姫誕生直後の永禄四年（一五六一）、家康は今川氏と断交し、自立を果たす。いうまでもなく築山殿は、今川一門で重臣の関口氏純の息女であり、夫家康が今川氏から離叛したことが夫婦仲に亀裂を生んだ契機になった可能性はあるだろう。そして、家康は元亀元年（一五七〇）九月十二日に、本拠地を岡崎城から遠江浜松城に移した（『当代記』他）。この時、築山殿は岡崎に残り、家康と別居している。

このことをどのように評価するかで、議論が分かれている。通説では、築山殿は、今川を裏切り、実家の関口家を破滅に追いやり、父氏純らを死に至らしめた夫家康を恨んでいたので、別居することになったとされる。ただ、近年指摘されるように、築山殿の父関口氏純は、娘婿家康の離叛後も死んではおらず、関口伊豆守《いずのかみ》氏純として永禄九年九月まで生存していることが確認されている（黒田基樹・二〇二二年）。そのため、近世の諸記録にみえる、今川離叛と実家の破滅を理由とした、家康・築山殿の不仲説は再考の余地があるだろう。ただ、実家は無事だったとしても、夫家康が今川から離叛することに反発していたことは十分想定できる。なぜならば、彼女が今川一門出身というだけでなく、家康の自立は、正室としての築山殿の地位を低下させていた可能性もあったからである。

家康自立後の築山殿の地位については、正室として徳川家の奥向きを差配し続けていたとする説（黒田基樹・二〇二二年）、正室としての地位を喪失したとする説（平野明夫・二〇〇六年、桐野作人・二〇二三年）がある。

私は、前者の説を支持しているが（次男秀康の認知問題などによる）、夫婦仲が悪くなっていたという通説にも同意する。夫婦別居は、双方の亀裂が一番大きな原因であり、次に信康がまだ若年だったことから（夫婦別居時に信康は十二歳）、岡崎に残り息子を支える意思が強かったと考えられる。

しかし、このことが家康と築山殿との夫婦仲を、完全に断絶させる契機となったことは間違いない。それは、彼女が天正三年（一五七五）の大岡弥四郎《おおおかやしろう》事件に荷担してしまったことによる。

近世前期の『岡崎東泉記』は、築山殿が甲斐から来た口寄せ巫女や唐人医師西慶などを通じて、武田勝頼に誘引されたとある。

これが事実かどうかは定かでないが、口寄せ巫女など呪術や占いを事とする女性たちを通じて、築山殿に武田方が近づいたというのは興味深い。ただし『岡崎東泉記』には、信康がこの謀議に関与していたことは記されていない。これは前掲の『三河物語』と同様である。天正三年当時十七歳の信康が、主体的な行動をしたとは思えず、『三河物語』ではクーデター蹶起《けつき》に際して、彼は殺害対象に指定されているのだ。このことから、大岡弥四郎事件とは、岡崎衆の中核と築山殿との謀議であり、築山殿の積極性が看取できるのである。

ただ、築山殿が武田に内通したのは、当時徳川は信玄・勝頼父子の攻勢により存亡の危機にあり、信康の生母として武田に荷担することで、信康を守ろうとしたと推定される（黒田基樹・二〇二二年）。ただし、そう考えていたのは築山殿だけで、大岡らは信康殺害を計画していたとみられ、思惑の相違が窺われる。

しかしこのクーデター計画は発覚し、一味は逃亡した一人を除き根絶やしにされたが、築山殿だけは家康正室でもあり命は許されたのだろう。恐らく、これが契機で、家康との夫婦仲は断絶したとみられる。それでも家康は、事件の責任を勝頼に内通した岡崎衆らに負わせ、築山殿を処断しなかった。家康は、事件の全貌を覆い隠し、後継者信康の生母である築山殿をかばったのだろう。

信康事件の背景④——信康の素行問題

次にやり玉に挙がっているのは、信康の素行問題である。五徳が信康を嫌悪するようになった一つの理由は、武勇にはすぐれ、父家康にも劣らないが、「大方ならぬあら人」であり、あまりの荒き人のため慈悲を知らぬ者だったからであるという（『松平記』）。その事例として、鷹狩りの時に、芳しい成果が挙げられなかったのに苛立ち、たまたま通りかかった出家を捕らえ、「御狩場で出家に出会ったから、狩りが思うようにならなかったのだ」と言い放ち、成敗してやると首に縄をかけ、馬の脇にそれを結いつけて出家を引きずり回して無惨にも殺害したことや、踊りが好きでそれに凝っていた信康が、踊りが下手な町人に怒り、弓で射殺したことなどが挙げられている（同前）。

この他に、『当代記』には「被官以下に無情被行非道」（家来たちにも情けをかけず、非道の振る舞いを行った）と告発されている。また、『松平記』には、五徳の条書をみた信長に呼び出された酒井忠次、大久保忠世が、信康をかばい立てしなかったのは「其比酒井とも大久保とも、三郎殿不快にて御座候時分なりし間」（その頃〈天正七年〉には酒井も大久保も、信康に不快感を覚えていたので）とあり、家中の信頼と支持を失っていたというのである。

私は、信康の素行問題と、それを契機とする家中の人々の失望、反感が事件の大きな背景にあるというのは事実だと考えている。それを推察する手がかりとして、信康が岡崎から追放された場所が、大浜だったという点に注目したい。なぜ家康は、信康を大浜に追放したのか。

大浜とは、松平氏の歴史にとって重要な場所であった。それは、家康の曾祖父松平信忠（次郎三郎、左近蔵人佐《さこんくらんどのすけ》、延徳《えんとく》二年〜享禄《きょうろく》四年七月二十七日）が隠棲したところにあたる。松平信忠は、『三河物語』などによると悪名高い人物で、当主として必要な器量である武勇、情愛、慈悲のすべてに欠けており、一門、三河国衆ばかりか、側近衆からも距離を置かれるありさまであったという。また『松平氏由緒書』には、強儀（乱暴、強情）な性質であったとも記録されている。この結果、信忠は、松平一門、宿老を始めとする家中の人々により、家督を清康《きよやす》に譲り隠居するよう迫られ、大浜に隠棲することになったのだという。信忠は、松平家の当主としては「非器」「不器用」と認定され、いわゆる主君押し込めにあう形で当主の座から引きずり下ろされたのである。

松平信忠の姿は、信康と極めてよく似ている。松平氏にとって、大浜に移すということは、当主になるには相応しくない人物と家中が認定したことを象徴するものであったといえるのではなかろうか。だからこそ、信康の素行問題は、家中の人々の信頼を損ね、正室五徳との不和を招き、徳川家を危機に陥れかねないと危惧されたと考えられる。

信康事件の背景⑤――武田勝頼への内通疑惑

信康が断罪された最も大きな理由として、やはり武田勝頼への内通疑惑に触れぬわけにはいかないだろう。武田氏と築山殿・信康母子を結ぶ出来事として、既述の天正三年（一五七五）に発生した大岡弥四郎事件がある。この時、築山殿は武田氏と積極的に通謀したと推察されるが、信康はまだ十七歳と若年だったこともあり、これには関与していないと思われる。このことは、『三河物語』において、大岡弥四郎らが信康殺害を計画していたとされることからも、窺われる。築山殿は、武田方に利用され、危うく息子を殺害される寸前だったのだ。しかし今回は、深溝松平家忠らへの工作にみられるように、成人した信康が、母築山殿と共謀している節があり、信康の積極性が看取できる。そして、信康「逆心」は、太田和泉守《いずみのかみ》牛一の手になる『信長公記』とその草稿本『安土日記』に明記されているのだ。ただし、その記述内容は、写本成立の時期によって大きな変化をみせるのである。該当部分を掲げてみよう。

（A）『安土日記』（尊経閣文庫、慶長初期の写本）

去程に三州岡崎三郎殿逆心之雑説《ざつせつ》申候、家康幷年寄衆上様へ対申勿体御心持不可然之旨異見候て、八月四日ニ三郎殿を国端へ追出し申候

（B）『信長記』（池田文庫、太田牛一自筆本、慶長十五年成立）

爰三州岡崎ノ三郎殿不慮ニ狂乱候ニ付、遠州堀江之城ニ押籠番を居被置候

（C）『信長記』（尊経閣文庫、慶長十八年成立か）

去程に三州岡崎［殿と申ハ］ハ家康之嫡子《ちゃくし》三郎殿ニ而、信長公之聟也、不慮ニ狂乱ニ付而、遠州堀江之城ニ押籠番を居置被申候、依て岡崎殿ヲ信長公へ送帰シまいらせられ候

太田牛一は、自著『信長公記』の草稿本や自筆本をいくつか残している。これらのうち、最も初期の形態を残す慶長初期頃の草稿本『安土日記』においては、信康事件を「三州岡崎三郎殿逆心之雑説」であったとしている。ところが、慶長十五年成立の池田本『信長記』には「三州岡崎ノ三郎殿不慮ニ狂乱」と明らかにトーンダウンし、信康の精神錯乱による事件として記録していた。この記述は、ほぼそのまま慶長十八年（一六一三）頃成立の『信長記』に引き継がれている。このように、太田牛一は、慶長十八年頃までの『信長記』などには、信康事件について、簡略ながらも書き留めていたのだが、この後、記事そのものを完全に削除している。そのため、現在、出版され比較的閲覧が容易な刊本（角川文庫版、新人物往来社版など）の底本となっている陽明文庫蔵の写本などにおいては、記事そのものが完全に削除されている。これは、天下人となった徳川家康や江戸幕府に遠慮して、生前の太田牛一が削除したと考えられ

る。

ここにみえる信康の「逆心」こそ、事件の本質だったことが容易に推察されるだろう。ただ、『安土日記』には、「逆心之雑説」（逆心の噂）であり、明確に「逆心」と記してはいない。当時、信康には、「逆心」を疑われるような言説や行動があったのは間違いない。だからこそ、噂が流布するようになり、家康や重臣ら（「家康幷年寄衆」）が困惑したのだろう。では、信康が「逆心」を企てたと考えられた相手は誰だったのか。それは、『安土日記』に、信康の「逆心之雑説」を知った家康や重臣らが、「上様」（信長）に申し訳ないと考えていたという部分からして、義父織田信長への反逆（父家康を含む）だったのだろう。

『当代記』は、「（信康は）是信長の婿たりといえども、父家康公の命を常に違背し、信長公をも軽んじ奉り」とあり、二人への敵意を窺わせる記事といえる。では、この信康逆心が、彼単独によるものか、外部勢力との連携を伴うものであったのかについては、これ以上の史料に乏しく、にわかには判断できない。しかし確実にいえることは、もし信康が父家康、義父信長に対し、反逆を企てたとしたら、味方になりうるのは境界を接する武田勝頼だけである。

ただ、武田側の史料にも、信康と勝頼の通謀は記録がなく、詳細はまったく不明である。

動き出す歯車

年表をみていくと、信康事件の発端は、やはり五徳の条書がきっかけだろう。これを契機に、信康・築山殿周辺への家康の追及が厳しさを増してきたとみられる。そして、五徳が父信長に、条書を送った時期は、天正五年（一五七七）十二月十五日から十九日にかけて行われた三河吉良での鷹狩りの時と考えられる。記録にはみえないが、信長はこの時、岡崎城に立ち寄った可能性が高い。折しも、二人目の孫娘久仁（熊）姫が誕生していたこともあり、顔を見に立ち寄ったのだろう。この時、二人目の子供がまたしても女子だったことに苛立った信康との夫婦仲が悪化し、様々な出来事が起きていたこともあって、五徳は不満と怒りを募らせており、条書を書き、父に渡したものと思われる。

内容に驚いた信長は、その約一ヶ月後の、天正六年一月二十一日に再び三河吉良での鷹狩りの帰途、岡崎城に立ち寄った。家康を始め重臣らも、信長から岡崎訪問をあらかじめ打診されており、すでに岡崎に入っていた。ここで、信長から、重臣酒井忠次（織田家との取次役）が召し出され、事情を聞かれたのだと思う。家康を始め、徳川家中は、条書の内容に震撼した。特に、天正三年の大岡弥四郎事件に、正室築山殿が関与していることが、信長に知られてしまったことは重大な問題であった。それは、岡崎衆という家臣らの叛乱というだけでなく、家康の正室築山殿までが関与しており、それが処断されることなく、依然として徳川家の奥向きにおいて、権勢を振るっていたからである。

信長に事態を知られたことを聞いた築山殿は、成人していた信康とともに、対応に乗り出したとみられる。それが、信長の岡崎訪問直後の二月三日、築山殿が東三河衆深溝松平家忠に書状を送ったことである。その内容は不明ながら、正室が家臣に書状を送るのは、異例のことである。そして、二月九日には、信康が岡崎衆に何らかの依頼をしていることが知られる。さらに、二月十日、信康自身が、松平家忠の居城深溝城を訪問しているのだ。

そもそも信康は、岡崎城主であり、西三河衆を束ねる地位にいたが、東三河衆の家忠と接触するのは、信康の越権行為といえ、徳川氏の家中統制や軍制からの逸脱であったといえるだろう（東三河衆の統括は、吉田《よしだ》城代酒井忠次の専権事項）。築山殿・信康母子による、三河衆への働きかけが、松平家忠だけであったとは思えない。これは、三河衆を対象に、同様の働きかけが広く行われていたとみて間違いなかろう。

家康、信康と三河衆の遮断を指示す

折しも、天正六年二月十一日より岡崎城の拡張工事（「新城普請」）が始められ、またそもそも三河衆の妻子は、岡崎城下の屋敷に置かれていたこともあり、松平家忠のような東三河衆であっても、岡崎出仕は常態であり、信康との接点は増すばかりであった。『家忠日記』をみると、家忠らは毎月一日と十五日前後の二回、岡崎城の信康のもとへ出仕しているのだ。こうした日常の儀礼を利用して、信康は三河衆全体への影響力を拡大しようと図っていたと思われる。信康には、岡崎城と城下の統括、西三河衆への軍事指揮権しか許されてはおらず、その権限は極めて限定的であった。それを拡大させようと、信康と築山殿は動き出したとしか考えられない。これは、いざという時に、信康に味方してくれるよう三河衆に説いてまわっていたのだと推定する。それは、信長が徳川氏に対し、天正三年（一五七五）の事件の全面解決（信康生母築山殿の処断）を求めてくるような事態になった時には、これを全力で阻止するというものではなかったか。

だがこうした母子の動きは、家康の察知するところとなった。家康は、母子に警戒感を強め、九月五日、三河衆に命令を出した。この時、家康・信康父子は、遠江出陣中で、武田軍と対峙していたさなかであった。家康は、深溝松平家忠に、岡崎城下に詰める必要はないと使者をもって指示してきたという。これは他の三河衆にも伝達されたのだろう。家康は、信康の動きに注意するよう、三河衆に釘《くぎ》を刺したと考えられる。

そして九月二十日、今度は吉田城代酒井忠次より、深溝松平家忠のもとに、岡崎に詰める必要はないとの伝達があった。そこで家忠は、九月二十三日、岡崎の重臣石川数正《かずまさ》・平岩親吉に使者を派遣し、事実関係を問い合わせたところ、早々に岡崎城下の屋敷を引き払い、本領に戻るようにとの返答を受けている。その二日後の二十五日、深溝松平家忠のもとに、石川数正・

平岩親吉より在所へ引っ越すように指示が来たのであった。

このように、家康が、信康と三河衆との接触を遮断すべく城下の屋敷を引き払わせ、それぞれが本領に居住することを指示、徹底させようとしていることがわかるだろう。家忠はこれを受け、九月二十六日、妻らを本領深溝城へ移し、翌日には自らも戻っている。これはすべての三河衆が実施したと思われ、岡崎城下の家臣屋敷には奉公人を除き、当主とその家族はいなくなったと思われる。

この直後の、十月十七日、徳川氏のもとに、織田氏から、近日中に信長が西条《さいじょう》に来るとの知らせが入り、酒井忠次はそのもてなしのため三河国内の番匠《ばんしょう》を雇っている。だが、この訪問は、荒木《あらき》村重《むらしげ》謀叛が勃発したため、中止となったらしい。信長の西条訪問は、築山殿・信康母子の扱いについて、家康と協議するためのものであった可能性がある。

家康・信康の対立

天正六年（一五七八）十月、岡崎衆を始めとする三河衆と信康との接触が遮断されるという異常な空気感のもとで、家康は武田勝頼に対処すべく遠江に出陣した。これには信康も参陣している。この陣中で信康は、十一月十五日、家中の人々に振る舞いを行っており、関係構築に余念がなかったようだ。

その後、家康は、十二月二日と明けて天正七年一月十九日、立て続けに岡崎城を訪問している。残念ながら、その目的は定かでない。年末年始に相当していることや、岡崎城の拡張工事などが行われていることもあり、検分のための訪問であるとともに、築山殿・信康母子の様子を確認しに来たのだろうか。

天正七年四月、家康は、武田軍と対決すべく出陣し、信康もこれに参陣した。信康は、二十九日に岡崎に帰陣している。

そして、運命の六月五日を迎える。この日家康は、岡崎城を訪問した。その模様を、『家忠日記』は次のように記録している。

> 「(五日)」家康、浜松より信康・御□□□の中なおしニ被越候、「(欠損)」時「(欠損)」家康御屋敷へ「(欠損)」御渡し候て、ふかうすかへり候

欠損部分が多く、意味が取りにくいが、家康が浜松から岡崎にやってきて、信康と五徳との夫婦仲を仲裁しに来たらしい。遂に、信康夫妻の不仲は、家康をも巻き込む事態に発展したのであろう。家康は、二日間、岡崎に滞在していたが、六月七日、浜松に帰った。この時の様子を、『家忠日記』は「浜松殿、遠州へ被帰候、くわくらん煩候」と記す。

家康が浜松に帰ったのは「くわくらん」（霍乱）のためであったという。この「霍乱」とは、暑気あたりによる症状の総称で、通常は現在の日射病を指すが、多くは嘔吐《おうと》や下痢《げり》などの症状もこれに含まれる。「霍乱」は「揮霍撩乱《きかくりようらん》」の略称で、もがき苦しみ、手を激しく振り回すことに、その名が由来するとされる。六月五日は、現在の六月下旬から七月初旬であり、暑さが増す時期に相当する。だが家康の急な体調不良は、信康との関係が大きく影響しているとみて間違いなかろう。信康・五徳夫妻の仲裁に来た家康は、何らかのやりとりから、精神的ショックを受けたものとみられる。桐野作人氏が推定するように、信康が何か重大なことを、家康に向かって口走った可能性が高い。

　ここに家康は、信康処断を決意した。七月十六日、家康は重臣酒井忠次、奥平信昌《のぶまさ》を安土城に派遣し、信長に謁見させた。『信長公記』は、この時の訪問について、馬を進上したとあるのみだが、実際には信康処断の意思を伝えさせたのだろう。このことについて、『当代記』が次のように記録している。

八月五日、岡崎三郎信康主家康公一男、令牢人給ふ、是信長之雖為聟、父家康公の命を常
違背し、信長公をも被奉軽、被官以下に無情被行非道間如此、此旨を去月酒井左衛門尉を
以信長へ被得内証所、左様に父・臣下に被見限ぬる上は不及是非、家康存分次第之由有返

答、家康岡崎へ御越、三郎主を大浜江退被下、岡崎城へは本多作左衛門を被移、三郎主当座の事と心へ玉ふ、家康公は西尾の城へ被移、三郎主遠州堀江へ移、又二俣江移給ふ、九月十五日、於彼地生害し給、三郎主母公も於浜松被生害

これによると家康は、信康追放の前月（七月）に、酒井忠次を信長のもとへ派遣したとあり、これは『信長公記』にみえる七月十六日の酒井の安土訪問を指すものとみて間違いない。そして、その席上、家康は酒井を通じて「信康は、信長の婿《むこ》ではあるが、父家康の命に常に背いているばかりか、信長公をも軽んじており、家来たちにも無情で非道な振る舞いが多い。そのため、信康を牢人させることにした」と信長に言上し、処分に同意してもらおうとしたとある。これに対し信長は「そのように父や家臣らに見限られたのならばやむをえない。家康の思う通りにせよ」と返答したという。また、『松平記』には、信康を生害させるつもりだとの家康からの伝言に、信長も内心では信康に怒りを感じていたところであったので、如何様《いかよう》にも家康の思う通りにせよ、と返答があったとある。

信長の合意を取り付けた家康は、八月三日、岡崎城を訪問した。信康に処分を言い渡すためであろう。しかし翌四日、家康と信康は激しい口論となった。その内容が如何なるものだったかは判然としない。両者ともに、怒りに任せて、なじりあったのではないか。そして家康は、

ただちに信康を岡崎城から追放し、大浜に身柄を移したのである。この瞬間、信康は家康の後継者の地位から滑り落ちたのであった。

正室築山殿と信康の死

信康を大浜に移した家康は、三河衆を岡崎城に緊急招集し、西尾《にしお》城に入るよう命じると、自身も西尾城に入った。信康の動きを封じ、不測の事態に備えるためであろう。そして八月八日、家康は織田家臣堀秀政を通じて、信長に信康追放を報じた（愛⑪一三三六号）。

今度左衛門尉（酒井忠次）をもって申し上げ候ところ、種々御懇ろの儀、その段お取り成し故に候、忝意に存じ候、よって三郎（松平信康）不覚悟について、去る四日岡崎を追い出し申し候、なお、その趣、小栗大六（重常）・成瀬藤八（国次）申し入れるべく候、恐々謹言

八月八日　　家康公御判

堀久太郎（秀政）殿

このように家康は、信長に八月四日に信康を岡崎城から追放したことを正式に報じた。さらに家康は、九日に小姓衆五人に命じて、信康の身柄を大浜から遠江堀江城に移している。三河

衆と信康との連携をなおも警戒してのことだったのだろう。

八月十日、信康を三河から退去させた家康は、三河衆を岡崎城に招集した。そして、今後、信康とは連絡を取り合わない旨を明記した起請文を書かせ、提出させている。やはり、信康と三河衆との間に、連絡を取り合い、結びつきを強めようとする動きがあったことが窺われるだろう。家康は、翌日にはすべての三河衆を本領に帰し、岡崎城には重臣本多重次《しげつぐ》を配置すると、八月十三日に浜松城に帰った。

こうして信康は廃嫡《はいちやく》となったのである。ところが、信康自身はどうもこれは一時のことで、時が経てば父家康から赦免《しやめん》されると思っていたらしい。『松平記』に「三郎殿ハ当座の御勘気と思召ける」（信康は〈父家康による〉一時的な怒りと勘当であると思っていた）とある。だが、それはあまりにも楽観に過ぎた。家康は、もはや容赦はしなかったのである。

家康が、この時、信康処断を決意した理由として、黒田基樹氏は、①天正七年四月七日に、三男長松丸（後の秀忠）が誕生しており、男子の後継者ができたこと、②天正七年七月五日に、家康は北条氏政との同盟（相遠同盟）の締結をほぼ達成し、宿敵武田勝頼との戦いを優位に進める見通しがついたこと、を挙げている（黒田・二〇二二年）。

家康は、まず正室築山殿を岡崎城から浜松に移そうと、その身柄を確保し、浜松まで移動させた。築山殿は、岡崎から浜名湖西岸に移動し、浜名湖を舟で渡り、佐鳴湖《さなるこ》まで遡上《そじよう》した後に、小藪《こやぶ》で上陸したものと推定される。だが、彼女が浜松城に入ることはなかった。天正七年（一五七九）八月二十九日、築山殿は佐鳴湖畔富塚《とみつか》村で死去した。

その死については、多くの謎に包まれている。まず、その死は殺害によるものだと諸記録は一致して伝えている。それを列挙してみると、①岡本平左衛門・石川太郎左衛門が殺害したとするもの（『松平記』『柳営婦女伝系《りゅうえいふじょでんけい》』『徳川幕府家譜』他）、②野中三五郎・酒井図書《ずしょ》が殺害したとするもの（『岡崎東泉記』『徳川実紀《じっき》』）、③服部半蔵が輿のなかの築山殿を刺し殺したとするもの（『石川正四聞見集』）、④野中・岡本が殺害したとするもの（『幕府祚胤伝《そいんでん》』）、⑤岡本が殺害したとするもの（『家忠日記増補』）などである。また殺害された場所についても、諸説あって定まっていない。地元の伝承などでは、小藪村の御前谷《ごぜんや》とされ、『家忠日記増補』では富塚村とされる。小藪村とは、もとは富塚村の一部であり、正保《しょうほう》年間（一六四四〜四八）に富塚村から分村して成立したのだという（『遠江国風土記伝』）。このことから、築山殿が死去した場所は、富塚村としてよかろう。

ただし、黒田基樹氏は、殺害するならばすぐに実行できたはずなのに、信康追放から一ヶ月近くも放置されたままだったことを不審とし、彼女は浜松に移動する途中、自害したのではないかとの説を提示している。記して後考をまちたいと思う。

そして信康は、天正七年九月十五日、二俣にて自刃して果てた。享年二十一。自刃した場所は、二俣城とも（『三河物語』他）、二俣の清瀧寺《せいりゅうじ》とも（『岡崎東泉記』）伝わる。この時、切腹に立ち会ったのは、大久保忠世、平岩親吉、服部半蔵、成瀬《なるせ》正一《まさかず》らだったとされ、介錯は天方山城守が務めたとされている（本当は服部半蔵が介錯を務める予定だったのだが、彼は怖じ気づき動けなくなったので、天方が代理で急遽実行したともされる）。

かくて、徳川家中を震撼させた信康事件は終息したのである。

信康事件とは何であったのか

天正七年（一五七九）、家康は、正室築山殿と嫡男信康をともに処断するという、戦国史上でも稀にみる重大な決断を下した。事件の顚末と、武田勝頼との関係について、もう一度ここで振り返りつつ、その本質を私なりに整理しておきたい。

事件の経緯を追ってみると、私は、信康と五徳夫妻の不仲をきっかけに、天正三年の大岡弥四郎事件に、実は生母築山殿が深く関与していたことを信長に知られてしまったことが、そもそもの発端と考えている。五徳が、父信長に夫信康の不満を条書でぶつけたことが、図らずも大事に至ったとみる。信長からの問い合わせに、家康や家臣たちは驚き、対応に追われることとなった。ましてや、築山殿と信康の動揺は一通りではなかったと考えられる。

この直後から、母子は、慌てて東西を問わず三河衆への多数派工作を開始し、多くの味方を募って事態の打開を果たそうとした。これは、信長や父家康から責任を追及されても、三河衆の支持があれば、事態を打開できると、信康が考えていたからではなかろうか。この動きを察知した家康は、ただちに信康と三河衆との接触を遮断し、彼を孤立化させようとしたのだろう。だが、信康はなおも工作を諦めなかったらしい。

追い詰められた信康と築山殿は、武田氏に支援を求め、クーデターを決行しようと考えていたのではないかと推測する。そのためには、家中の支持がなければならない。しかし母子による懸命の多数派工作にもかかわらず、与同者は現れず、逆に家中で孤立する結果を招いたようだ。こうした不穏な動きが、信康逆心との風説を生むこととなったのだろう。

中世は、悪事の噂が流布するだけで、領主や地域社会から罪科認定を受ける根拠となりえた時代であった（酒井紀美・一九八六年）。ましてや戦国大名当主の嫡男が、父や義父への「逆心」を企てているという雑説が流れ、それが少なくとも徳川家中に知れ渡った以上、家康は処断に踏み切らざるをえなかったと考えられる。

信長に、天正三年の大岡弥四郎事件の真相を知られてしまった築山殿と信康は、発端となった条書を信長に渡した正室五徳への怒りと憎しみを深め、ますます夫婦関係が悪化したとみられる。事情を知った家康は、夫婦仲を取り持つべく、岡崎に赴き、信康を説得した。だがそれは失敗に終わったばかりか、信康から精神的ショックを受けるほどの言説を投げつけられ、家康は体調を崩し、浜松に引き揚げざるをえなかった。

　私は、家康が体調を崩すほどの衝撃を受けた信康の言説とは、信長と断交するとか、あるいは武田と手を結んででも対抗するなどの、強い意思表明だったのではないかと考えている。

　もはや家康は、信康を廃嫡にするなどだけで済ますわけにはいかなくなった。それは正室築山殿に対しても同じだった。妻に対しては、天正三年の時の謀叛については目をつぶったが、信長に詳細を知られてしまい、またもや信康とともに怪しい動きを行った今度こそは、黙認できないと思い切ったからであろう。このように考えると、信康事件に武田勝頼が関与した可能性は皆無ではないとみられる。だが、信康と築山殿とが積極的に関与したにもかかわらず、三河衆はこれに加わることはなかった。これが天正三年の大岡弥四郎事件との最大の違いである。あの時は、武田信玄・勝頼父子の攻勢により、三河は重大な危機に陥っており、三河衆や岡崎の信康家臣らは大きく動揺し、その帰趨は不安定となっていた。だが、今回は武田と徳川は一進一退を続け、なおも先が見通せぬ状況であったとはいえ、三河において武田の脅威は減少していた。しかも、信康は自身の気性の荒さや家臣への無情な振る舞いもあり、岡崎や三河衆に距離を置かれていたことが致命的であった。いざ信康が味方を募ろうとしても、彼を支えようとする者は遂に出なかったのである。天正三年の大岡弥四郎事件では、多くの処断者を出したが、天正七年の信康事件において、築山殿・信康母子に協力して処断された人物は確認できていない。母子は、過去の罪状発覚を知り、自らを守ろうと徒《いたずら》に動き廻り、謀りごとを巡らした末、

「逆心」を疑われたことから、さらに家中から孤立し、やがて自滅していったのだろう。

家康、北条氏政と同盟を結ぶ

天正七年（一五七九）七月、武田勝頼と北条氏政が断交し、交戦状態に入ると、家康は北条氏との同盟を模索し始めたらしい。ただ家康は、既述のように、同年六月頃から岡崎城の息子信康・五徳夫妻と正室築山殿の問題に忙殺され、これに一定の決着がつく八月まで身動きが取れなかったとみられる。だが、信康を岡崎城から追放し、逼塞《ひっそく》させた八月上旬以後、ようやく対外政策に取りかかる余裕が出たらしい。

家康の動きが停滞するなか、勝頼は、天正七年八月、遠江高天神城に番替《ばんがわり》衆一〇〇〇人を派遣したという。それを率いていたのは、岡部《おかべ》元信《もとのぶ》（駿河衆、前遠江小山城将）、相木《あいき》常林《じょうりん》（信濃《しなの》衆、依田《よだ》阿江木《あえき》氏）、旗本足軽大将江馬《えま》右馬丞《うまのじょう》（飛驒《ひだ》衆）、横田尹松《ただとし》らであった（『軍鑑』他）。これが高天神城に対し、勝頼が実施した最後の大規模な兵員入れ替えとなったのである。

九月、家康は家臣朝比奈《あさひな》弥太郎《やたろう》泰勝《やすかつ》（今川氏真《いまがわうじざね》旧臣）を使者として、海路伊豆に派遣し、北条氏と協議を行わせた。その結果、北条氏政は、家康との同盟を了承し、九月三日に、相互で起請文の交換がなされたという（『武徳編年集成』他）。これは事実の可能性が高く、朝比奈派遣はそれ以前から行われていた外交交渉の仕上げという意味があったとみられる。朝比奈は、九月五日に浜松に帰り、家康に復命している。これを受けて家康は、徳川家中に、北条氏との同盟成立を通達した。そのうえで家康は、九月十三日、諸将に対し、来る十七日に北条氏と協同で武田勝頼を攻めることを明らかにし、出陣の下知を行っている（『家忠日記』）。これを受け、徳川方諸将は、十七日に続々と軍勢を率いて懸川城に集結した。

いっぽうの北条氏政は、九月十四日に家康重臣榊原康政に書状を送り、同盟と共同作戦の成立を喜び、今後は家康への取り成しを依頼すると申し送っている。

武田氏は、八月十五日に、家康が近く駿河に出陣するとの情報を得て、同二十日、駿河に出陣した。勝頼は、徳川の出方を窺いながら、沼津に軍勢を進めつつも、家康の進出に備えて、浮島ヶ原《うきしまがはら》に在陣し、武田軍を沼津三枚橋城から浮島ヶ原にかけての東海道沿いに配置した。

これに対し、北条軍は九月十七日に伊豆に出陣し、三島《みしま》から初音ヶ原《はつねがはら》（三島市川原ヶ谷）にかけて布陣した。そして両軍は、黄瀬《きせ》川を挟んで対峙し、しばしば矢軍《やいくさ》や夜襲が実行されたものの、本格的な開戦には至らなかった。

この時、氏政が動員した兵力は大軍であったらしく、三万六、七〇〇〇人（『軍鑑』）とも、六万余（『信長公記』）ともいわれるが、それは誇大だとしても相当の軍勢だったことは間違いない。それに対し、武田軍は、武蔵鉢形《むさしはちがた》城の北条氏邦《うじくに》の動向に配慮して、西上野の軍勢を残留させたため、甲斐・信濃衆を中心に一万六〇〇〇人ほどであったという（『軍鑑』）。武田軍の寡兵は否めなかった。

北条軍の出陣を確認した家康は、九月十八日、懸川から牧野城を経て、二山（藤枝市末広にあった本宮山《ほんぐうさん》〈正泉寺山《しようせんじ》〉と藤五郎《とうごろう》山の総称）に布陣した。なお、この直前の九月十五日に、家康嫡男信康が二俣で自刃している。

家康は、武田軍が黄瀬川で北条軍と対峙しており、容易には動けぬと判断し、九月十九日、一万余の軍勢を率いて当目峠を越え、駿府の関門である持船城《もちぶね》（用宗城）に猛攻を仕掛けたのである。当時持船城には、駿河衆三浦兵部助義鏡《ひようぶのすけよしかね》と武田海賊衆向井《むかい》伊《い》賀守正重《がのかみまさしげ》らが在城していたが、徳川軍の猛攻により遂に城は陥落し、三浦・向井らは戦死した。

勢いに乗った徳川軍は、そのまま一挙に駿府に乱入し、駿府浅間《せんげん》神社などを放火したばかりか、一部の徳川方は由比（由井《ゆい》）、倉沢に進み、一帯を放火したという。この様子は、浮島ヶ原の武田勝頼からも望見できたであろう。勝頼は、家康と氏政に挟撃される恐れが出てきたのである。なお家康自身は、重臣酒井忠次の諫言《かんげん》もあり、駿府には進まず、持船周辺に在陣して事態を見守っていたという。

家康、間一髪の撤退

家康に、駿府が蹂躙《じゆうりん》されたことを知った勝頼は、武田家の命運をかけた一戦を決意し、これを評議にかけたという。この席上、主戦論が大勢を占めたが、穴山信君《あなやまのぶただ》ただ一人が反対した。だが、信君の反論は主戦派に押し切られ、北条との決戦が決まったという（『軍鑑』）。勝頼は、北条氏政に使者を送り、決戦を申し入れたが断られたといい、氏政は武田軍の攻撃を警戒して、陣備えを強固にするよう命じた。柵を結い、弓、鉄炮で待ち構える北条軍の陣所をみて、武田信豊《のぶとよ》らは長篠《ながしの》合戦の二の舞になることを危惧し、決戦を中止するよう勝頼に諫言した。勝頼もこれに同意し、北条には戦意がないと考え、ここは陣払いとし、長駆の移動を行い、駿府周辺を荒らし回る徳川軍との決戦を実施することとした。

勝頼は、沼津三枚橋城に、春日信達、武田信豊、城意庵《じょういあん》・昌茂《まさもち》父子ら三千余を配置し、北条軍の押さえとしたうえで、残る全軍を率いて駿府に向かった。陣払いする時にも、氏政に向けて「家康が山西に攻め寄せ、当目に陣取っているとのことなので、明日はここを引き払い、家康に向かおうと考えている。追撃されるのであれば、覚悟して来られるがよい。また合戦をしようと思うなら結構だ、どこでなりとも出向くので返答されたい」と伝えたが、北条は返事をしなかったという（『三河物語』『当代記』『軍鑑』他）。

勝頼は、持船城攻略後、家康が当目峠を下りて布陣していることを知ると、「これは家康を餌《え》壺《つぼ》に入れたようなものだ。それならば、武田軍を率いて宇津ノ谷峠を越え、田中城に移動し、徳川の帰路を塞ぎ、ひと合戦してやろう」と考え、駿府に急行したという（『三河物語』）。

いっぽうの家康は、武田軍は北条軍に拘束され、動けぬと考えており、その急接近にまったく気づいていなかったらしい。ところが、武田軍の移動速度が急に落ちたのである。それは、勝頼重臣長坂釣閑斎光堅《ながさかちょうかんさいこうけん》が自重を促したからであったという。長坂は、背後に北条の大軍を放置したまま家康攻撃に向かうのは危険であり、浮島ヶ原で様子をみるべきであると主張した。勝頼は、北条には戦意がなく、心配は無用だと言ったところ、長坂はそのように敵を甘くみたことが長篠敗戦を招いたのだと重ねて諫言した。さすがに長篠合戦の教訓を持ち出されては、勝頼も反論できず、武田軍は川成島《かわなりじま》（富士市）に布陣し、背後の北条軍の動向を窺うことになってしまった。九月二十三日のことであったとみられる。

そこに運悪く、九ツ時（昼十二時頃）から降雨となり、それはまもなく豪雨となったといい、富士川の水嵩《みずかさ》が増えていったという。北条軍に動きのないことを確認した勝頼は、家康撃滅の好機を見逃せぬと、富士川の渡河を強行した。だが増水した富士川に呑《の》まれて、多くの犠牲者が出たという。武田軍は、それでも駿府に急行し、家康を捕捉しようと躍起になっていた。これは二十四日のことと推定される。

武田軍の接近にまったく気づいていなかった徳川軍のもとへ、九月二十五日、一人の僧侶が駿府から駆けつけてきた。この僧侶は、家康家臣大久保忠世の家来嶋孫左《しままござ》衛《え》門《もん》の甥越後という人物であったという。彼は家康に、勝頼が接近してきているので、一刻も早く撤退したほうがいい、と言上したという。ここで初めて武田軍の接近を知った家康は、急ぎ全軍に撤退を指示した。家康は、軍勢をとりまとめ、その日のうちに色尾《いろお》から大井川を渡河して遠江に無事撤退を完了した。

勝頼が駿府に到着したのは、二十五日夜のことであった。すでに家康は陣払いをしており、陣所の跡は、取る物も取りあえず急ぎ撤退した痕跡が明瞭であったという。家康をすんでのところで逃がした勝頼は、切歯《せっし》扼腕《やくわん》して悔しがった。彼は「戦ってはならぬ長篠で合戦に及び、戦わねばならぬ今度の好機を逃がしたことは残念だ。家康を駿河に取り込んで撃滅できれば、織田信長が如何に勢力を大きくしようとも、家康なくして武田との合戦は思うに任せないはずだ。家康を討ち滅ぼし、遠江・三河を手に入れれば、信長の領国尾張《おわり》に出兵することも可能となり、武田も勢力を持ち直したであろう。今ここで家康を取り逃がしたのは、わが運の末である」と嘆じ落胆したと伝わる（『三河物語』）。

間一髪で勝頼の襲来をかわした家康は、九月二十八日まで色尾に在陣し、勝頼の動向を窺っていたが、北条氏政より作戦終了と撤退を知らせる使者を受けると、十月一日浜松城に帰還した。

勝頼は、その後も駿河に在陣し、高天神城に警備の強化を指示するいっぽう、穴山信君が在城する江尻《えじり》城の大改修を実施させている。この大改修で、江尻城には「百尺《ひやくしやく》城楼《じょうろう》」と呼ばれた高層の櫓《やぐら》が建設された（戦武三一八七号）。この高層の櫓は、武田氏が築いた天守だとする論者もいるが、その詳細は明らかになっていない。

家康、高天神城攻略の準備に着手す

天正七年（一五七九）十月、帰陣してまもない家康は、十五日に再び陣触を行い、自身は十九日に懸川に出陣した。この時も、北条氏政との共同作戦のための出馬だったようだ。家康は、朝比奈弥太郎を小田原に派遣したが、北条氏は関東の情勢が緊迫してきたことから、駿河攻めを中止せざるをえなくなった。この時の出陣は、駿河になおも在陣する武田勝頼を挟撃する作戦だったようだ。北条氏との共同作戦が中止されたため、家康は駿河に侵攻せず、十一月十二日には懸川城から馬伏塚城に移動し、全軍を横須賀城に進め、その拡張工事を命じている。さらに家康は、高天神城近くの大坂山を占領し、ここに付城を築いたという。これが三井山《みついさん》砦である（『三河物語』他）。徳川方は、すでに懸川から高天神に向かう途中の小笠山《おがさやま》に、小笠山砦を築いていたので、付城は二つ目になる。

いっぽう武田方は、高天神城への補給を散発的に実施していた。史料で判明する限りでは、相良、滝堺《たきさかい》から陸路で兵粮や玉薬《たまぐすり》、武具などを高天神城に運んでいたようだ。だが、これは徳川方が放った「かまり」（忍びの者）に邪魔され、しばしば奪われる事態となっていた（『家忠日

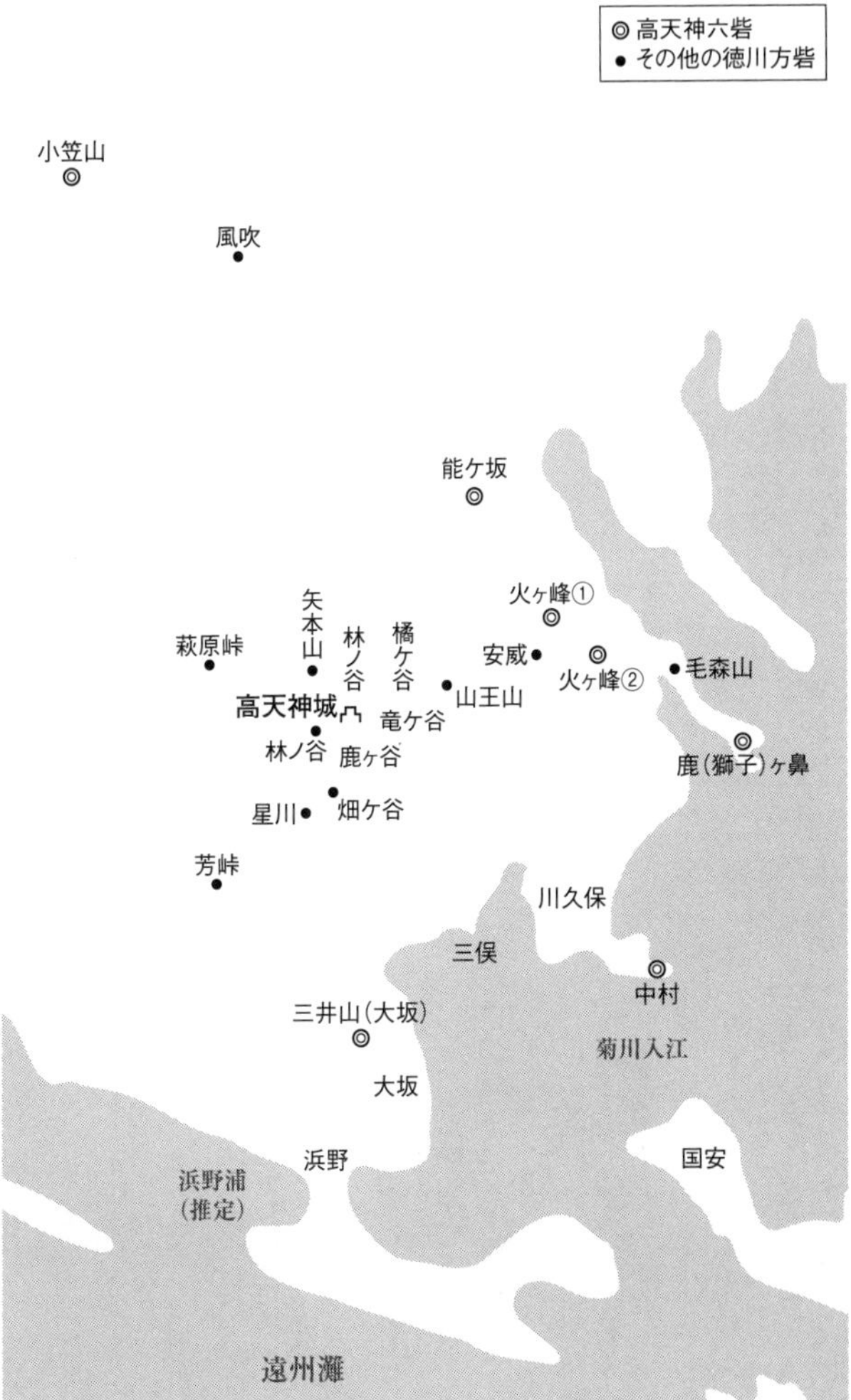

高天神城周辺図

(「土屋比都司原図」〈2009年〉をもとに作成)

記』）。この他に、高天神城には遠州灘《なだ》から城下近くまで大きく入り込む「菊川入江《きくかわいりえ》」が存在しており、海路での補給も実施されたと推定されている（土屋比都司・二〇〇九年、平山・二〇一七年）。勝頼が高天神城将に岡部元信を任命したのは、彼が武田海賊衆の指導者の一人であったこともその背景にある。武田方が高天神城に、兵粮などの物資を陸揚げする場所としては、浜野浦が想定される。ここを封じるために、家康は大坂山を制圧し、三井山砦を構築したのだろう。

こうした徳川軍の動きを知ってか、武田勝頼が動き出した。十一月二十四日、武田軍は駿河田中城に入ると、大井川を越え、二十六日に高天神城に入り、国安《くにやす》周辺に布陣し、横須賀城を牽制した。これに対し、徳川軍は勝頼の動きを監視するだけで、積極的な攻勢には出なかった。勝頼は、十一月晦日に大井川を渡河して駿河に撤収した（『家忠日記』）。武田軍の進出は、高天神城への補給を主目的としたものだろう。勝頼は、その後、北条軍が撤退した駿豆国境を突破し、伊豆を荒らし回った後に、十二月九日、甲斐に帰国した。

そしてこれが、遠江侵攻と高天神城に補給を実施した、武田勝頼最後の軍事行動となったのである。

家康、織田・北条同盟を仲介す

北条氏と同盟締結を成立させた家康は、氏政から新たな要請を受けていたという。それは、織田信長との同盟仲介であった。家康は、天正七年（一五七九）九月三日、北条氏との起請文交換に際して、氏政から信長への紹介を依頼されていたとされ、これはすぐに実行に移された。天正七年九月十一日、京に滞在していた信長のもとに、北条氏から鷹三羽が贈られており、これを仲介したのが家康だったという。ここで北条氏は、織田・徳川と連携し、武田勝頼を討つと申し入れたことは間違いない。

天正七年九月、北条氏政が、家康と共同作戦を開始したことを知った織田氏は、北条の動きについて「相模国北条氏政御身方の色を立てられ」たと『信長公記』が記しており、氏政が味方となったことを信長が確認した様子が窺われる。

その後、北条氏政は、天正八年三月より正式に織田信長との同盟交渉に入った。氏政は使者として家臣笠原越前守康明、間宮若狭守綱信《まみやわかさのかみつなのぶ》、原和泉守《はらいずみのかみ》を派遣した。彼らは、京都本能寺に滞在する信長を訪ねたといい、取次役として彼らを引き回したのは織田重臣滝川一益《たきがわかずます》であった。そして三月十日、笠原らは信長に拝謁し、携えてきた贈答品を献上している。この席上、織田と北条氏は、①両氏は婚姻を結ぶ（氏政の嫡男氏直《うじなお》に織田の女性を嫁がせる）こと、②北条氏は織田に従属すること、などで合意したという。

上機嫌の信長は、滝川一益を案内役として笠原らに京都見物をさせると、今度は安土城に招き、信長自身が城内を案内する歓待ぶりであった。三月十三日には、信長は使者を笠原らのもとに派遣し、金銀百枚を贈り、京都で土産物を買い調えるようにと伝えさせている。また三月二十一日には、信長から北条氏政への贈答品として、虎皮二十枚、縮羅《しじら》三百反、猩々皮《しょうじょうひ》十五枚などが引き渡された。大いに面目を施した笠原らは、四月六日、滝川一益らに礼を述べ、帰国の途についた。

かくて、織田・徳川・北条同盟が成立し、これをもって勝頼包囲網が形成される運びとなったのである。勝頼による北条包囲網に苦しんでいた氏政にとって、この逆包囲網の完成は自らの存亡をかけた外交成果だったといえるだろう。

いっぽうの家康にとって、北条との同盟は、武田勝頼との一進一退の戦局を大きく転換させる重要な一手となったのであり、そして武田氏を衰退させる重要な転機となったのである。

第六章

高天神城奪還

武田勝頼、最大の版図を築く

天正《てんしょう》八年（一五八〇）、武田勝頼は、関東で北条《ほうじょう》方と対戦し、東上野《ひがしこうずけ》を徐々に支配下に組み込んでいくなど、順調に領国の拡大を実現していた。いっぽうで北条方が、駿豆《すんず》国境にしばしば出てきたこともあり、勝頼は沼津《ぬまづ》三枚橋《さんまいばし》城の増強に余念がなかった。

武田・北条双方は、天正八年三月から六月にかけて、駿豆国境および駿河《するが》湾で衝突を繰り返したが、大きな勢力圏の変動はみられなかった。

だが、三月から七月にかけて、上野国で実施された両氏の攻防戦は、武田方の圧倒的優位で進み、五月に猿ヶ京《さるがきょう》城が、七月に名胡桃《なぐるみ》城が、そして八月には要衝沼田《ぬまた》城が武田の手に落ちた。

さらに十月には、勝頼自身の出陣により、膳《ぜん》城を始めとする東上野に残る北条方の諸城が陥落した。天正八年十月末の段階で、上野国は由良《ゆら》氏の新田《にった》領や、長尾《ながお》氏の館林《たてばやし》領を除く、上野国ほぼ全域が武田氏の領国に編入されたのであった。かくて天正八年、武田勝頼は、北は越後《えちご》西浜から南は遠江《とおとうみ》高天神《たかてんじん》領に及ぶ広大な領国を形成することに成功した。この時、武田領国は、信玄在世時を超える、史上最大の規模となったのである。

武田勝頼の最大版図、天正9年（1581）頃

家康、高天神城包囲網の形成を急ぐ

天正八年二月、夫信康《のぶやす》を失った五徳《ごとく》が、織田家に引き取られることとなった。徳川方は、五徳を、二十日、尾張《おわり》に送り届けている（『家忠日記』）。

そして三月十六日、家康は酒井《さかい》忠次《ただつぐ》と東三河《みかわ》衆に遠江出陣を命じた。酒井らは、十八日から高天神城近くの三井《みつい》山《さん》砦（大坂《おおさか》砦）の普請を実施している。三井山砦は、天正七年十一月に普請が始まり、ほぼ完成したとみられるが、家康はその増強に取りかかったのであろう。さらに家康は、これと並行して新たな砦の普請に着手している。徳川方は、三月二十五日より、中村《なかむら》砦の普請を始めた。この砦は、わずか三日後の同二十八日に完成している。さらに徳川方は、三井山砦と中村砦の間にも砦の建設を始めている。この砦は、芳峠口を防御するために築かれた神宮寺《じんぐうじ》砦の可能性が高い。神宮寺砦は、三井山砦と土塁で結ばれていたといわれるが、現在は遺構なども破壊され、実態を摑むことはできない。なお、三井山砦の普請は、閏《うるう》三月七日まで実施されていることが確認できる。さらに天正八年六月十一日、徳川軍は獅子ヶ鼻（鹿ヶ《ししが》鼻《はな》）に陣取り、ここに砦を作ることとした。城普請は、十二日から始まり、十七日には完成している。獅子ヶ鼻砦が完成すると、徳川軍は、高天神城に接近し、根古屋《ねこや》（城下集落）を放火した。この時、城方と交戦したらしく、徳川軍に負傷者が出ている（以上『家忠日記』）。この獅子ヶ鼻砦の完成をもって、徳川方による高天神城包囲網は、ほぼ成就したと考えられる（『三河物語』は、天正七年に完了したと記すが、実際は天正八年の誤記であろう）。

確実な史料に恵まれないため、断言はできないものの、家康は天正六年の段階から、徐々に高天神城封鎖に向けた砦の普請を細々と行っていた形跡が認められる。まず、天正六年に横須賀《よこすか》城を築いたのと並行して、小笠山《おがさやま》砦を築いたらしい。この砦は、家康が永禄《えいろく》十一年末、今川《いまがわ》氏真《うじざね》が籠城する懸川《かけがわ》城を攻めるために拠点の一つとして築かれたといわれている。家康はこの故地を、今度は高天神城攻撃の足場にしようとしたのだろう。ここからは高天神城を遠望でき、背後には懸川城があるので、繋ぎの城としては最適といえる。

さらに、『家忠日記』天正六年十一月八日条に、風吹《ふぶき》砦の在番（三日番）に、西郷孫九郎《さいごうまごくろう》、足助衆《あすけしゆう》、安倍《あべ》三郎《さぶろう》、鵜殿善六《うどのぜんろく》らが派遣され、同十日には松平家忠《いえただ》が入っている。この風吹砦は、小笠山砦からさらに高天神城方面に進んだ場所にある。徳川方が、前線を高天神城に向けて移動させていることが推測できる。その後、伝承によると、徳川方は、天正七年に安威《やすたけ》砦を築いたといい、さらに三井山砦（大坂砦）、獅子ヶ鼻砦、能ヶ坂《のがさか》砦を築いたと伝えられている。

そして、天正八年に入ると、武田勝頼による大規模な高天神城への後詰めと補給が途絶えたことを好機として、前記のように三井山砦（大坂砦）の修築と、中村砦、神宮寺砦の普請を行ったほか、火ヶ峰《ひがみね》砦を築いたといわれる。この他にも、天正八年に築かれたとの伝承を持つ砦として、矢《や》本山《ほんやま》砦（耳付砦、掛川市上土方嶺向《かみひじかたみねむかい》、伝天正八年十一月）、林ノ谷《はやしのだに》砦（同前、伝天

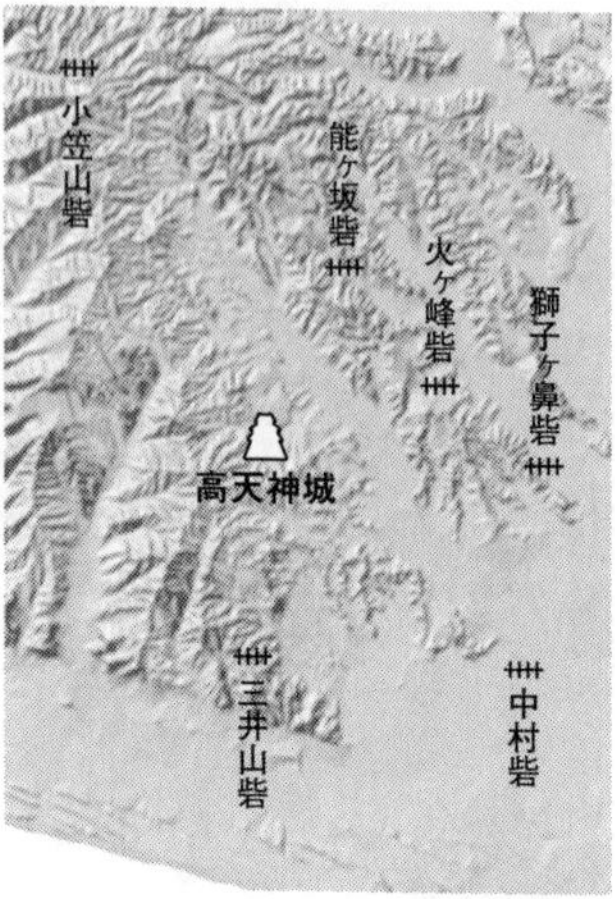

高天神六砦
（地理院 陰影起伏図をもとに作成）

正八年十一月）などがある（以上、『静岡県の中世城館跡』、増田又右衛門・増田實編・一九六九年）。

これらの砦の位置をみてみると、高天神城を包囲するように配置されているだけでなく、「菊川入江《きくかわいりえ》」と高天神城との連絡を封鎖するためのものであることがはっきりわかる。家康は、武田方による陸路での補給を封鎖するだけでなく、遠州灘《なだ》から海路で城に物資を搬入するルートをも封じるべく、最適地に付城《つけじろ》を設けたのであろう。

実際に、高天神城周辺に伝えられる徳川方の砦のうち、大規模な六砦（「高天神六砦」と俗称される小笠山砦、能ヶ坂砦、火ヶ峰砦、獅子ヶ鼻砦〈鹿ヶ鼻砦〉、中村砦、三井山砦〈大坂砦〉）は、「菊川入江」と高天神城を封じるように配置されているのである。高天神城を救うために襲来するであろう、武田軍を想定して、これらは特に念入りな縄張りがなされていたらしい。かくて、高天神城は徳川軍によってほぼ封鎖されたのである。

勝頼を翻弄する家康と氏政

武田氏は、上野国方面では、佐竹義重《さたけよししげ》らとの同盟や連携を活かし、北条氏を翻弄、圧倒していたが、駿河・遠江では家康と氏政《うじまさ》の連携によりじりじりと身動きが取れなくなりつつあった。天正八年三月、徳川方は高天神城包囲網の形成に取りかかっていたが、五月、駿河山西《さんせい》地域を攻めるべく、大井《おおい》川を渡河《とか》して、五月三日、田中《たなか》城を攻撃した。城方の防御は固く、容易に徳川軍を寄せ付けなかった。家康は強襲を自重し、周辺の苅田《かりた》を行って武田方を挑発している。この時、持船《もちぶね》城将朝比奈《あさひな》信置《のぶおき》の軍勢が、当目《とうめ》峠で徳川方を監視していた。徳川軍は、五月五日に遠江に向けて撤退を開始したが、峠上に布陣していた朝比奈衆が徳川軍の殿軍に攻撃を仕掛けてきたという。殿軍を担っていたのが、石川数正《かずまさ》、大給《おぎゅう》松平真乗《さねのり》であったといい、双方の間で激戦になった。だが多勢に無勢で、朝比奈衆は長谷川《はせがわ》左近《さこん》、朝比奈市兵衛《いちべえ》ら屈強な武者三十二人が戦死し、敗退した。この時、城将朝比奈信置は、城で家臣らと談合中であり、事態をまったく知らされていなかったという。峠上の守備兵たちが、勝手に戦端を開いてしまい、徳川軍につけ込まれたのだという。これは武田軍の指揮系統の混乱や、軍法遵守《じゅんしゅ》意識の低下を示す末期的状況だと噂されたと伝えられる（『家忠日記』『三河物語』『軍鑑』他）。撤退した徳川軍の一部は、その後、前記のように高天神城包囲のための砦普請に参加している。

天正八年六月、家康は海路、竹谷《たけのや》松平玄蕃允清宗《げんばのじょうきよむね》を小田原《おだわら》に派遣し、北条氏政と軍事行動での連携について交渉を行わせていたようだ。松平清宗は、六月二十日に浜松《はままつ》に帰り、家康に復命している（『家忠日記』）。これは、武田勝頼が駿河に出陣するとの情報を察知したからであろう。

　この直後の天正八年七月、武田軍は駿豆国境に出陣してきたのである。これに対抗すべく、北条氏直《うじなお》が、同二十日に伊豆《いず》に出陣した。『軍鑑』や『武徳編年集成』などの軍記物によると、武田・北条両軍は、黄瀬《きせ》川で再び対峙したという。

　いっぽう同じ頃、家康もまた軍勢を動かしていた。徳川軍は、七月二十一日に大井《おおい》川沿いの色尾《いろお》に布陣し、駿河の武田方の動きを監視、牽制しながら、二十二日には小山《こやま》城の攻撃と周辺での苅田が行われた。また二十三日には、石川数正の軍勢が大井川を渡河し、田中城周辺で大規模な苅田を実施している。さらに、二十四日には、小山城周辺で本多《ほんだ》忠勝《ただかつ》勢が苅田を実施し、松平家忠勢が小山城を攻撃した。小山城攻撃は、二十五日まで行われたが、城は陥落せず、家康は二十六日に撤収を命じた。徳川軍は、大規模な苅田を実施し、全軍は月末までには本国に引き揚げている（『家忠日記』）。

　家康が、遠江と駿河山西地域で大規模な苅田をし、撤退した後も、駿豆国境では、武田と北条の攻防戦が続いていた。氏政は、事態を重視し、家康に勝頼の背後を衝いてもらうべく、八月十四日に家臣小笠原康広《やすひろ》を海路、浜松に派遣している（『家忠日記』）。だがこの時、家康が氏政の求めに応じて動くことはなかった。遠江から帰陣したばかりでもあり、動く余裕がなかったのだろう。

だが家康は、武田方への揺さぶりを粘り強く行っていたようだ。天正八年九月、遠江久頭郷《くずごう》城主奥山《おくやま》氏の家中で、徳川の調略による謀叛が発生した。だが城主奥山大膳亮吉兼《だいぜんのすけよしかね》は、城内の警戒を強めていたため、大事には至らず、謀叛は鎮圧され、多数の与同者が捕縛された。奥山は、捕虜たちをただちに甲府に送っている。勝頼はこれを喜ぶとともに、奥山に対して、捕虜たちを尋問し、徳川方の狙いを調査すると伝えた（戦武三四二五号）。

苦悩する武田勝頼

天正八年（一五八〇）は、武田勝頼にとって大きな局面を迎えた年となった。織田・徳川・北条同盟成立に伴う、駿河・遠江戦線の悪化だけでなく、反信長の重要な味方であった、大坂本願寺が遂に、四月、織田信長と和睦し、本願寺顕如《けんにょ》は大坂を退去したからである。嫡子教如《ちゃくしきょうにょ》は、なおも徹底抗戦を宣言し、石山籠城を続けたが、七月十七日、信長と和睦し、大坂を去った。かくて信長と大坂本願寺、一向一揆との戦い（石山合戦）は、遂に終結した。このため、信長を牽制しうる上方の有力な味方を、武田勝頼は失ったのであった。

勝頼は、北条氏との甲相《こうそう》同盟の破綻と、北条・徳川同盟の成立を受け、天正七年十月には、遂にそれまでの方針を転換する動きに出ている。それは、織田信長との和睦交渉の開始であった。これは「甲江和与《こうごうわよ》」（甲斐《かい》・近江《おうみ》、武田・織田）交渉と呼ばれている。勝頼は、信長と和睦し、さらに家康とも和睦することで、攻撃目標を北条氏に絞ろうとしたのだろう。だが、この交渉は、常陸《ひたち》佐竹義重の仲介で行われていたが、天正八年六月頃失敗に終わっている。

しかし勝頼はなおも諦めなかった。本願寺が降伏した後の、天正八年十二月には「甲濃和《こうじょうわ》親《しん》」（甲斐・美濃《みの》、武田・織田）交渉を、臨済《りんざい》宗の高僧たちの仲介で実施している。信長は、「甲江和与」交渉や「甲濃和親」交渉ともに、長引かせ、一時は和睦成立という未確認情報まで流布させて、勝頼を交渉の場に繋ぎ止めた。この間、勝頼は北条方とは積極的な戦闘をするが、徳川方との合戦は低調となった。これは、信長との和睦交渉を成就させるためにも、織田を刺激しないように、家康との全面的衝突を避けた可能性があるだろう。

いっぽうの家康は、この状況を利用して、高天神城封鎖を進めたのだろう。そして、家康と勝頼の運命を分かつ時が訪れるのである。

追い詰められる高天神城

「高天神六砦」完成後も、徳川方による高天神城封鎖の作業は進められた。家康は、城の封鎖を鉄壁のものにすると同時に、武田勝頼の援軍が現れた時に備えて、城の周囲を堀と土塁で囲むこととしたのだ。この様子は、『三河物語』に詳しく紹介されている。

それによると、天正八年（一五八〇）八月より、徳川方は、高天神城の四方に深く広い空堀《からぼり》を掘り、高い土塁を築き、高い板塀を並べ、その塀に付虎落《つけもがり》を結んだという。また堀の城側に向けて七重、八重の柵を設けたといい、一間（約一・八メートル）につき侍一人ずつ番をさせ、もし城兵が切って出てくれば、そこに多数の兵を移動させる算段をしたという。さらに、武田軍の襲来に備え、反対側にも広く深くて大きな堀を巡らせ、あたかも城のようにしたと記録されている。まさに蟻《あり》の這い出る隙もないほどの封鎖であり、『三河物語』は「城中よりハ鳥も通わぬ計なり」と記すほどであった。この大堀と大土塁は、天正八年十月二十四日から普請が始まった。この普請は、途中でいくつかの砦普請と並行して断続的に長期間行われている。この土塁と空堀は、林ノ谷砦―矢本山砦―山王山《さんのうやま》砦（伝・徳川家康本陣）―畑ヶ谷《はたがや》砦―星川《ほしがわ》砦を結ぶものだったと推定されている（土屋比都司・二〇〇九年）。

また、山道の峠を封じるために、萩原《はぎわら》峠に萩原口砦なども構築された。これらの普請は、天正九年二月二十七日まで続いている（『家忠日記』）。

織田信長は、高天神城が封じ込められたことを知ると、天正八年十二月二十日、家康のもとへ福富《ふくずみ》秀勝《ひでかつ》、長谷川《はせがわ》秀一《ひでかず》、猪子《いのこ》高就《たかなり》、西尾《にしお》吉次《よしつぐ》を使者として派遣した。家康は、小笠山砦で彼らを出迎え、二十二日には徳川方陣場の検分の案内を行っている。彼らは、二十三日に帰国の途についたが、家康と酒井忠次は、彼らを浜松まで見送った（『家忠日記』）。家康も相当の気を遣

高天神城の空堀跡

火ヶ峰砦跡

っていることがわかるだろう。

いっぽうの高天神城は追い詰められていた。武田勝頼本隊による、大規模な補給は、天正七年十一月を最後に完全に途絶しており、さらに相良《さがら》や滝堺《たきさかい》方面からの陸路の補給も、徳川方のかまり（忍びの者）に襲撃され、ほとんど城には届かなかったようだ。

城兵たちは、幾度となく徳川方の陣所を襲撃したらしいが、ほとんど効果がなかったらしい。天正八年十二月五日には、武田海賊衆が、遠州灘から大坂を夜襲し、放火したこともあったが、城に補給することはできず、むなしく撤退している（『家忠日記』）。

城将岡部元信《おかべもとのぶ》は、徳川の包囲網を突破し、甲府の武田勝頼のもとに使者を派遣して援軍の要請を行おうと考えた。使者として選ばれたのは、高天神衆匂坂甚太夫《さぎさかじんだゆう》と暮松三右衛門尉《くれまつさんえもんのじょう》である。彼らは、何度か城と甲府を往復し、援軍要請を行ったという。後にこれを知った大久保忠教《ただのり》は驚愕しており、匂坂甚太夫という者が、柵を抜け、また戻ってきたと聞いたが、そんなことはとても実現できたとは思えないと『三河物語』に記している。

だが彼らは、天正九年一月十七日付で、勝頼より朱印状を与えられている。それには、この二人が高天神城と甲府を飛脚として往復したことを賞し、駿河や遠江相良で合計六〇貫文を褒美として与えると明記されている（戦武三四八四号）。そして勝頼は、城将岡部元信に戦功を励ますよう求めていたが、救援に赴くとは一言も述べていない。勝頼は、遂に高天神籠城衆に、助けに行くことを明言できなかったのである。

勝頼は、信長との和睦を一刻も早く成立させ、家康とも和睦を遂げて、城兵たちを救おうとしていたと考えられる。もはや軍事力をもって、家康を放逐《ほうちく》することはできなかった。それをやりたくとも、駿豆国境に北条軍が出てくるため、動けなかったのだろう。

かくて高天神籠城衆は、進退きわまったのであった。

高天神城の処置をめぐる信長と家康

天正九年（一五八一）一月三日、安土《あづち》城で正月を迎えていた信長のもとに、武田勝頼が高天神城救援のため甲信の軍勢を率いて出陣してくる、との情報がもたらされた。信長は、息子信《のぶ》忠《ただ》に出陣を命じた。信忠は、岐阜《ぎふ》城を出陣し、清須《きよす》城に入って勝頼の動きを注視した。また、信長は水野忠守《ただもり》、水野忠重《ただしげ》と大野衆を、横須賀城に派遣し、家康への支援を命じている。水野と大野衆は、一月四日、家康が在城する横須賀城に到着した。ところが、勝頼出陣の事実はなく、まもなく織田軍は動員を解除している。これは、勝頼が流した虚報だった可能性が高い。勝頼出陣の報に、織田がどう動くのかを見極めようとしたのかも知れない。

そして一月二十日頃、高天神籠城衆から、徳川の陣所に、矢文が放たれた。そこには、降伏、開城の意思があることが綴《つづ》られていたようだ。家康は、重臣らと協議した末、この矢文を信長のもとに転送し、指示を仰ぐことにしたらしい。

安土で矢文を披見した信長は、一月二十五日、家康への援軍として高天神に在陣する水野忠重に書状を送り、自らの考えを伝えた（信長九一三号）。

事あるごとに注進状を送って寄こすのは、精を入れていることのあらわれであり、誠によいことだ。さて、高天神城の連中が追い詰められて、矢文で懇望しているので、（落城も）間近であろう。そこで、助命してくれるのならば、この前に提示した条件である滝堺城に加えて、今度は小山城も添え、高天神城とともに三城を明け渡すとのことである。この内容から、相手側の心中を推し量ることができる。そもそも家康が三城を受け取り、遠州を平定するならば体裁はよいことだろう。しかし信長が得ている情報をもとに考えると、家康が今後、小山城などを攻めても、武田勝頼は、救援に来ることはできないと思う。それを知っているからこそ、高天神の籠城衆は、二つの城をも引き渡すと言っているのだろう。これは疑う余地はない。家康も心を痛め、家臣も苦労することになることは嘆かわしいことではあるけれども、信長は一両年のうちに、駿河や甲斐に出兵する予定でいる。もし信長が、難所を越えるために長期戦を戦うことになると、外聞がよくない。それにしてももし勝頼が、救援のためだと出陣してきたら、手間を取らずに討ち果たすことができるだろう。そして救援を行えぬまま、高天神城と同様に、小山・滝堺城を見捨てるようなことになれば、その影響で駿河国の端々の小城まで維持することはできなくなることだろう。今後に問題を持ち越すか、今苦労してこれを処理するか、どちらがよいかは信長としても判断がつきかねるので、この通りのことを家康に知らせ、徳川家臣らに伝えて、談合させて欲しい。これは信長の考える心底のすべてである。

正月廿五日　　信長（朱印）

水野宗兵衛どのへ

この書状により、現存しない高天神籠城衆の矢文の内容がある程度判明する。その内容とは、①降伏開城したい、②籠城衆すべての生命を保証して欲しい、③そのための交換条件として高天神城、滝堺城、小山城を明け渡す用意がある、の三点であったらしい。

信長は、この矢文の内容が実現される可能性が高いと判断している。つまり、高天神開城だけでなく、滝堺城と小山城をも引き渡すという内容は信頼できると思っているのだ。当然のことながら、高天神籠城衆の勝手な判断で、遠江の武田方の城を明け渡すことなどできぬはずなのだが、勝頼の判断と許可なくして、それを実施できる実力者が、矢文の発信者であり、だからこそ信長も実現性が高いと判断したのだろう。その人物は、長く遠江小山城将を務め、駿

高天神城の復元想定図（監修：西股総生、画：香川元太郎、初出：「歴史群像」2010年12月号）

河・遠江の武田方の重鎮であった岡部元信しかいない。

だが信長は、降伏の申し出を拒絶したほうが、一両年先に計画している武田攻めに有効だと考えていたらしい。勝頼が、高天神城を見殺しにしたと演出することで、駿河の城はあっけなく手に入れられると見通していたのだ。しかし、実際に現場で戦っているのは、徳川軍である。信長は、家康の判断に委《ゆだ》ねた。

そして下駄を預けられた家康は、最終的に信長の勧告通り、高天神籠城衆の降伏、開城の申し出を拒絶し、包囲を継続したのであった。武田勝頼は、援軍に出陣する動きすらみせず、恐らく信長との和睦交渉の成功に全力を傾注していたのだろう。しかし、籠城衆の忍耐は限界に達しつつあった。

高天神城陥落

天正九年（一五八一）二月、京都で馬揃えを行うべく、安土で準備中であった信長のもとに、家康からまもなく高天神城が陥落するとの報告が入った。信長はこれを喜ぶとともに、油断せぬようにと記した礼状を家康に送った。

当時の高天神城包囲の徳川軍陣所の配置は、次のようなものであったと伝えられる。

山王山砦……徳川家康本陣
小笠山砦（六砦の一つ）……石川家成、織田援軍（水野忠重、大野・緒川《おがわ》・刈谷《かりや》衆ら）
能ヶ坂砦（六砦の一つ）……本多広孝《ひろたか》・康重《やすしげ》父子
畑ヶ谷東砦（天王馬場の陣場）……本多忠勝
三井山砦（大坂砦、六砦の一つ）……酒井重忠《しげただ》（西尾城主）、深溝《ふこうず》松平家忠ら
火ヶ峰砦、獅子ヶ鼻砦、中村砦（六砦の一つ）、安威砦……大須賀《おおすが》康高《やすたか》
林ノ谷砦、矢本山砦、萩原口砦……大久保忠世《ただよ》

史実とは断定できないが、落城直前に、籠城衆栗田《くりた》刑部《ぎょうぶ》（鶴寿《かくじゅ》、善光寺別当）より徳川方に申し入れがあったという。それは、寄せ手の陣中に、幸若与《これわかよ》三太夫《さんだゆう》がいると聞き及んでいるので、今生の思い出に一さし承りたい、とのことであった。家康はこれを許し、与三太夫に舞を命じた。彼は城近くに進み寄り、「高館《たかだち》」を謡《うた》い舞ったところ、城兵たちは塀際に集まり、耳

を傾け、落涙したという。一曲が終わると、城内から茜《あかね》の羽織を着た若衆が出てきて、紙十帖と織物を与三太夫に感謝の印として贈ったといい、彼が城に戻ると、城門は再び固く閉じられた（『明良洪範』他）。

さて、天正九年三月二十二日、兵粮《ひょうろう》も尽き果て、進退きわまった籠城衆は、夜十時頃、城から打って出て、徳川軍の陣地を攻撃した。実は、陥落後、徳川方が城内を検分すると、過半が餓死していたといい、生き残った人数が突出してきたらしい。籠城衆は、固まりながら、あらゆる方向の徳川軍陣場に攻撃を仕掛けた。だが、柵が敷設され、城方の攻撃を警戒していた徳川軍の反撃にあい、籠城衆は次々に戦死していった。

大久保忠世（小田原城天守閣蔵）

城将岡部元信と、武田重臣横田尹松《ただとし》は、林ノ谷に向けて突出したという。ここは大久保忠世の持ち場で、大久保彦左《ひこざ》衛門尉《えもんのじょう》忠教も在陣していた。忠教は、乱戦の場に参加し、一人の敵に斬りかかり、これを負傷させたといい、配下の本多主水《もんど》に首を取らせた。後に、この人物こそ、城将岡部元信であったことを知り、名乗っていたならば、寄子《よりこ》に討たせるようなことはしなかったのにと、忠教は悔やんでいる。だが籠城衆の決死の攻撃は凄まじく、忠教も疲れがみえ始めた頃、兄忠世らが駆けつけてくれたので、敵をすべて討ち取ることができたという。

なお横田尹松は、城から打って出て、徳川の陣地を抜けようとしたところ、足を踏み抜いてしまい動けなくなったので、そのままじっとして、戦闘が終了し、徳川の兵たちが自陣に引き揚げるのに紛れて、まんまと包囲陣の外に出ることに成功したという。尹松は、甲斐に帰還し、勝頼に高天神城落城の模様を報告している（『軍鑑』他）。

城から生きて脱出した者たちも少なくなかったようだ。横田の他に、信濃《しなの》国衆当主相木常林《じょうりん》も脱出に成功しているし、遠江衆西尾久作《きゅうさく》も生き延びた。この西尾は、後に仁左衛門尉《にざえもんのじょう》宗次《むねつぐ》と名乗り、武田氏滅亡後は、家康次男結城《ゆうき》秀康《ひでやす》に仕え、越前《えちぜん》松平家の家臣となった。そして、大坂夏の陣で真田《さなだ》信繁《のぶしげ》を討ち取る大殊勲を挙げることとなる。

さて、この戦闘で、籠城衆は、城将岡部元信、駿河衆三浦右近《うこん》、孕石元泰《はらみいしもとやす》、朝比奈弥六郎《やろくろう》、由井《ゆい》忠次《ただつぐ》、信濃国衆当主栗田鶴寿、依田《よりた》（相木）美濃守立慶、上野国衆当主大戸《おおど》浦野弾正忠《うらのだんじょうのちゅう》、飛騨《ひだ》国衆江馬《えま》右馬丞《うまのじょう》、武田重臣安西平左衛門《あんざいへいざえもん》、遠江衆神尾但馬守、武藤刑部丞《むとうぎょうぶのじょう》ら六八八人が戦死した（『信長公記』『家忠日記』他）。

かくて高天神城は、武田勝頼だけでなく、織田・徳川方からも見殺しにされてしまったのである。勝頼は後詰めできず、織田・徳川方は降伏を許さずというありさまで、籠城衆は三氏の政治的思惑の犠牲となったのであった。そして、武田氏に忠節を尽くし、三ヶ年の籠城戦を耐え忍んで奮闘した高天神籠城衆を救う努力をしなかったとみなされた武田勝頼は、「天下の面目を失った」のである（『信長公記』）。まもなく信長は成就目前との噂が関東に流れた武田との和睦交渉を打ち切ったのだった。

高天神落城は、武田勝頼の威信を失墜させ、計り知れぬ政治的打撃を与えた。これが武田氏滅亡を決定づけたといえる。忠節を尽くしても、守ってくれなければ、助けてくれなければ、武田に味方し続ける意味がないからだ。高天神城の降伏を許さず、勝頼が見殺しにしたようにみせよと判断した信長の見通しは、恐ろしいほど正確だったのである。

驚喜する信長

高天神落城の報を、家康は至急、安土城の信長に伝達した。これを知った信長は驚喜し、家康に花押を据えた書状を送った。これは大変珍しいことで、通常であれば、信長の署名下に「天下布武」の朱印が押されるものである。そうではなく、花押を据えた書状を家康に送っているところに、信長の喜びようが表現されているとみてよかろう。

追伸、さらに敵地に進軍されるのは自重することが大切です。なお、西尾吉次に申し含め、そちらに派遣しました。（今後の）軍事行動の詳細については、こちらに言ってきてください。

注進の趣旨、委細を披見しました。さて高天神籠城の連中が、去る二十二日戌刻《いぬのこく》に切って出たので、一人も漏らさず徳川軍が討ち果たしたとのことは、誠によいことです。いろいろと助言したことに間違いはなかったようです。なお詳しい様子については、重ねて報告して欲しいです。謹言

三月廿五日　信長（花押）

三河守殿

信長は、長期の高天神城包囲戦で疲れた徳川軍を慮《おもんぱか》り、城が陥落した余勢を駆って、敵地への攻撃を継続しないように申し入れ、城の落城を祝っている。信長は、家康が自分のアドバイスを忠実に実行し、高天神城の降伏を拒絶し、包囲戦を継続したことに満足していた。これで勝頼の権威は失墜し、武田攻めが容易になったと思ったからであろう。

そしていよいよ、家康と勝頼、最後の戦いが始まることとなる。

第七章　徳川家康、遂に武田を滅ぼす

高天神落城後の情勢

天正《てんしょう》九年（一五八一）三月、高天神《たかてんじん》城が陥落した後、家康は大規模な軍事行動を起こしていない。

徳川方は、七月より武田方から高天神城陥落と同時に奪取した相良《さがら》城の改修に乗り出し、松平家忠《いえただ》らが普請を実施している（『家忠日記』）。こうして徳川と武田の最前線は、徳川方の牧野《まきの》城、相良城（以上、遠江《とおとうみ》）と、武田方の遠江小山《こやま》城、駿河《するが》田中《たなか》城を結ぶラインに移動した。

いっぽう、武田方は、駿河諸城の防衛強化や、高天神城で戦死した駿河・遠江衆の後継者取り立て、軍団再編などに忙殺されていた。勝頼とともに、その実務に当たったのが、駿河江尻《えじり》城代穴山梅雪《あなやまばいせつ》（信君《のぶただ》。天正八年十二月頃出家し、梅雪斎不白と号す）であった。この時、改修が実施された武田方の城郭は、石上《いしがみ》城（笹間《ささま》、島田市）、小長谷《こながや》城、天神ヶ尾砦（沼津《ぬまづ》市）、沼津三枚橋《さんまいばし》城、興国寺《こうこくじ》城、持船《もちぶね》城（用宗城、関部）、久能《くのう》城、当目《とうめ》砦などである（戦武三五五七号）。これをみると、武田氏は、駿豆《すんず》国境、駿府《すんぷ》北部、宇津ノ谷《うつのや》峠と当目峠を結ぶラインの防衛を強化し、駿府と沼津に徳川、北条《ほうじょう》氏が入ってこないよう躍起になっていたことがわかる。

高天神城陥落後の武田軍は、駿豆国境に出兵し、北条方と鎬《しのぎ》を削っていたが、対徳川戦を仕掛けてくることはなかった。そのため、北条氏は、八月までには、武田に対抗する拠点として、伊豆《いず》国徳倉《とくら》（戸倉、静岡県清水町）に大規模な城普請を開始した。そして、駿豆国境の防衛を強化すべく、長久保《ながくぼ》城に清水太郎左衛門尉正次《たろうざえもんのじょうまさつぐ》、徳倉城に北条氏光《うじみつ》、獅子浜《ししはま》城に大石越後守《えちごのかみ》、泉《いずみ》頭《かしら》城に大藤長門守《だいとうながとのかみ》、多目周防守《ためすおうのかみ》を配置したという（『北条記』）。氏政《うじまさ》は、その後、完成したばかりの徳倉城に、重臣笠原新六郎政晴《かさはらしんろくろうまさはる》（松田憲秀《のりひで》の長男）を配備し、氏光と交代させている。

ところが、天正九年十月、徳倉城主笠原政晴が、突如、武田氏に寝返ったのである。笠原離叛の理由については、判然としないが、駿豆国境での武田・北条の対戦をみて、北条の先行きに不安を覚えたからだといわれている（『軍鑑』他）。徳倉城が武田方になったことで、駿豆国境は武田が優位に立ち、泉頭城や韮山《にらやま》城が武田の攻勢にさらされることとなった。北条氏は、慌てて韮山防衛のため、出城山《でじろやま》城（沼津市・清水町の境）を築き、北条氏光ら千余人を配置して、武田の韮山侵攻に備えさせている。

天正九年三月、勝頼は常陸《ひたち》佐竹義重《さたけよししげ》の仲介で、安房国里見義頼《さとみよしより》と同盟締結に向けた交渉を開始した。甲斐《かい》と安房は遠国で、しかも北条領国を避けて使者の交換をせねばならなかったこともあり、交渉は長引き、勝頼と義頼が同盟成立を確認したのは、十月のことであった。こうして、北条包囲網は強化されることとなった。

だが、武田氏が斜陽を迎えつつあったことを、関東の諸大名も敏感に察知していたようだ。彼らは、武田氏と連携して、北条氏と対抗する立場を堅持しつつも、信長・家康と通交を始めていたのである。

常陸佐竹義重は、天正七年、徳川・北条同盟成立直後から、家康と接触を開始している。天正八年閏《うるう》三月には、下野《しもつけ》宇都宮《うつのみや》氏も使者を安土《あづち》城に派遣し、信長と交渉を始めた。下野皆川《みながわ》広照《ひろてる》も、天正八年に家康と通交を始めており、その仲介で同九年十一月には、安土城に使者と贈答品を贈った。この他に、常陸下館《しもだて》城主水谷《みずのや》勝俊《かつとし》も家康に使者を送り、通交を始めている。天正九年秋、水谷家臣石野持次《もちつぐ》は、使者として浜松に赴き、家康と交渉を進め、彼の返書を携えて帰国しようとしたところ、武田領国で捕縛され、甲府に連行されてしまい、その後監禁されている。石野が解放されたのは、翌天正十年三月、武田氏が滅亡したからであった。このように、反北条方の関東諸将も、武田と提携しつつも、家康と信長との提携を模索し始めていたことがわかるだろう。

最大版図達成の陰で軋む武田領国

天正八年（一五八〇）末、武田勝頼は父信玄時代を超える広大な領国を保持するに至った。ところがその陰で、軋《きし》みが生じていた。まず問題を抱えていたのが、上野《こうずけ》国であった。天正八年八月、勝頼は沼田《ぬまた》城を開城させ、その年のうちに東上野をほぼ制圧した。ここで問題が発生した。勝頼と、現地指揮官の真田《さなだ》昌幸《まさゆき》は、沼田城主用土《ようど》新左《しんざ》衛門尉《えもんのじょう》に対し、降伏開城すれば知行を思いのまま与えると約束した。用土はこれを受諾し、城を武田に明け渡したのである。用土は、武田氏の偏諱《へんき》を受け、藤田能登守《のとのかみ》信吉《のぶよし》となったが、この時、約束通り、沼田領のほとんどを拝領することになった。しかし、広大な沼田領を藤田一人に与えてしまったため、勝頼は大きな難題を抱えることとなってしまう。それは、上野衆に対する恩賞問題であった。

武田氏は、北条方から調略の末に引き抜いた東上野の諸士や、沼田城などの北条方攻撃のために動員した人々に対し、沼田城攻略が実現したら、沼田領で知行を与えると約束していたのである。だが、その沼田領のほとんどを、藤田一人に与えてしまったことから、恩賞不足が深刻化した。この問題は、天正九年になっても解決せず、そのため上野の諸士のなかから、北条方に再び転じる者や、謀叛を企図する動きが活発化した。この不穏な動きは、沼田・岩櫃《いわびつ》城代真田昌幸の活躍によって未然に鎮圧されたが、問題は燻《くすぶ》り続け、武田氏滅亡を迎えるのである。

そして最も大きな問題となったのが、新府《しんぷ》城築城であった。天正九年、武田勝頼は本国甲斐の防衛強化のため、甲府に代わる新たな本拠として、韮崎《にらさき》に新府城の築城を開始した。築城の開始時期については、はっきりしない（通説であった天正九年一月説は、現在では否定されている）。勝頼は、この城の普請のため、全領国に動員をかけただけでなく、それまで諸役免許（課税免除）特権を与えていた軍役衆（在村被官《ざいそんひかん》）たちにも負担を命じたのである。これが領国の人々の反発を買ったと推定されている。

また、武田逍遙軒信綱《しょうようけんしんこう》、穴山梅雪を始めとする武田一門衆や、譜代家臣の間でも甲府を廃し、新府に本拠を移転することに、根強い反対があったらしい。後に穴山梅雪は、これが武田氏滅亡の一因だと述べている（「南松院殿葵庵理誠大姉十七年遠忌之香語」県内記録一一〇六号）。

このことを物語るような事実がある。勝頼は、天正九年十二月二十四日、甲府の武田氏館を廃し、新府城に移転した。この時、新府城下は未完成であり、しかも武田一門や譜代家臣らの屋敷はほとんど存在しておらず、甲府の屋敷が依然として機能していたのだ。現在、新府城下に伝承される家臣屋敷は、長坂釣閑斎《ながさかちょうかんさい》屋敷、安倍加賀守《あべかがのかみ》屋敷、秋山摂津守《せっつのかみ》屋敷、山県《やまがた》屋敷、隠《お》岐殿《きどの》屋敷（加津野〈真田〉氏か）、穴山屋敷など、穴山や山県を除き、勝頼側近のものばかりである。穴山梅雪ですら、妻見性院殿《けんしょういんでん》、嫡男勝千代《ちゃくなんかっちよ》を甲府の穴山屋敷に置いたままで、新府城下には移転していないのだ。武田一門衆のうち、一条信龍《いちじょうのぶたつ》、武田逍遙軒信綱はいずれも甲府屋敷から動いていない。こうした事実は、築城と本拠地移転をめぐる、勝頼と一族、譜代の対立、反発を物語るといえるだろう。

織田信長、武田攻めを命じる

高天神城陥落後、織田信長は武田攻めを翌年に実施すべく、準備に着手した。まず、天正九年（一五八一）十月、信長重臣滝川一益《たきがわかずます》は、奥三河《みかわ》の名倉奥平信光《なぐらおくだいらのぶみつ》に対し、信濃《しなの》・三河国境に

岩櫃城跡

新府城跡(韮崎市教育委員会提供)

砦を築くよう指示した。当時、奥平信光は武節《ぶせつ》城に在城していたといわれるが、この時築いた砦がどこであったかは定かでない。

そして十二月、信長は家臣西尾《にしお》吉次《よしつぐ》に黄金五〇枚（五〇〇両）を預け、兵粮《ひようろう》八千余俵の調達を実施させた。そのうえで吉次を、家康のもとに派遣し、膨大な兵粮を三河東条《とうじよう》城に搬入させている。また西尾は、足を延ばして徳川方が普請を行っていた相良城を検分し、信長のもとに帰還している。

この他に、信長と家康は、ともに武田方への調略を行っていた。天正八年頃から、武田方からは内通者が出始めていたといい、武田一門穴山梅雪、重臣曾根《そね》下野守《しもつけのかみ》昌世《まさただ》、駿河衆の重鎮岡《おか》部《べ》正綱《まさつな》らがその代表である。

天正十年二月一日、信濃木曾《きそ》義昌《よしまさ》が、織田氏に内通し、実弟上松《あげまつ》蔵人《くらんど》を人質として苗木《なえき》遠山《とおやま》友忠《ともただ》に送った。木曾義昌は、正室が武田信玄息女真龍院殿《しんりゆういんでん》であり、武田家中では重用されていた。それが勝頼から離叛したのである。木曾逆心を察知した勝頼は、二月二日、新府城を出陣し、諏方《すわ》上原《うえはら》城に本陣を置き、木曾討伐に向けて動き出した。

これを知った信長は、二月三日、安土城より各方面に武田攻めを下知した。駿河口は徳川家康、信濃伊那《いな》口は織田信忠《のぶただ》と信長本隊、飛騨《ひだ》口は金森長近《かなもりながちか》、関東口は北条氏政が担当することとなり、彼らはそれぞれの攻め口から、甲斐を目指して進軍するよう命じられたのである。

まず最初に動いたのは、岐阜城の織田信忠であった。彼は二月三日には、先陣森長可《もりながよし》、団忠正《だんただまさ》、河尻秀隆《かわじりひでたか》を出陣させた。

家康出陣

木曾義昌逆心に伴う信長の武田攻めの下知が出た二月三日、徳川方はまだこの事実を知らず、吉田《よしだ》城代酒井《さかい》忠次《ただつぐ》が、近日武田領国との境目に城砦普請を実施する予定なので、準備をするよう、東三河衆に通達を出していた。この城砦は、先に滝川一益を通じて、奥平信光が指示された砦普請と同じことを指しているのかも知れない。

木曾義昌（東漸寺蔵）

徳川氏のもとに、木曾逆心と織田軍出陣の情報がもたらされたのは、二月六日のことである。第一報は、織田との取次役を務める酒井忠次のもとに届けられた。家康は、ただちに境目の城砦普請を延期させ、全軍に出陣準備を命じた。そしてこの日、信濃伊那口の関門を守備していた吉岡《よしおか》城主下条信氏《しもじょうのぶうじ》・信正《のぶまさ》父子は、家中の叛乱により追放された。このため、織田軍は難なく険阻な山岳地帯を通過し、飯田に迫ったのである。下条信氏とその一族は、伊那を脱出し、家康を頼って三河、遠江に落ち延びたらしい。信氏は遠江宮脇《みやわき》（掛川市）に、息子信正・頼安《よりやす》と孫牛千代丸（信正の嫡男、後の康長《やすなが》）は三河玖老勢《くろぜ》に、それぞれ潜伏したと伝わる。

家康は、二月十三日、信濃情勢が激変したとの知らせを受け、近日駿河に出陣するとの陣触を出し、十六日までに浜松に集結するよう全軍に伝達した。そして同じ十三日、織田信忠が岐阜を出陣したのである。

二月十四日、織田軍は飯田を制圧した。ここまで武田方の国衆《くにしゅう》や諸士はまったく抵抗せず、次々に織田に降伏している。そして、その夜、浅間《あさま》山《やま》が四十八年ぶりに大噴火を起こした。この噴火は、武田領国の人々に、武田家の終焉を告げる天意だと受け止められたようだ。これ以後、武田方の崩壊は、速度を速めていく。

二月十五日に織田軍は、伊那松岡《まつおか》城を占領し、十六日、鳥居《とりい》峠合戦で木曾・織田連合軍が、武田軍を撃破した。そして十七日には、伊那の要衝大島《おおしま》城が自落し、武田逍遙軒信綱は戦わずして逃亡した。大島城の陥落により、下伊那は織田の手に落ちたのであった。

大島落城と同じ二月十七日、家康は軍勢を率いて浜松城を出陣し、懸川《かけがわ》城に入った。この時、信長から家臣西尾吉次が派遣されており、家康とともに東に向かっている。

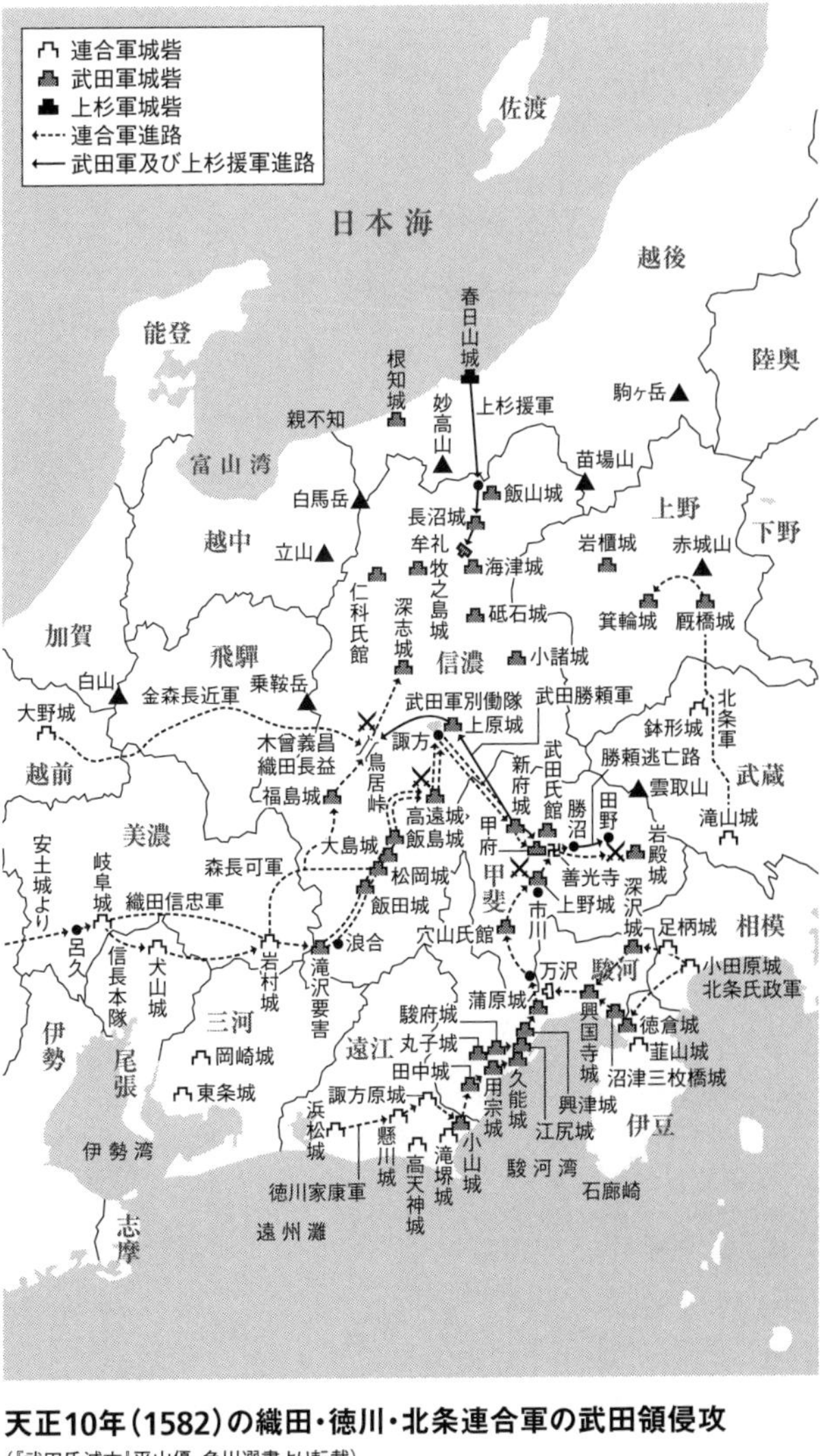

天正10年（1582）の織田・徳川・北条連合軍の武田領侵攻

（『武田氏滅亡』平山優、角川選書より転載）

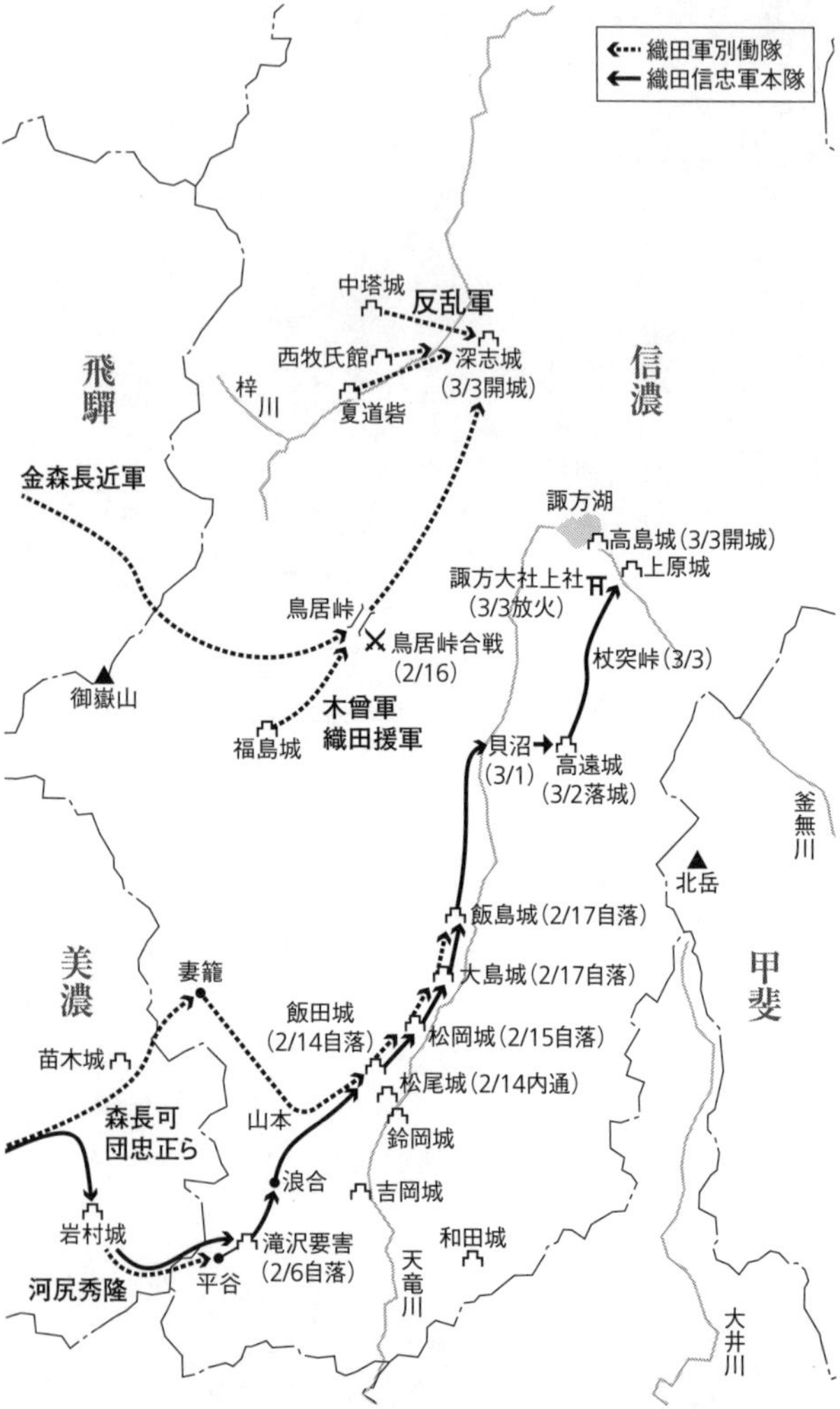

織田軍侵攻図

（『武田氏滅亡』平山優、角川選書より転載）

遠江・駿河の武田方諸城相次いで陥落す

徳川軍は、二月十九日に懸川城を出て、牧野城に入った。家康が出陣するとの噂が流れた頃、武田方が遠江で唯一維持していた小山城では、在番《ざいばん》衆が逃亡してしまい、無人の城と化した。牧野城に到着した徳川方は、早速、小山城を接収した。かくて、家康は遠江の統一を果たしたのである。

徳川軍は、二十日に駿河に向けて動き出し、大井《おおい》川を渡河《とか》すると、依田《よだ》信蕃《のぶしげ》、三枝虎吉《さいぐさとらよし》が守る田中城を包囲した。徳川軍の酒井忠次、本多《ほんだ》忠勝《ただかつ》、榊原康政《さかきばらやすまさ》、大須《おおす》賀康高《がやすたか》らが先陣として大手口の攻撃に入った。雑兵たちは、周辺の家を毀《こぼ》ち、空堀に投げ込んでこれを埋め立て、平地にする工夫をしながら、大手曲輪《くるわ》に突入したという。また牧野康成が、乱戦となり敵味方の区別がつきにくくなっているのをみて、小高い丘に登り、敵は川を渡ってきているから脛《すね》が濡れている。それをよくみて敵を討てと呼ばわったという。家康は、二十一日、頑強に抵抗する田中城を無理押しせず、押さえの軍勢を置いて、先を急ぐことにした。殿軍として鳥居《とりい》元忠《もとただ》が待機し、徳川軍主力は当目峠を越えて、駿府に向かった。田中城からは、徳川軍を追撃しようと軍勢が出てきたが、鳥居勢によって撃退されたという（『武徳編年集成』他）。その後も、田中城は落城する気配をみせなかった。

当目峠では、持船城将朝比奈《あさひな》信置《のぶおき》の家臣奥原日向守《おくはらひゅうがのかみ》ら数百人が守備していたが、徳川の軍勢に撃破されてしまい、彼らは城に逃げ戻った。徳川軍は、その一部が持船城を包囲し、本隊はそのまま進んで、遂に駿府に入った。駿府館を守っていた武田一門衆の武田上野介信友《こうずけのすけのぶとも》・信堯《のぶたか》父子は甲斐に逃亡した。駿府陥落を知った、丸子《まりこ》城の在城衆屋代秀正《やしろひでまさ》、室賀正武《むろがまさたけ》（信濃小県《ちいさがた》郡の国衆）も、城を明け渡して信濃へと退去したという（『三河物語』『朝野』他）。

また、徳川氏が発給した禁制の所在などから、大井川の上流を駿府に向かって進む徳川方の軍勢の存在が想定される。これは推測だが、樽山《たるやま》城の安倍勢を中心とした徳川方は、二月二十二日頃に石上城、その後駿府の北の関門にあたる尾沢渡《おさわど》城を開城させ、駿府の徳川本隊と合流した可能性が高い。

穴山梅雪の離叛

徳川軍の駿府占領により、駿河の陥落は時間の問題になりつつあった。もはや、徳川軍の行く手を阻むものは、江尻城代穴山梅雪と、久能城の今福丹波守虎孝《いまふくたんばのかみとらたか》・善十郎《ぜんじゅうろう》父子だけとなった。徳川軍の駿府占領を知った穴山梅雪は、数年前から織田・徳川氏に内通していたので、これを合図として勝頼から離叛する腹を固めた。そこで、家臣穂坂常陸介君吉《ほさかひたちのかみただよし》に家康宛の書状を届けるよう命じた。君吉は、地理に明るい佐野弥左衛門尉《やざえもんのじょう》（駿河国富士郡内房郷《うつぶさごう》〈富士宮市〉の土豪、穴山重臣佐野越前守泰光《やすみつ》の甥）に、駿府に梅雪書状を届けるように申し含めた。佐野は、江尻城を出て駿府に向かったが、路次は、武田方が放ったかまり（忍びの者）によって封鎖されており、容易には近づけなかったという。それでも何とか駿府にたどり着き、本多庄左衛門尉信俊《のぶとし》に書状を手渡すことができ、家康から労いの言葉をかけられたという（戦武四〇〇五号）。これは、約束通り武田から離叛することや、江尻城の明け渡しに関する協議を申し入れた内容だったと推察される。

いっぽう、持船城を包囲していた徳川軍支隊は、二月二十三日より竹束を用意し、架橋《かきょう》を実施して城攻めを開始した。朝比奈信置・信良《のぶよし》父子は、頑強に抵抗を続けた。

こうしたなか、穴山梅雪は、時期は定かでないが、織田信長から朱印状を受け取っており、信長の出馬にあわせて武田から離叛する密約を交わしていた。この信長朱印状は、家康に同行していた西尾吉次があらかじめ持参しており、梅雪に送ったのだろう。

これを受けて梅雪は、二月二十五日、屈強な穴山衆の武者四、五百人ほどを選抜して甲府に送り、甲府の穴山屋敷に人質として居住していた梅雪夫人（見性院殿、信玄息女、勝頼の異母姉）と嫡男勝千代らの身柄を確保し、本領下山《しもやま》に帰還させようとしたのである。彼らは、二十五日夜、雨の降るなか、甲府の穴山屋敷に到着し、夜陰と雨に紛れて梅雪夫人と息子を秘かに連れ出そうとした。ところが、甲府の町人らに見つかってしまい、連れ出そうとする穴山衆と、これを阻止しようとする町人たちとで悶着が起こった。業を煮やした穴山衆は、町人らを切り

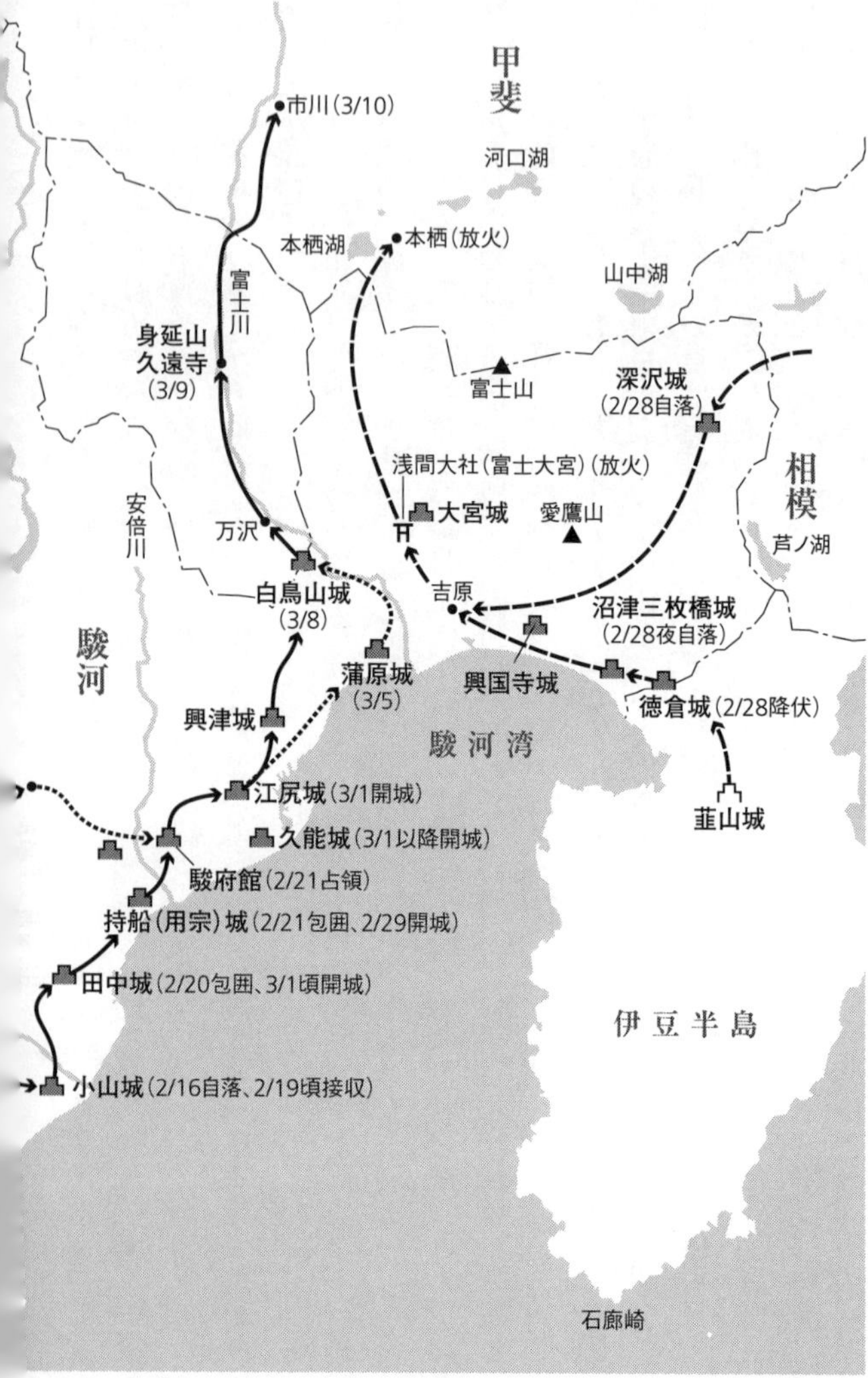
甲斐
市川(3/10)
河口湖
本栖湖
本栖(放火)
山中湖
富士川
身延山
久遠寺
(3/9)
富士山
深沢城
(2/28自落)
浅間大社(富士大宮)(放火)
相模
大宮城
愛鷹山
安倍川
万沢
芦ノ湖
白鳥山城
(3/8)
吉原
沼津三枚橋城
(2/28夜自落)
駿河
蒲原城
(3/5)
興国寺城
徳倉城(2/28降伏)
興津城
駿河湾
江尻城(3/1開城)
韮山城
久能城(3/1以降開城)
駿府館(2/21占領)
持船(用宗)城(2/21包囲、2/29開城)
田中城(2/20包囲、3/1頃開城)
伊豆半島
小山城(2/16自落、2/19頃接収)
石廊崎

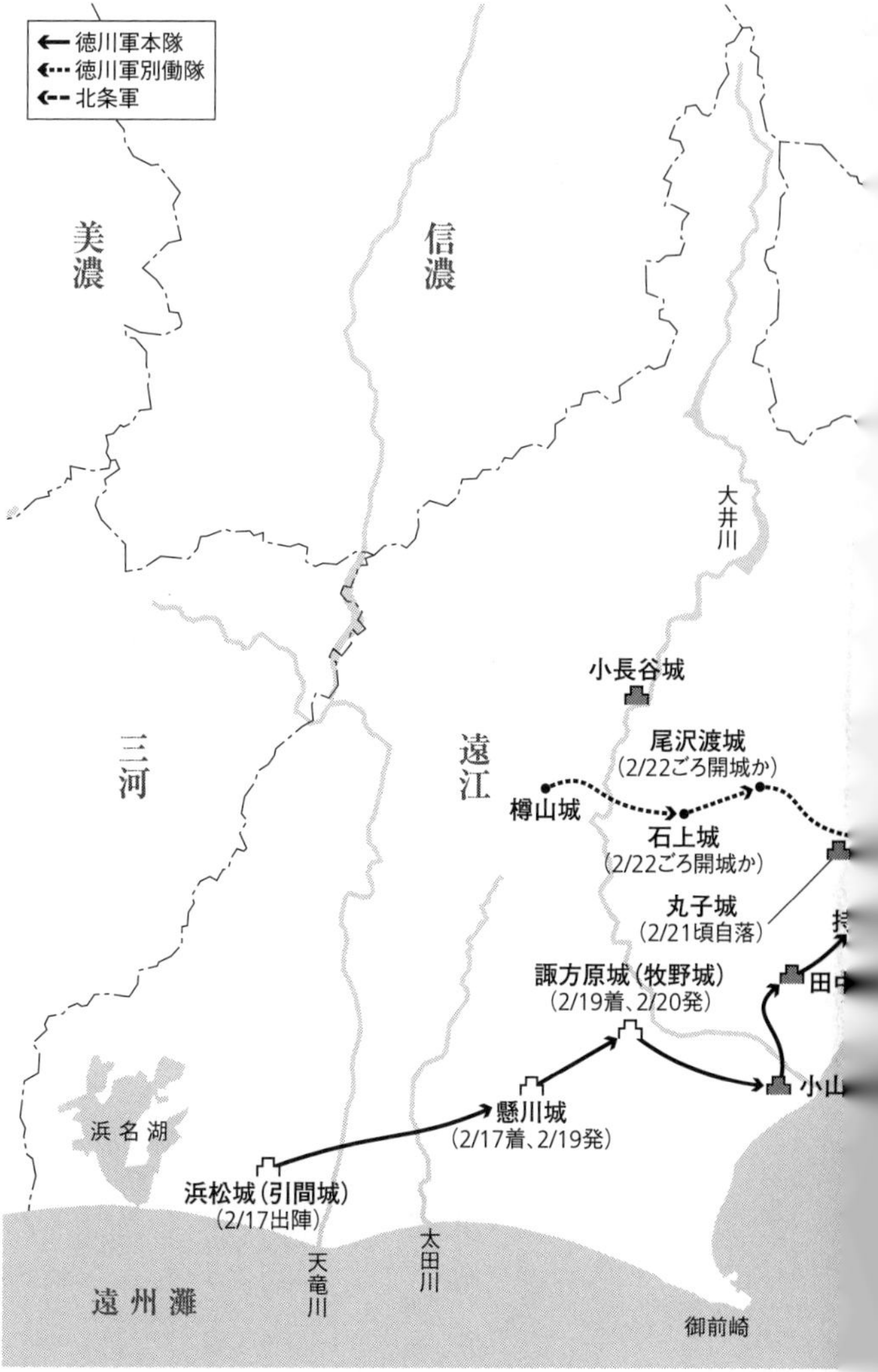

徳川・北条軍侵攻図　（『武田氏滅亡』平山優、角川選書より転載）

捨てて彼らを蹴散らし、下山に向かった。これにより、武田一門穴山梅雪の離叛が明らかとなり、甲府の町は大混乱に陥った（『信長公記』『甲乱記』他）。

穴山梅雪離叛の報は、二月二十七日、諏方上原城に在陣していた勝頼のもとに届けられた。丸一日の空白は、勝頼に知らせた人物が、梅雪の離叛が事実かどうかの確認をしたためだろう。勝頼は、織田軍が諏方に迫ってきたら、塩尻《しおじり》峠か有賀《あるが》峠で、武田家興亡の決戦を行うことを決定しており、その準備に余念がなかった。ところが、甲斐から穴山離叛の情報が入り、勝頼以下諸将は色を失ったという。

明けて二月二十八日、勝頼は穴山が離叛したのであれば、本国甲斐があやういと考え、諏方での決戦を諦め、新府城に撤退することとした。だが武田方の動揺と混乱は激しく、勝頼が新府城に撤退すると、逃亡する者が相次ぎ、七、八〇〇〇人いたはずの軍勢は、新府城に到着した際には、わずか一〇〇〇人足らずになってしまっていたという。もはや武田軍本隊は、戦う前に事実上崩壊したのである。

穴山梅雪、江尻城を家康に明け渡す

二月二十八日、北条軍が遂に駿河東部に侵攻してきた。このため、深沢《ふかさわ》城将駒井《こまい》昌直《まさなお》、沼津三枚橋城将春日《かすが》信達《のぶたつ》、徳倉城主笠原政晴らが相次いで城を放棄するか降伏し、これらの諸城は北条軍の手に落ちた。北条軍は、逃げる武田兵を追撃し、多数を討ち取ったという。だが、興《こう》国寺《こくじ》城代曾根《そね》昌世《まさただ》にだけは、北条軍は手を出さなかった。曾根は織田に内通していたので、信長より攻撃しないよう、あらかじめ釘《くぎ》を刺されていたとみられる。富士川以東の駿東《すんとう》郡、富士郡は、北条軍によって三月一日までにはほぼ制圧された。勢いに乗った北条軍は、富士宮浅間神社に放火し、そのまま北上して甲斐国本栖《もとす》に攻め込むと、一帯を放火してまわったという。これを知った信長は不快感を示し、そこはすでに「味方地」（織田の勢力圏）なので手を出さぬよう命じたという（『信長公記』）。

そして二月二十九日、抵抗を続けていた持船城が降伏、開城した。朝比奈信置は久能城まで退去することとなり、途中まで深溝《ふこうず》松平家忠が送っている（『家忠日記』）。同日、穴山梅雪と、徳川方との江尻城明け渡しの条件交渉が大詰めを迎えていた。そして梅雪は三ヶ条にわたる覚書を家康に提示している（戦武三六六三号）。

内覚

一、再三にわたってお願いしていることですが、甲州での所務（徴税）が実施される前なので、御合力（扶助）を与えることを保証する「御一行」（家康の証文）を頂きたい。

一、日頃より妻子につけている者たち（侍臣、侍女ら）については、（江尻城内に）今もそのままにしておりますことを、念のため申し添えます。なお二、三の曲輪に穴山家中の妻子らを置いてあります。

一、徳川軍が動き出す一日前には、城の番手衆を寄こして下さい。心静かに諸曲輪の仕置について相談したいと思います。

以上　　梅雪斎

二月廿九日　　不白（花押）

徳川殿

かくて、江尻開城が決定した。引き渡しは、三月一日となったのである。そしてこの日、信濃伊那に在陣していた織田信忠は、勝頼の異母弟仁《に》科《しな》五《ご》郎《ろう》信盛らが籠城する高遠《たかとお》城に対し、降伏勧告を行った。しかし信盛はこれを拒否し、遂に開戦へと進むこととなったのであった。すでに勝頼は諏方から撤退しており、信濃の木曾、筑摩、安曇、伊那郡はほぼ織田に制圧された状況下で、高遠城は孤立していたのであるが、信盛は戦いを挑んだのである。

駿河、信濃の武田領国崩壊

三月一日、穴山梅雪の降伏と、織田・徳川方への内通が、徳川家中に正式に公表された（『家

仁科盛信（信盛、伊那市立高遠町歴史博物館蔵）

忠日記』）。これを知った久能城代今福虎孝・善十郎父子は、城から退去し、後に城下の村松で自刃して果てたという。また久能城に退去していた朝比奈信置も、本領の庵《い》原《はら》郷《ごう》（静岡県静岡市清水区）に退去し、後に徳川方によって殺害されている。

かくて、駿河で唯一孤軍奮闘して落城しなかったのは、依田信蕃・三枝虎吉の田中城だけとなった。三月一日、家康は、成瀬《なるせ》正一《まさかず》を田中城に派遣し、武田方はみな勝頼から離叛してしまい、その滅亡は目前となった。もはや抵抗しても無駄であるから、早々に降伏、開城したほうがよいと説得させた。だが信蕃は肯《がえ》んぜず、まずは武田の重臣などからの書状で話の実否を確認したうえで態度を決めたい。もし降伏、開城するのであれば、先年、遠江二俣城を明け渡した時の縁もある大久保忠世に渡したいと述べたという。これを知った家康は大いに感動し、穴山梅雪の書状を信蕃のもとに送らせた。信蕃は、これをみて納得し、徳川氏に田中城を明け渡したという。家康は、信蕃に徳川へ仕えるよう誘ったが、彼は勝頼の安否もまだわからないので辞退し、もし武田が滅亡するようなことになれば、ぜひ徳川殿にお仕えしたいと述べ、本領の信濃国佐久《さく》郡芦田《あしだ》を目指して帰国したいと申し出たという（『武徳編年集成』他）。家康はこれを了承している。

三月二日、信濃高遠城が、織田信忠軍の猛攻で陥落し、仁科信盛らは壮烈な最期を遂げた。これにより、伊那は陥落したのである。

そしてこの日、家康は穴山梅雪の求めに応じ、彼の知行を保証する証文を与えている（家康二七七）。写本しか残っておらず、しかも文意が極めて摑みにくいため、ここでは訓読で紹介しておく。

> 甲州乱入について、彼の国進所なすべきの旨、所務これなき以前も、二年も三年も安土より御扶持加えられ候よう申しなすべく候、もし首尾相違においては、此方より合力申すべく候、そのため一筆進達に候、恐々謹言
>
> 天正十年
>
> 三月二日　家康御判
>
> 穴山殿

岩殿城跡

　これは甲州侵攻を前に、穴山梅雪の求めに応じて、甲斐を進上するとの密約について信長にそれが実現するよう、家康が二、三年かかろうとも取り成しをすること、もし実現しなければ、家康から合力することを約束したものである。

　こうして梅雪との調整も終了し、家康は甲斐侵攻のタイミングを見計らっていた。家康の行軍速度であれば、もはや駿河・遠江に敵はなく、甲斐の関門にあたる「河内《かわうち》」（甲府盆地南部）は穴山梅雪の本領なので、すぐにでも甲府に進軍できたはずである。だが家康は先を急がなかった。それは、織田信忠が甲斐侵攻を果たすまでは、徳川軍は自重するとの方針だったからであろう。

　そして三月二日、新府城の武田勝頼は、残

った一門、重臣らと最後の軍議を開き、甲斐国都留《つる》郡の国衆小山田《おやまだ》信茂《のぶしげ》の勧めを受け、岩殿《いわどの》城に移り、ここで最後の決戦をすることとした。真田昌幸は、上野国岩櫃《いわびつ》城に移ることを進言したが、採用されなかったという。

徳川軍の甲斐侵攻と武田勝頼滅亡

三月三日早朝、武田勝頼は、新府城に自ら火を放ち、東へ移動を始めた。いっぽうの織田信忠軍は、同日、諏方郡に乱入すると、諏方大社に火を放ち、諏方を制圧した。勝頼の目に、炎上する諏方大社の黒煙が望見できたはずである。勝頼一族と家臣、侍女らは、甲府を経て、その日のうちに勝沼《かつぬま》の柏尾《かしお》山大善寺《さんだいぜんじ》に到着し、ここに一泊した。

家康は、駿府で甲斐侵攻の準備を進めていた。その間、駿府および周辺の寺社、また徳川軍の通過が予想される甲斐国の駿州往還沿いの寺社からの要請に応じ、徳川軍による乱暴狼藉、略奪などを禁止する禁制を次々に発給していた。さらに、駿府商人衆の求めに応じ、彼らの特権や商業活動を保障することを約束した。もはや、駿河では戦後処理の段階に移行しつつあったのである。

三月四日、家康はこの日、初めて帰属した穴山梅雪と対面した。その場所は蒲原《かんばら》城であった可能性が高い。また富士川の対岸吉原（富士市）まで進出してきていた北条軍からも、家康の陣所に弓などが贈られてきた。

三月五日、織田信長本隊が、安土城を出陣した。信忠も甲斐侵攻の準備を、諏方で調えていた。そこで家康は、駿府の留守居に今川宗誾《そうぎん》（氏真《うじざね》）を、江尻城に本多重次《しげつぐ》を、それぞれ配置した。

三月六日、家康は、北条氏から贈られた江川酒を諸将に振る舞うなど、余裕がみられる。そしてこの日、織田信忠軍の先陣滝川一益、森長可らが甲府を占領した。信忠も、七日に甲府に着陣し、武田一門一条信龍屋敷に入っている。信忠は、勝頼の行方と、主君を見捨ててちりぢりになった武田一門や譜代家臣らの探索を指示した。

これで武田勝頼は、都留郡に入るしか生き残る道がなくなった。ところが、勝頼主従らは、三月四日に大善寺を出て、笹子《ささご》峠麓の駒飼宿《こまかいじゅく》に到着すると、ここに留まったままであった。小山田衆の出迎えが、なかなかやってこなかったからである。この時、小山田信茂は、勝頼主従に同行しており、信茂老母らも人質として一行のなかにいた。さすがに信茂は痺《しび》れをきらし、そしてこの日の夜半、勝頼の許しを得て、信茂老母ら人質を連れ、一足先に様子を見に笹子峠に向かっていった。勝頼は、一抹の不安を感じたが、信茂の機嫌を損ねたくないので、人質を連れて帰ることに同意せざるをえなかった。

いっぽう信忠が甲府に入ったのを待って、いよいよ家康が動き出した。家康は、徳川軍先陣に進軍を命じた。先陣は、興津《おきつ》に着陣している。またこの日信長は、岐阜城に滞在し、諸国の軍勢の到着を待っていた。

三月八日、徳川軍先陣は、万沢《まんざわ》に入り、家康は興津に進んだ。ようやく徳川軍は甲斐に侵攻したのである。信長も、岐阜を出陣した。ところがここで、勝頼が新府城を焼き、山奥に逃げ込んだらしいとの情報を受け取った。彼は、勝頼がどこかで存亡をかけた決戦を仕掛けてくると考えており、信忠では荷が重いと危ぶんでいたのである。そのため、信忠に付き従う河尻、滝川らに、むやみに前に進まず、慎重を期して信長本隊の到着を待つように繰り返し指示していた。しかし若く、血気に逸《はや》る信忠、森長可らに引きずられるように、信忠軍は武田領国の奥深くに進んでいった。信長は苛立ちと怒りを隠せなかったが、勝頼の逃亡を聞いて漸《ようや》く安心したらしく、もはや自分が出陣するまでもなくなった。これからは関東見物のために、甲斐に行こうかと意気揚々とした文面の書状を、北陸で上杉景勝《かげかつ》と対峙していた柴田勝家《かついえ》に書き送っている。

三月九日、徳川軍先陣は身延山久遠寺《みのぶさんくおんじ》に入り、家康は万沢に到着した。そして翌十日、先陣は穴山梅雪の案内で、市川に到着し、家康もその日のうちに着陣した。家康が本陣を構えた場所は、市川文殊堂《もんじゆどう》と伝えられる（『信長公記』『甲斐国志』他）。この市川文殊堂とは、現在の表門《うわと》神社にあたる。この時、上野城に籠城していた一条信龍・信就父子を徳川軍が攻略し、父子を市川で処刑したとの伝承がある（『甲斐国志』他）。

家康は、市川に到着すると、休息を取ることもなく、ただちに甲府に在陣する織田信忠のもとへ参上し、挨拶を行ったと『当代記』等は記録しているが、これは事実ではない。

そして三月十日、小山田信茂の出迎えを待っていた勝頼主従は、なかなかやってこない信茂の真意を怪しんでいたところ、勝頼に寵愛されていた小山田八左衛門尉（信茂の従兄弟）と一門武田信堯（勝頼の従兄弟）が使者と称して参上し、勝頼主従を安心させた。ところが、彼らはその日の夜、出迎えの催促をしに行くと言って、笹子峠に向けて去った。なかなか戻ってこないので、勝頼が様子を見に行かせたところ、笹子峠の小山田衆に鉄炮を撃ちかけられたといい、それで信茂の変心を悟ったという（『三河物語』他）。

駒飼宿は大混乱に陥り、さらに何者かが宿の建物に火をかけたため、騒動が大きくなった。小山田信茂謀叛に衝撃を受けた人々は、我先にと勝頼、同夫人、嫡男信勝《のぶかつ》を見捨てて逃げ散っていった。気づけば、勝頼側近長坂釣閑斎光堅《こうけん》、秋山摂津守昌成、秋山内記《ないき》、小山田彦三郎らは姿をくらませていた。秋山摂津守に至っては、まもなく恩賞目当てに勝頼の命をつけ狙う変節ぶりであった。

勝頼主従は進退きわまり、日《ひ》川渓谷《かわけいこく》沿いに進路を取り、天目山栖雲寺《てんもくさんせいうんじ》を目指した。だが栖雲寺のある木賊《とくさ》の地域の人々は、勝頼主従が入ってくるのを拒んだばかりか、地下人たちを率いて、秋山摂津守、甘利左衛門尉、大熊備前守らが弓、鉄炮を撃ちかけてきたという（『三河物語』『甲乱記』）。田野《たの》に追い詰められた勝頼は、ここで滅亡することを決断した。

そして三月十一日巳刻《みのこく》（午前十時頃）、武田勝頼は、織田方の滝川一益勢と最後の戦いを行い、北条夫人、信勝を始め、土屋昌恒、小宮山内膳《ないぜん》、秋山紀伊守ら家臣四十余人、上臈《じょうろう》・侍女五十余人とともに、田野で滅亡した。勝頼は享年三十七、北条夫人は同十九、信勝は同十六であった。徳川家康を苦しめ続けた宿敵武田氏は、ここに滅亡したのである。

勝頼、信勝の首級は、織田信忠のもとに届けられた（『当代記』）。信忠は、当時、甲府善光寺に本陣を移していたと伝えられる（『甲斐国志』他）。家康はこの日、穴山梅雪を伴って、甲府の織田信忠本陣を訪問していた。そこへ、滝川一益が、勝頼父子らの首級を持参し凱旋してきている。家康は、勝頼の首級と対面したのであった。宿敵武田勝頼の首級をみて、彼がどのような感慨を持ったかについては、残念ながら記録がない。また、家康が信長とともに、勝頼の首級をみたという後世の軍記物の記述は事実ではない。

信長の甲府入りと論功行賞

三月五日、安土城を出陣した信長は、自分の制止も聞かず、武田領国の奥深くへ侵攻を続ける織田信忠に苛立ちと不安を隠せなかった。若い信忠や、彼を支える森長可らが血気に逸って

武田勝頼、夫人、信勝（高野山持明院蔵、高野山霊宝館提供）

むやみに前進を続け、武田勝頼の反撃にあい、取り返しのつかぬ事態になるかも知れないと、信長は考えていたらしい。もし信忠が敗退するような事態になれば、信長の威信に傷がつくからだ。三月六日、美濃国に入り、呂久《ろく》の渡（揖斐《いび》川〈呂久川〉の渡河場所）に差し掛かった信長のもとに、三月二日、高遠城で壮烈な最期を遂げた仁科信盛の首級が届けられた。家臣菅屋《すがや》長頼《ながより》、野々村正成《ののむらまさのり》、福富秀勝《ふくずみひでかつ》らがお祝いの言葉を述べると、信長は目を怒らせ、何がめでたいものか、若輩どもが敵地に深入りしていて、どうなるかわかったものではない、もし敵が反撃すれば滝川一益が死ぬことになるだろうが、信忠が戦死したとて、遠方のことゆえ、すぐに弔い合戦ができるわけがないのだ、と吐き捨てたと伝えられる（『祖父物語』）。

信長がようやく愁眉《しゅうび》を開いたのは、三月八日になってからである。武田勝頼が諏方を放棄し、新府城をも自焼して山奥へ逃亡したとの報告を聞いた信長は、越中《えっちゅう》で一向一揆や上杉方と対戦していた柴田勝家に宛てた書状で、「もう自分が出陣する必要もなくなってしまったようだ。ついでに永年の望みでもあったので、関東見物でもすることにしよう。それにしても勝頼は武田代々の名を落としてしまったものだ」と記している。信長は、勝頼がどこかで必ず興亡の決戦を挑んでくると考えており、息子信忠では荷が重いと判断していたようだ。そして、決戦を挑んでくることこそが、名門武田家代々の誉れを担う勝頼のなすべき道だと思っていたらしい。信長は、それをしなかった（できなかった）勝頼に失望を隠せなかった。

甲府で、勝頼・信勝父子らの首実検を、家康らとともに実施した織田信忠は、家臣関可《せきか》平次《へいじ》、桑原助六にこれを預け、ただちに父信長のもとへ送った。勝頼・信勝父子の首級は、十四日、浪合《なみあい》に在陣する信長のもとに届けられた。信長は上機嫌で、首級を持参した関らに褒美を与えたという。信長は、勝頼父子の首級を、まもなく到着した武田典厩《てんきゅう》信豊《のぶとよ》（信濃小諸《こもろ》城で自刃）の首級と併せて信濃飯田でさらし、その後は京都に送っている。なお、信長が勝頼の首級をぞんざいに扱ったとする逸話が、近世の軍記物に散見されるが、『三河物語』は「日本に隠れなき弓取りであったのに、運が尽きてしまってこのようになってしまわれたのだろう」と言葉をかけたとあり、強敵勝頼に敬意を表していたようである。

信長は、三月十九日、高遠を経由して杖突《つえつき》峠を越え、上諏方に入ると、法華寺《ほっけじ》を陣所とした。すでに家康は、穴山梅雪を伴って、十七日には諏方に入っており、信長の到着を心待ちにしていた。信長の諏方着陣を知った旧武田領国の国衆らは、続々と織田に出仕すべく、上諏方に集まったといい、それは列をなし、大変な賑わいぶりだったという（『信長公記』他）。真っ先に、信長への拝謁を許されたのは、武田氏滅亡のきっかけを作った木曾義昌であったという。翌二十日、家康は穴山梅雪を伴って信長に拝謁した。信長は、家康に対し、これほど早く武田勝頼を滅亡させ、わが本意を達することができたのは、先年長篠《ながしの》合戦において徳川が協力して、武田軍の精鋭を討ち果たしていたことが大きいと述べ、彼を労ったという。また、この時家康に同行していた、家康の娘婿奥平信昌の顔をみた信長は、長篠合戦の功労者として彼を家康と並んで懇《ねんご》ろに扱ったという（『当代記』）。梅雪は、国久《くにひさ》の太刀と黄金三〇〇両、馬などを献上したという（『当代記』『信長公記』）。信長からも梅雪に豪勢な下賜《かし》があり、さらに彼の本領安堵も承認された。なお家康は、二十三日に諏方を発ち、市川の徳川陣所に戻っている。

武田氏を滅ぼした信長は、終始上機嫌であったらしく、三月二十六日には甲府に在陣する息子信忠に対し、天下に名高い高遠城を攻略した褒美として太刀を贈るとともに、天下の支配権を譲ることを伝達した。これを聞いた信忠は、勝頼を滅ぼしたこともあり、東国では懸念される事態もないと考え、急ぎ甲府を出立して上諏方に赴き、父信長に拝謁し礼を申し述べている。そしてこの日から、気温が下がり始めたらしく、一時的な豪雨の後に、風も吹き、寒さが増したといい、降雪も始まったようだ。織田軍の陣営では、凍死者が続出する状況になっていった（『信長公記』『当代記』）。軍勢の兵粮調達も難しくなってきたこともあり、信長は「諏方から富士山の麓《ふもと》を見物し、駿河、遠江をまわって帰国する。兵たちはここから帰国してよい。諸将だけが信長の供をせよ」と命じた。ここに、織田軍は解散となったのである。

三月二十九日、信長は、論功行賞に伴う知行割と国掟《くにおきて》を発表し、武田領国の解体を宣言した。功績第一と認定された滝川一益は、上野国一国と信濃国佐久・小県郡を拝領し、関東御取次役に任ぜられた。次いで河尻秀隆は、甲斐国（穴山梅雪領を除く）と信濃国諏方郡を拝領した。

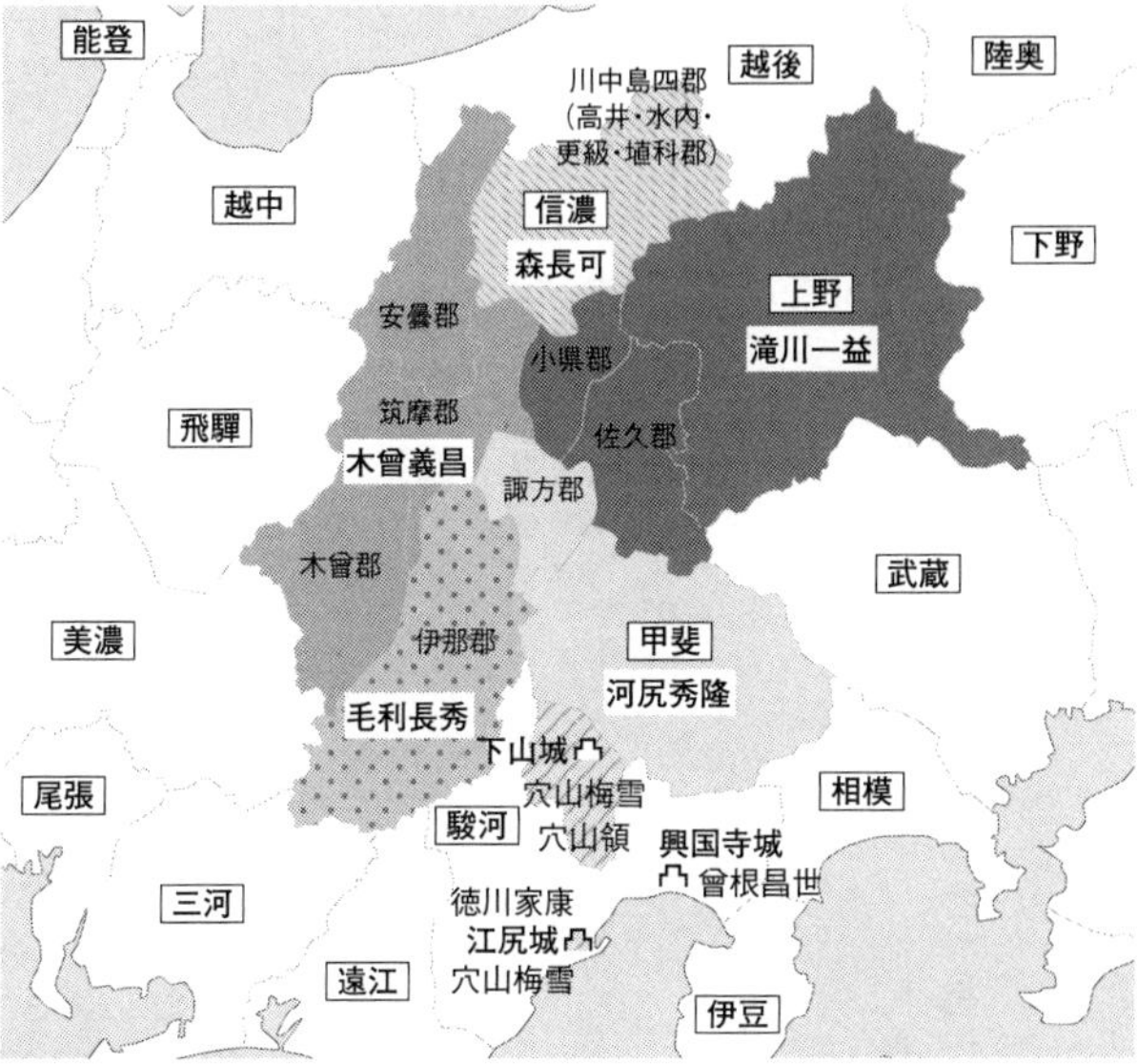

織田信長の知行割図
（『武田氏滅亡』平山優、角川選書より転載）

また森長可は、川中島四郡（高井・水内《みのち》・更級《さらしな》・埴科《はにしな》郡）を、毛利長秀は信濃国伊那郡をそれぞれ拝領した。木曾義昌は、信濃国木曾郡を安堵されたほか、筑摩・安曇二郡を与えられた。穴山梅雪は、甲斐国の本領と駿河国江尻領を安堵された。この他に、武田遺臣曾根下野守昌世は、駿河国興国寺領を安堵されたといわれる。

そして、徳川家康は、駿河一国（穴山、曾根の知行地を除く）を与えられた。このことは、織田権力内部における家康の立場に大きな変化があったことを如実に示している。これまで家康は、信長とは同盟関係にあったわけだが、対武田戦を進めるなかで、兵粮や武具、援軍派遣などの支援を受け続けていた結果、従属度が増し、事実上、織田権力に従属する一門大名となっていた。そして、今回の知行割により、家康は信長より駿河国を宛行《あてが》われたのであり、それは完全なる主従制下に組み込まれたことを意味するものであった。もし信長がこのまま存命で、織田権力を掌握し続けていたならば、家康の地位にどのような変動があったのかは興味を惹かれるところであったが、その結果は永遠の謎となった。

家康、信長をもてなす

家康は、上諏方滞在中に、信長が三河経由で安土城に帰陣することを知らされた。そこで家康は、市川の徳川陣所に向けて、三月十九日に使者を派遣し、遠江に「御陣所」「御茶屋」を建てるよう、徳川家中に命じた。特に重臣酒井忠次には、急ぎ本栖に行き、作事を実施するよう指示があったという。そこで忠次衆は、本栖に急行し、早速普請を開始した。

家康が、信長の帰路に沿って建造した「御陣所」「御茶屋」とは、「御座所《ござどころ》」と呼ばれ、信長の休息所と織田軍の補給のための物資備蓄を兼ねた施設のことで、天正十年（一五八二）には、毛利《もうり》攻めの支援のため、西国の主要街道沿いに設けられていた。深溝松平家忠も、酒井を支援すべく、三月二十二日には深溝衆を本栖へ派遣し、翌二十三日には自身も現場に移動している。

本栖での普請は、四月四日まで続いている。

いっぽうの信長は、四月二日、降雨のなか、上諏方を出発し、甲府に向かった。途中の台ヶ《だいが》原《はら》（山梨県北杜市《ほくと》）には、滝川一益の差配で「御座所」の普請が完了しており、ここで信長は一泊し、行き届いた料理などでもてなしを受けた。従う軍勢の兵卒らも、数百に及ぶ小屋に分駐し、食事を振る舞われている。信長は、三日に台ヶ原を出発し、花水坂《はなみずざか》を経て七里《しちり》岩《いわ》台地に登った。信長がみた美しい富士山の景色は、花水坂からの眺望と推定される。まもなく信長は、勝頼の居城だった新府城の焼け跡を検分し、甲府に入った。甲府の躑躅《つつじ》ヶ崎館《がさきやかた》跡には、すでに織田信忠の差配によって立派な仮御殿が建てられており、信長はしばらくここに滞在したのである。そしてこの日、武田信玄の菩提寺恵林寺《えりんじ》が、織田軍の放火により全山灰燼《かいじん》に帰し、快川《かいせん》国師《こくし》ら多くの僧侶が虐殺されたのであった。

信長が甲府に到着したという知らせは、本栖を始め、各地で懸命に普請を実施する徳川家中にも伝えられた。本栖の普請は、四月四日に終了し、五日からは女坂《おんなざか》での御茶屋建設が始まっている（『家忠日記』）。女坂とは、甲府から右左口宿《うばぐちじゅく》を通り、右左口峠を越える中道往還にある坂のことである。女坂は、古関《ふるせき》から精進《しょうじ》に向かう途中にあり、阿《あ》難坂《なんざか》とも呼ばれた。御茶屋建設の他に、徳川家中の人々は、中道往還の整備に邁進していた。『信長公記』によると、織田の兵が担いだ鉄炮に竹木が当たらぬように切り払い、道幅を拡げ、石を敷き、水を撒《ま》いたという。

道の両側には、徳川軍の兵がびっしりと隙間なく配置され、峠道の警固は万全であった。さらに、信長と織田軍の宿泊予定地ごとに、陣屋を建て、柵を二重三重に結い、兵卒らの小屋を一〇〇〇軒以上も信長の陣屋の周囲に建て並べたという。また、兵卒の食事も、朝夕抜かりなく用意されたといい、信長は家康の配慮に感心しきりであった。

信長は四月十日、旧武田領国での仕置と、東国支配の構築を終え、安土城に帰るべく、甲府を出発した。この日信長は、穴山梅雪に本領安堵状を与え、織田氏の臣下として正式に迎え入れている（戦武四一一七号）。

信長は、家康とともに右左口で一泊し、十一日に女坂を登って本栖に向かった。この山道には、徳川家中が作った休憩所や厩《うまや》などがあり、酒肴《しゅこう》の接待が行われた。下りの柏坂《かしわざか》（迦葉坂《かしようざか》）も道幅が拡げられるなど、女坂と同様の整備がなされており、信長と織田軍は両側に隙間なく並ぶ徳川軍の兵卒に守られながら、本栖の御座所に入った。この御座所は、輝くばかりに立派であったという（『信長公記』）。

四月十二日、信長は本栖を出発し、途中、美しい富士山の景色を愛《め》でつつ、人穴《ひとあな》（静岡県富士宮市）の見物を行い、ここに用意された御茶屋で休息すると、浮島《うきしま》ヶ原《はら》で乗馬を楽しんだ後に、富士宮浅間《せんげん》神社に入った。この日の御座所は、浅間神社の境内に設けられており、一泊のためだけに建てられたにもかかわらず、金銀で飾られた豪華なものであったという。感激した

恵林寺の三門

快川国師らの慰霊碑（恵林寺三門脇）

信長は、家康に太刀、脇指、馬を贈って謝意を表した。

　四月十三日、富士宮を出発した信長は、家康とともに田子《たご》の浦を見物した後に、富士川を越えて、蒲原の御茶屋で休息を取り、由井《ゆい》、清見《きよみ》ヶ《が》関《せき》、興津を経て、三保《みほ》の松原や羽衣《はごろも》の松などの名所を見物し、江尻城に入って一泊している。

　四月十四日、江尻城を夜明け前に出た信長・家康は、駿府の入口の御茶屋で酒肴を頂いた後に、安倍川を越え、宇津ノ谷峠に向かった。峠の入口に「御屋形」が建てられており、ここで酒肴を頂き、峠を越えて田中城に入っている。

　この後、家康は藤枝の瀬戸川の河原、小夜《さよ》の中山、三箇野坂《みかのざか》に「御茶屋」や「御屋形」を建てて抜かりない接待を続けた。信長は、四月十五日に懸川城に泊まり、十六日には浜松城に入った。とりわけ家康が気をつかったのは、天竜《てんりゅう》川の渡河であった。信長と織田軍のために、家康は家臣小栗吉忠《おぐりよしただ》ら三人に命じて、舟橋の架橋を行わせている。徳川方は、遠江の村々に動員をかけ、多数の川舟を集め、数百本の大綱を引き張り、大勢の人馬が渡ってもびくともしない堅固な舟橋を見事に仕上げたという。

　信長は、道普請といい、途中の各所に設えられた御座所、御茶屋、御屋形、織田軍の兵卒のための小屋、天竜川の舟橋などといい、家康の行き届いた接待に感謝し、また大いに満足していた。浜松城に滞在した信長は、家康が多額の出費をしたことを慮《おもんぱか》り、武田攻めのために、

三保海岸からの富士山の景色

家臣西尾吉次に命じて黄金五〇枚で調達させ、三河東条城に備蓄させておいた兵粮八千俵余を、すべて家康に引き渡したという。

　四月十七日、浜松を出発した信長は、東海道の今切《いまぎれ》で、徳川方が用意した御座船に、家康らとともに乗船し、対岸で陸に上がると、吉田城に入り、そこで一泊している。記録でははっきりしないが、家康はその後も、三河国内までは信長に随行していたとみられる。

　信長は、四月十八日に山中、岡崎を経て池《ち》鯉鮒《りゅう》（愛知県知立《ちりゅう》市）に泊まっている。ここでの接待は、信長家臣水野忠重《ただしげ》が担当しているので、家康の接待は岡崎までであったが、『家忠日記』をみると、信長が池鯉鮒に入るまで、家康が付き添っていたように読める記述をしているので、ここまで信長に同行したのだろう。

それにしても、家康は武田氏の討滅を達成する過程でも、織田信忠に忖度《そんたく》し、遠江や駿河での進軍を遅らせているし、信長の帰国に際しては家中を挙げての接待と心配りを行うなど、気が休まる時がなかったであろう。

信長は家康に感謝し、今度は自分が家康をもてなしたいので、安土城に来るよう招待したという。

信長、家康を安土城で歓待

家康は、しばらく浜松で身体を休めると、五月七日、信長から拝領した兵粮八千俵余を家中に分配することとし、それを実行に移した。この時、深溝松平家忠は一二〇俵を岡崎で受け取っている。そして家康が安土に向けて出発することが、五月十一日に決まったと家中の人々に通達された。これを聞いた深溝松平家忠は、家康に金一枚を進上している。

そして予定通り、家康は五月十一日、浜松を出発し、安土に向かった。この時、穴山梅雪も家臣を連れて家康に同行している。武田攻めからの帰途、思わぬ家康の手厚いもてなしを受けた信長は、家康と梅雪の接待に前のめりになっていたといい、二人の接待は丁重でなければならぬと、街道の整備を念入りに行わせ、二人の宿泊地ごとに織田家臣らが自ら出向き、できる限りの接待をせよと命じた。

五月十四日、家康と梅雪らは、近江《おうみ》の番場《ばんば》に到着した。ここには織田重臣丹羽《にわ》長秀《ながひで》の手により仮館が建てられており、二人は一晩接待を受けた。また、織田信忠が上洛の途中で、番場に差し掛かり、家康と梅雪に会ったようだ。

五月十五日、家康と梅雪は番場を出発し、安土に入った。信長は、彼らの宿舎を大宝坊に決め、二人の接待役を明智《あけち》光秀《みつひで》に命じた。光秀は、京都や堺で、珍しい食材を調達し、大変な気遣いの末、豪勢な料理を用意したという。その献立は、「天正十年安土御献立」という記録により今日に伝えられている（『続群書類従』武家部）。家康と梅雪の接待は、三日間続き、十八日に出された御膳は、信長自らが家康ばかりか、相伴《しょうばん》に与《あずか》る徳川家臣にも据えてまわったといい、その豪華さは、奈良にも伝わるほどであった（『多聞院日記』）。

信長は終始上機嫌で、家康と梅雪に京都、奈良、大坂、堺見物を勧め、その後に京都で合流しようと提案したという。家康と梅雪は、信長の勧めに従い、五月二十一日に安土城を発ち、京都に向かったのである。

本能寺の変と伊賀越え

家康と梅雪を送り出した信長は、慌ただしく上洛と西国出陣の準備を始めた。羽柴秀吉が毛利輝元《てるもと》と対戦中であり、援軍の要請があったことから、信長・信忠父子が出陣する運びとなったのである。

　家康・梅雪らの案内役として、信長側近長谷川《はせがわ》秀一《ひでかず》がつけられ、大坂での接待役には、織田信澄《のぶずみ》と丹羽長秀が指名され、彼らは一足先に大坂に向かった。家康・梅雪の一行は、織田信忠とともに京都に入った（『言継卿記』『宇野主水日記』他）。家康と梅雪らは、しばらくの間、京見物をした後に、堺を訪問するため五月二十九日までには京を出発した。彼らは、五月二十九日に堺に到着し、堺代官松井《まつい》友閑《ゆうかん》の接待を受けた。折しも、堺には四国出陣を控えた神戸《かんべ》信孝《のぶたか》（信長の三男）の軍勢が集結していたが、家康・梅雪らの接待の妨げになるので、信孝に依頼して住吉（大阪市）に移動させている（『宇野主水日記』）。

　家康は、信長と合流した後に三河に帰り、ただちに軍勢を調え、西国の陣に加わる意図があったらしい。宿敵武田氏無き今、家康の周囲には敵は存在しなくなっていた。越後上杉景勝《かげかつ》は、越中の柴田勝家、前田利家《としいえ》、佐々《さっさ》成政《なりまさ》らや、信濃の森長可、上野の滝川一益がその攻略の担当となっていた。また北条氏政は、織田信長に従属する意思を鮮明にしており、家康とも同盟を結んでいた。もはや家康は、敵を求めて、信長・信忠父子に従い、遠国の西国へ出陣する他なくなっていたのである。

　家康は、同行していた重臣酒井忠次を通じて、三河・遠江の徳川方に、出陣の支度をして待機するよう使者を京より派遣した。この使者は、六月三日に岡崎に到着している（『家忠日記』）。この使者が到着してまもなく、岡崎の徳川家中の人々は、京で織田信長が、明智光秀の謀叛により落命したとの知らせを受け取っている。

家康・梅雪と息子信忠を先に京に送っていた信長は、五月二十九日、京に入り、本能寺を宿所とした。そして六月二日未明、本能寺にいた信長を、明智光秀が襲撃したのである。信長は衆寡《しゅうか》敵せず自刃して果て、本能寺は焼け落ちた。光秀謀叛を知った織田信忠は、周囲から落ち延びるよう勧められたが、これを退け、二条御所に籠もって華々しい最期を遂げた。信長は享年四十九、信忠は享年二十六であった。本能寺の変により、織田権力は統領二人を一挙に失ったのである。

いっぽうの家康と梅雪は、六月一日、堺の今井宗久《そうきゅう》らのもとで茶の湯、夜には松井友閑邸にて茶の湯、幸若舞《こうわかまい》、酒肴などの接待を受け、翌二日早朝、信長に合流すべく京に向けて出発した。

家康は出発に先立ち、信長にそれを報じるべく、家臣本多忠勝《ただかつ》を京に派遣した。忠勝は途中、昼頃、枚方《ひらかた》で京から堺を目指す茶屋《ちゃや》四《し》郎次《ろうじ》郎《ろう》と出くわしたという。茶屋は、本能寺の変を堺の家康に知らせようとしていたのだった。驚いた忠勝は、茶屋を伴い、堺に引き返した。京を目指す家康一行と、忠勝、茶屋が出会ったのは、飯盛山《いいもりやま》の麓（一説に守山）であったという。

変の知らせを受けた家康は、大きなショックを受け、京都の知恩院《ちおんいん》に入り、信長の追い腹を切ると言い出したという。家臣たちや長谷川秀一が懸命に説得し、ここから三河に脱出することを家康に何とか納得させた。家康は、長谷川と談合し、彼の知己が甲賀、伊賀などに多いことから、このルートで伊勢に脱出し、船で三河に逃れるという計画を立てたという。これには異論も出たが、家康は長谷川を頼りに、甲賀、伊賀越えの踏破を決断したのである。

ところが、同行していた穴山梅雪は、家臣らとともに、家康一行と別れて別の道を進み、甲斐に帰国することを申し出た。家康はこれを了承し、二人は別行動を取ることとなったのである。

梅雪と別れた家康一行は、尊延寺《そんえんじ》越えを行い、山城《やましろ》国綴喜《つづき》郡草内《くさじ》の渡で木津《きづ》川を渡河し、宇《う》治田原《じたわら》に入り、ここの領主山口氏を味方につけ、山口城で一泊した。ところが、少し遅れて草内の渡に差し掛かった穴山梅雪主従は、ここで一揆に襲撃され落命した。梅雪は享年四十二であった。『三河物語』は、梅雪は家康に殺害されることを恐れ、しばらく後をついてきたが、物取りどもに襲われて殺害されたと記し、家康と行動をともにしていれば、何の問題もなかったはずなのに不運だったと慨嘆《がいたん》している。

その後家康は、何度も土豪や百姓らの落武者狩りの襲撃を受けたといわれ、『家忠日記』によると随行していた兵卒二百人余が落命したと記録されている。この時、信長の伊賀攻めのため、三河に落ち延び、徳川氏に匿《かくま》われた伊賀衆たちが、今こそ奉公すべき時とばかりに家康の警固と案内を行ったといい、家康一行は何とか伊賀を抜け、伊勢に入り、六月四日、伊勢国長太湊《なごみなと》（三重県鈴鹿市）に到達した。家康一行は、湊から船で三河を目指し、三河国大浜《おおはま》に上陸した。そして、主君や重臣らの無事を喜ぶ家中の人々に迎えられ、家康は岡崎への帰還を果たしたのである（『家忠日記』）。徳川家中のもとに、緒《お》川《がわ》城主水野忠重より、信長・信忠父子の死が確実であるとの情報が伝えられたのも、その日のことであった。家康の三大苦難の一つとされる伊賀越えは、こうして終了したのである。

そして家康は、軍勢の招集を行い、信長の仇を討つべく、岐阜城にいた三法師《さんぼうし》（信忠の息子、後の秀信《ひでのぶ》）を擁《よう》して、明智光秀征討に向かうため、西に兵を進めようとした。だが家康は、六月十九日、尾《お》張《わり》津《つ》島《しま》で軍勢を反転させた。これは、羽柴秀吉より明智を討ち果たし、上方はこちらのものとなったとの知らせが、家康のもとに届いたからである。秀吉と光秀の決戦である山崎合戦は、六月十三日のことであり、光秀もその日のうちに落命していた。

西に向かう必要がなくなった家康は、本能寺の変を契機に、織田大名たちが次々に没落を余儀なくされた旧武田領国を切り取るべく、甲斐と信濃へ出兵することとなった。旧武田領国では、すでに越後から上杉景勝が南下し、関東の北条氏政が織田・徳川との同盟を破棄して上野国や甲斐国都留郡に攻め込み、さらに上野国から信濃国佐久郡へと侵攻を開始していた。そして家康も、織田方の人々の了承と支援を取り付け、織田領国であった旧武田領国を敵に渡さぬために、甲斐と信濃に軍勢を進めたのである。かくて、天正壬午《じんご》の乱が始まった。

この争乱で家康は、寡兵であったにもかかわらず、武田遺臣らを味方につけることに成功し、北条の大軍を封じ込め、十月二十七日に和睦を成立させた。その結果、家康は甲斐、信濃（北信濃の上杉領国を除く）の獲得と駿河の確保に成功し、五ヶ国大名へと成長を遂げたのである。また、この時、北条氏との同盟締結をも果たし、東からの脅威の除去にも成功したのであった。

この後、家康は、織田に代わって権力を握り、天下掌握の動きを進める羽柴秀吉と対決する構えをみせるのである。

むすびにかえて——

武田氏が徳川家康に与えた影響

武田氏滅亡と徳川家康

天正《てんしょう》十年（一五八二）三月、徳川家康は、元亀《げんき》三年（一五七二）十月より始まった武田信玄・勝頼父子との厳しい戦いを乗り越え、宿敵勝頼を滅ぼすことに成功した。武田氏滅亡は、天正十年六月二日の前と後では、家康にとっての意義は大きく異なる。本能寺の変前の状況下では、武田氏滅亡は、家康にとっての宿敵滅亡を意味したと同時に、織田信長にとって目下の同盟国徳川氏の利用価値を大きく低下させたといえる。信長が、家康を頼りにし、継続的な支援を行ったのは、武田勝頼という大国が東に控えていたからであった。その強敵が滅亡したことにより、東国・東北において織田に明確に敵対する勢力は、上杉景勝《かげかつ》を除いてほぼ存在しなくなった。伊達《だて》、蘆名《あしな》、佐竹《さたけ》を始めとする諸大名は、織田氏との友好を望んでいたし、北条氏《ほうじょううじ》政《まさ》も息子氏直《うじなお》と織田氏との縁組みの早期実現を切望していた。北条氏には、信長と対峙する意思など微塵もみられない。

　そして、旧武田領国には、信長・信忠の家臣らが配置され、東国取次役滝川一益《たきがわかずます》を通じて、まだ織田氏と通交を持たぬ大名や国衆《くにしゅう》への調略も進められようとしていた。北条領国下の国衆のなかには、北条氏から織田氏へ従属先を替えようと動く者も出たほどである。そして、越後《えちご》上杉氏は、北陸の柴田勝家《かついえ》、信濃《しなの》の森長可《もりながよし》、上野《こうずけ》の滝川一益、さらに織田氏に従属する新発田《しばた》重家《しげいえ》に包囲され、その命運は風前の灯となっていた。

　このように、家康にとって勝頼滅亡は、自らが信長とともに戦わねばならぬ宿敵の消滅を意味した。これは同時に、信長にとって家康を重視せねばならぬ状況が消滅したことをも意味する。家康は、織田権力のもとで今後如何にして生き残りを図っていくべきかを考えねばならぬ時期にきたと思っていたのではないだろうか。

　それを示唆するものとして、六月三日、三河《みかわ》の徳川家中に対し、堺より家康からの命令として伝えられた出陣準備は重要である。家康は、自分が京から帰国し次第、ただちに出陣するつもりなので、支度をしておけと命じ、その行く先を「西国へ御陣」（西国に出兵する）と述べていた（『家忠日記』）。これは、信長・信忠父子の後を追って、三河から中国地方の毛利《もうり》攻めへ、徳川軍が従軍することを意味していたのである。もし、これが実現していたら、家康は羽柴秀吉らと共同で、中国地方での長期出陣を強いられることになっていただろう。このことは、対武田戦を遥かに超える苦難を、徳川家中に強いるものとなったことは想像に難くない。だが、それは本能寺の変で雲散霧消した。

　本能寺の変以後、家康にとって勝頼滅亡は、逆に大名としてさらに飛躍を遂げる好機となった。この時、家康が真っ先に行ったのは、武田信玄と勝頼の慰霊である。家康は、織田氏の焼き討ちにより全山壊滅した信玄の菩提寺恵《え》林寺《りんじ》の再興を命じ、それを後援した。また、勝頼滅亡の地である田野《たの》に、勝頼父子らを慰霊するための寺院建立を宣言し、実行に移した。この時建立されたのが、田野寺（現在の景徳院）である。こうした家康の政策は、各地に潜み、情勢を窺《うかが》っていた武田遺臣たちに、好感を持って迎えられた。反織田の蜂起が各地で発生し、一揆《き》が頻発していた甲斐《かい》では、家康が甲斐に軍勢を出陣させると、すぐに平穏となり、徳川氏の麾下《か》に従う者が徐々に増えたのである（『三河物語』）。

また家康は、武田氏滅亡の時に、武田遺臣に対し、信長とは違う対応をしていた。織田氏は、武田一門、譜代家臣はその行方を徹底して追及し、村々に懸賞金をかけて成敗する方針で臨んでいた。ところが家康は、徳川に徹底して抵抗し、仇なす動きをした天野《あまの》藤秀《ふじひで》、武田に転じた小笠原信興《おがさわらのぶおき》（もと高天神《たかてんじん》城主小笠原氏助《うじすけ》のこと）、駿河《するが》の重鎮朝比奈《あさひな》信置《のぶおき》を除き、その多くを匿い、保護した（その後、天野と小笠原は北条氏のもとへ逃れ、朝比奈は徳川氏により殺害されている）。家康に匿われたといわれる人物は、依田信蕃《よだのぶしげ》、三枝虎吉《さいぐさとらよし》、岡部正綱《おかべまさつな》、甲斐武川《むかわ》衆折井次忠《おりいつぐただ》、米倉忠継などが史料から確認できる。この他に、信濃伊那《いな》郡吉岡《よしおか》城主下条信氏《しもじょうのぶうじ》とその子信正《のぶまさ》、頼安《よりやす》も、三河設楽《したら》郡に逃れ潜伏している。これも、家康の承認によるものだろう。かつて家康は、天正伊賀《いが》の乱に敗れ、三河に逃れてきた伊賀衆を匿ったことがあった。このことから伊賀衆は、本能寺の変後の伊賀越えに際し、その恩に報いるために働き、家康の三河帰国を大いに助けている（平山・二〇一一年）。

同じように、武田氏滅亡の災厄と織田の凶刃から逃れようとしていた人々を助けたことにより、家康はその後の運を開くこととなった。

武田遺臣の登用

本能寺の変後、旧武田領国は、徳川・北条・上杉三氏が争奪戦を繰り広げ、国衆や土豪たちは、自らの存亡をかけて右顧左眄《うこさべん》する混乱状態（天正壬午《じんご》の乱）に陥った。この時家康は、甲斐や信濃の国衆や土豪らを調略するための工作を行っている。活躍したのが、甲斐では穴山《あなやま》衆、曾根《そね》昌世《まさただ》、岡部正綱、依田信蕃、武川衆らであった。また信濃では、酒井《さかい》忠次《ただつぐ》を案内して下条頼安が下伊那での調略を進め、伊那全域を徳川方にしただけでなく、小笠原貞慶《さだよし》を支援して、筑摩・安曇郡をも奪取することに成功した。

この時、下条頼安は、伊那の国衆飯島《いいじま》・片桐《かたぎり》・大島《おおしま》氏ら春近《はるちか》衆、中沢衆、大草《おおくさ》衆、伊那部衆らを徳川方に従属させ、七月六日と十二日に、起請文を提出させている。この起請文が、著名な「天正壬午甲信諸士起請文」の一部である。

甲斐でも、曾根・岡部により、武田遺臣が続々と徳川氏に帰属を申請するようになった。身を隠していた武田重臣駒井昌直（駒井高白斎《こうはくさい》の子）、今福昌常《いまふくまさつね》（今福長閑斎《ちょうかんさい》の子）、市川以清斎《いちかわいせいさい》元松《げんしょう》、工藤玄随斎喜盛《くどうげんずいさいきせい》（内藤修理亮昌秀《ないとうしゅりのすけまさひで》の実兄）、桜井安芸守信忠《さくらいあきのかみのぶただ》（武田一族）、三枝栄富《えいふ》斎元《さいげん》

真田昌幸（上田市立博物館蔵）

久《きゅう》（長篠で戦死した三枝昌貞《まさただ》の老父）などが姿を現し、徳川の甲斐国統治を支えるようになった。軍事力の面でも、徳川方に味方した武田遺臣らは、地の利を活かし、甲斐に攻め込んできた北条軍を苦しめたのである。

信濃では、一時北条軍の攻勢で苦境に追いやられた徳川軍であったが、依田信蕃、真田《さなだ》昌幸《まさゆき》、下条頼安の活躍で巻き返しが図られ、遂に北条氏を和睦の席に引きずり出すことに成功した。当時、圧倒的に優位だった北条軍は、武田遺臣の多くを味方につけた寡兵の徳川軍により、事実上屈服に追い込まれたのである。

家康に従属した甲斐の武田遺臣は、記録に残るだけでも、その年のうちに八〇〇人以上にのぼった。記録が残されていないが、天正十年に従属したと推定される甲斐の武田遺臣は他にも数多くいるので、数千人規模になるのは間違いない。かつて、一万人を動員するのが限界だった徳川氏は、甲斐・信濃・駿河を領国に編入したことで、飛躍的に兵力を増強させたのである。

そして、武田遺臣を召し抱えたことが、その後の家康に幸運をもたらすこととなる。天正十三年十一月十三日、家康重臣石川数正《かずまさ》（当時の諱《いみな》は康輝《やすてる》、三河岡崎城代）が、突如、一族と信濃小笠原貞慶の人質を連れて、尾張に出奔《しゅっぽん》し、羽柴秀吉に帰属した。その理由は、家康に上洛と従属を求める秀吉と、それを拒否する家康と家中の人々の間で、交渉役を担っていた数正が板挟みとなっていたことにあった。秀吉の実力をよく知る数正は、上洛と従属拒否は、秀吉との開戦を招き、それが徳川氏滅亡に繋がることを危惧していたのである。だが間の悪いことに、羽柴方の調略で、数正が取次役を担当していた信濃小笠原貞慶が寝返ってしまったため、秀吉との融和を説く彼の立場はさらに悪くなってしまった。追い詰められた数正は、徳川家中から出奔したのであった。

ここで徳川氏は、その軍事機密などが秀吉方に漏洩《ろうえい》することを危惧した。そこで家康は、徳川軍の軍制や戦法などを刷新するために、甲斐の武田遺臣たちに通達を出した。それは、武田信玄・勝頼父子の軍事、兵制に関する文書、記録の一切を、家康のもとへ提出するようにとのことであったという。家康は、武田遺臣が提供した武田軍の兵制をもとに、徳川軍の軍勢改革を行ったといわれる（『徳川実紀』『武徳編年集成』他）。

この改革が、具体的にどのようなものであったかは、判然としない。今後の検証が必要である。しかしながら、甲斐・信濃・駿河の武田遺臣を召し抱えたことで、徳川軍が質量ともに増強されたことは間違いない。

様々な技術の受容

家康が、武田信玄・勝頼父子の遺産を引き継いだのは、軍事に限らない。江戸幕府を支えた技術面でも、武田氏の影響は大きい。ここでは、金山開発、金貨の鋳造《ちゅうぞう》、秤《はかり》の製造に絞って簡単に紹介しておこう。

いうまでもなく、武田氏の財政を支えていたものの一つに、金山がある（萩原三雄・二〇二二年）。武田領国の甲斐、信濃、駿河には優良な金山が数多く、甲斐では黒川《くろかわ》金山、丹波山《たばやま》金山、御座《ご》石《ざいし》金山、湯之奥《ゆのおく》金山、早川《はやかわ》金山など、信濃では真志野《まじの》金山、金沢《かねさわ》金山、梓久保《あずさくぼ》金山など、駿河では安倍《あべ》金山、井川金山、富士金山などが著名である。これらの金山開発は、金山衆と呼ばれる土豪層によって担われ、彼らが金掘《かなほり》衆を使役して採掘が行われていた。金山衆は、金山の麓《ふもと》に屋敷と田畠《でんぱく》を持つ地主であるとともに、商業にも従事する有徳人《うとくにん》であった。彼らは、金山において「掘間」「間歩《まぶ》」（坑道《こうどう》）を所有し、ここに雇用した金掘衆を送り込み、採掘をさせ、金を集積する経営者であった。

金の採掘方法は、露天掘《ろてんぼり》、坑道掘などであり、露天掘で採掘された金は「芝金」「柴金」と呼ばれ、河岸段丘上に堆積《たいせき》した砂金《さきん》や地表にむき出しになっていた金鉱脈を掘り下げることで採掘されたものである。坑道掘は、「掘間」より採掘される金鉱で、そこから得られた金は「山金《やまきん》」と呼ばれていた。この他に、金山周辺を流れる河川で採取される砂金もあり、これは

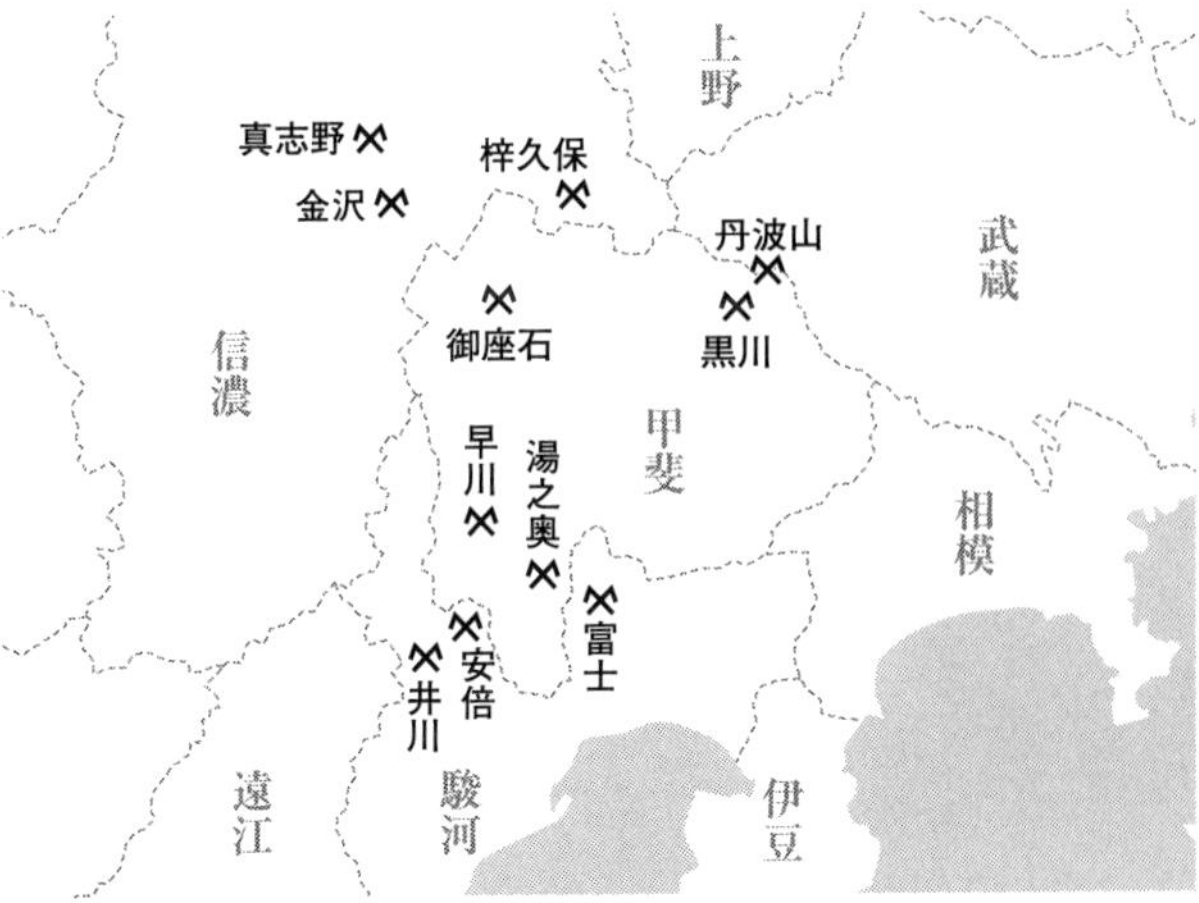

山梨県の金山
（『湯之奥金山遺跡の研究』〈1992年〉をもとに作成）

「川金《かわきん》」「砂金」と呼ばれた。

とりわけ、甲斐の金山から産出される金は、銀気が少なく、金位が高いことで知られていた。そのため、甲州金は、高い金位を誇る地金という意味と、甲州で鋳造された質の高い金貨という二つの意味で認識されており、戦国期にはブランド化されていた（西脇康・二〇一六年）。

この金山の技術は、その後、江戸幕府に引き継がれたといわれるが、とりわけ佐渡《さど》金山の奉行となった大久保石見守長安《いわみのかみながやす》、鎮目《しずめ》市左《いちざ》衛門《えもん》惟明《これあきら》は、ともに武田遺臣である。なかでも大久保長安の活躍はめざましく、幕府が管轄する金山、銀山の採掘や貨幣鋳造に大きく関与したばかりか、五街道や一里塚の整備、幕府の直轄領管理など、幅広い行政官僚として成果を挙げている（村上直・二〇一三年）。

そして、金山から採掘された地金を利用して鋳造されたのが、甲州金である。この金貨は、武田時代に野中、松木、山下、志村氏が金屋（いわゆる「甲州金座」）として鋳造をしていたといわれ、近世まで四家が鋳造した甲州金が伝存していた（『甲斐国志』巻之二・国法之部）。このうち、山下、志村氏は武田氏滅亡後に姿を消し、豊臣大名の治世になると、野中氏が加藤光泰《みつやす》、浅野《あさの》長政《ながまさ》の保護を受けて金屋の中心へと成長する。だが、関ヶ原合戦後、徳川氏の甲斐統治が再開されると、野中氏は没落し、松木氏が甲州金鋳造を独占するのである。その理由として、松木氏が家康の関東転封に従い、甲斐から江戸へ移住したことが重視されたからだという（平山・二〇〇六年）。家康は、松木氏を通じて、甲州金の統制を果たしたのである。

いっぽうで、甲州金の技術は、慶長小判《けいちょうこばん》の鋳造にも影響を与えたとされ、その単位である両《りょう》・分《ぶ》・朱《しゅ》は、甲州金のそれを引き継いだものだとされている。これらの単位は、金貨が秤《ひょう》量《りょう》貨幣であったことから、その価値をはかる重さの単位として定着した。

問題であったのは、金貨の安定的な流通を図るためには、正確な秤がなければならないことである。戦国期は、秤も「私之秤子」（私秤）が横行しており、統一的な基準が設定されていなかった。武田信玄は、伊勢出身と伝わる吉河守随《しゅずい》を甲府に招き、正確な秤の製作を命じたという。吉河守随は、正確な秤の製作に成功し、武田氏より諸役免許の特権を与えられた。その後、吉河氏は守随を代々名字とするようになり、守随家が製造した秤は「守随秤」と呼ばれるようになった。武田氏滅亡後、家康は「守随秤」を保護し、三河・遠江・駿河・甲斐・信濃の五ヶ国での統一秤として採用し、関東転封時には、守随家を江戸に移住させた。そして慶長十九年には、「守随秤」は江戸幕府の公定秤に指定され、守随家は東日本三十三ヶ国を統括する秤座を創設したのである（林英夫・浅見恵編・一九六七年、林英夫・一九七三年）。

このように、武田氏の遺産は、江戸幕府を支える技術として継承されたのであった。

徳川御三家、譜代大名と武田遺臣

武田氏の遺産は、江戸幕府だけでなく、徳川御三家や譜代大名の存立にも大きな影響を与えている。既述のように、天正壬午の乱を通じて、家康は甲斐・信濃・駿河の武田遺臣を多数召し抱えた。とりわけ甲斐の武士は、家康の旗本（直臣《じきしん》）となった。

その後、家康は江戸幕府の成立過程で、自分の子息や譜代家臣らを大名に取り立て、各地に配置していった。この時、問題になったのは、彼らが多くの家臣を保持していなかったことである。譜代家臣は、それぞれ自家の家臣を持ってはいたが、大名として城持ちとなり領地を与えられると、その統治や経営のほか、軍隊編成のために、多くの家臣を必要とした。

天正十年以後、家康から武田遺臣出身の旗本（直臣）を同心衆として預けられた徳川家臣と

井伊直政（彦根城博物館蔵、画像提供：彦根城博物館／DNPartcom）

して、平岩親吉《ひらいわちかよし》、芝田康忠《しばたやすただ》、井伊直政《いいなおまさ》らがいる。彼らは、家康から預かった同心衆を率いて、小牧・長久手合戦を始めとする家康の合戦に参加した。そして、平岩は尾張犬山《おわりいぬやま》城主、井伊直政は近江《おうみ》彦根城主となり、譜代大名へと成長する。その過程で、家康より預けられた同心衆は、彼らの家臣（藩士）へと変貌を遂げていくのである（小宮山敏和・二〇一五年）。

同じような事例は、家康の子息にも認められる。まず、武田万千代《まんちよ》（信吉《のぶよし》）の場合を紹介しておこう。武田万千代は、家康と於都摩《おつま》の方（下山殿《しもやまどの》）との間に出生した男子である。生母於都摩の方は、穴山梅雪《あなやまばいせつ》の養女で、武田重臣秋山氏の出身であったといわれる。既述のように、穴山梅雪は、天正十年に武田勝頼から離叛し、織田・徳川方に帰属した。梅雪は、武田家再興を自らの手で実施することを望んでいたが、本能寺の変に巻き込まれ落命した。梅雪には、勝千代《かつちよ》という男子がいたので（生母は信玄息女見性院殿《けんしょういんでん》）、家康は彼に武田家を継がせ、武田勝千代とした。勝千代は元服して、武田信治と名乗ったが、天正十五年六月、急死した。享年十六。

武田家の断絶を惜しんだ家康は、武田家と所縁の深い於都摩の方出生の万千代に、武田家を相続させることとし、彼を武田万千代としたのである。そして、万千代を支える家臣を、穴山衆がそのまま担うこととなった。天正十八年、家康の関東転封に際して、武田万千代は、下総《しもうさ》国小金《こがね》に配置された。さらに慶長七年（一六〇二）、家康は常陸《ひたち》国水戸《みと》に万千代を移し、家臣団には穴山衆のほか、甲州衆、木曾《きそ》衆（改易された木曾義昌《よしまさ》家臣）らを加えさせた。ところが万千代は、もともと病弱だったといわれ、水戸入城直後の、慶長八年九月十一日に病死した。享年二十一。このため、徳川系武田家は断絶したのである。その後、水戸藩主には、家康の息子頼房《よりふさ》が就任し、徳川御三家の一つとなった。こうした経緯があるため、水戸藩士には武田遺臣の子孫が多い（平山・二〇一一年）。

徳川家康（狩野探幽画、大阪城天守閣蔵）

これは尾張藩や紀州藩でも、似たような傾向が窺える。尾張藩では、家康の旗本から、息子義直《よしなお》に附属を命じられた武田遺臣が多くいた。なかでも、家康より知行宛行《あてがい》状を拝領していた青木・跡部《あとべ》・小尾《おび》・曲淵《まがりぶち》・幡野《はたの》・井《い》出《で》・日向《ひなた》・門名《もんな》氏ら二十人は「御朱印廿人《にじゅうにん》衆《しゅう》」と呼ばれ、特別な処遇を受けている（『士林泝洄』）。

紀州藩も、尾張藩と同じく、家康の旗本から割かれて附属させられた家臣たちが、藩士を構成した。このなかには、武田遺臣が少なくない（『南紀徳川史』）。この他に、武田氏滅亡後、牢人を経て、譜代大名に直接召し抱えられた武田遺臣も多く、なかでも高崎《たかさき》藩大河内《おおこうち》松平家に仕えた山本菅助《かんすけ》の子孫は著名である（海老沼真治編・二〇一三年）。

　このように、宿敵武田氏が、徳川家康と幕藩体制に与えた影響は大きく、これらの全貌の解明に向けて、今後も個別の基礎研究を重ねることで明らかにしていくことが望まれる。

あとがき

旧著『武田氏滅亡』の執筆を終えた時、私は一種の「燃え尽き症候群」に陥り、研究の歩みが一時止まってしまったほどであった。武田勝頼の衰亡を、詳細に跡づけるために蒐集《しゅうしゅう》し読み込んだ膨大な史料の数々、史料を片手に現地を歩き考えた労力は筆舌に尽くせぬものだった。自分の持てるすべてを傾注して書き上げた旧著は、いまも私にとって大切な業績である。その重圧から解放された後、私を包んだ虚脱感と、なんとも表現できぬ空白感は、それまで経験したことのないものだった。自分が再起動するまでに、かなりの時間がかかった覚えがある。もうあれほどの仕事は、そうできるものではないだろうと今も思っているが、旧著刊行から六年が経過し、少しずつではあるが、東国戦国史では、新史料の発見や政治・軍事・外交の各分野で新知見の発表が続いている。

精魂込めた旧著を、大幅に書き直さねばならぬ事態には至っていないが、調査不足であったり、見落としていたことに気づき、忸怩《じくじ》たる思いに駆られたことは一再ならずあったのも事実である。しかしながら、旧著に手を入れる必要性はいまだにないと思ってはいるものの、少し書き足したいと思うところは少なくなかった。

　このように考えていた折節、NHK大河ドラマ「どうする家康」の時代考証に就任することとなり、仕事の関係上、家康と勝頼の息詰まる対決の模様を、再び調査しなおすこととなった。そして、それまで勝頼の側から周辺の戦国大名を眺めていた私にとって、徳川家康の側から武田氏を見直すという経験は、誠に新鮮であった。大国武田からの侵攻を受け続けた家康にとって、勝頼とのおよそ十年に及ぶ抗争はどのようなものだったかを、私はあらためて見直してみたいと思うようになった。

　こうした作業のなかから生まれたのが本書である。執筆を終えて、家康は一つ判断を間違えれば、滅亡か亡命かの道をたどらざるをえなかったのではないか、滅亡するのは勝頼ではなく家康の方だったのかも知れないと、あらためて感じている。その逆境を見事に跳ね返し、勝頼の政治生命を奪ったのは、実は織田信長ではなく、家康だった。一介《いっかい》の三河岡崎《みかわおかざき》の国衆《くにしゅう》から戦国大名へと成長し、大国武田と渡り合い、勝頼を滅ぼして遂に三ヶ国の大名に登り詰めた家康は、この時、四十一歳を迎えていた。いっぽうで、勝頼滅亡直後、家康は間違いなく織田信長に従属する織田大名へと変貌を遂げ、その独立性を喪失したのである。そのままいっていたら、家康がどうなっていたのかは、信長の死により永遠の謎となった。しかし家康は、信長の死により独立性を取り戻し、織田権力の同盟者という立場を堅持しつつ、その後北条《ほうじょう》・上杉との対決に邁進《まいしん》していく。さらに、織田権力を簒奪《さんだつ》した羽柴秀吉と対峙し、やがて秀吉政権の柱石を担う実力者へとのし上がっていくこととなる。その家康の飛躍を支えたのが、実は信玄・勝頼が育てた武田遺臣たちであったことは、あまり知られていない。武田の遺産を、家康がどのように引き継いだかにも言及したことは、本書の特徴でもあるだろう。それは、家康と勝頼の戦いの地平と繋がっていることでもあるからだ。この部分に関しては、今後さらに追究していきたい課題である。

　本書の執筆と刊行にあたっては、幻冬舎の鈴木隆氏にたいへんお世話になった。なかなか原稿を上げてこない私を、粘り強く、そしてやさしく叱咤激励してくださった。この場を借りてあつくお礼申し上げたい。

二〇二三年四月

平山　優

略号一覧、参考文献一覧

（本文中の引用史料の略号は以下の通り）

『愛知県史』資料編→愛＋巻数＋文書番号
『寛永諸家系図伝』→『寛永伝』
『甲陽軍鑑』→『軍鑑』
『上越市史』別編1 上杉氏文書集一→上越＋文書番号
『新訂徳川家康文書の研究』上巻→家康＋頁数
『戦国遺文武田氏編』→戦武＋文書番号
『増訂織田信長文書の研究』→信長＋文書番号
『増訂織田信長文書の研究』補遺→信長補遺＋文書番号
『朝野旧聞裒藁』→『朝野』
『山梨県史』資料編6 中世3上 県内記録→県内記録＋文書番号
『戦国遺文武田氏編』補遺（『武田氏研究』四五号、二〇一二年）、『戦国遺文武田氏編』補遺（その2）（『武田氏研究』五〇号、二〇一四年）

1　書籍

今福匡『上杉謙信』星海社新書・二〇一八年
同『図説 上杉謙信』戎光祥出版・二〇二二年
海老沼真治編・山梨県立博物館監修『「山本菅助」の実像を探る』戎光祥出版・二〇一三年
大石泰史『今川氏滅亡』角川選書・二〇一八年
大塚勲『今川氏と遠江・駿河の中世』地域の中世5・岩田書院・二〇〇八年
小笠原春香『戦国大名武田氏の外交と戦争』岩田書院・二〇一九年
小川雄『徳川権力と海上軍事』岩田書院・二〇一六年
加藤理文『家康と家臣団の城』角川選書・二〇二一年
金子拓『鳥居強右衛門 語り継がれる武士の魂』平凡社・二〇一八年
同『長篠の戦い 信長が打ち砕いた勝頼の〝覇権〟』シリーズ実像に迫る０２１・戎光祥出版・二〇一九年
鴨川達夫『武田信玄と勝頼』岩波新書・二〇〇七年
久野雅司『足利義昭と織田信長』中世武士選書40・戎光祥出版・二〇一七年
黒田基樹『戦国大名・北条氏直』角川選書・二〇二〇年
同『武田信玄の妻、三条殿』東京堂出版・二〇二二年①
同『家康の正妻築山殿 悲劇の生涯をたどる』平凡社新書・二〇二二年②
小宮山敏和『譜代大名と幕藩体制』吉川弘文館・二〇一五年
参謀本部編『日本戦史 三方原役』元真社・一九一〇年
同『日本戦史 長篠役』元真社・一九一〇年

静岡古城研究会編『静岡県の城跡 中世城郭縄張図集成（西部・遠江国版）』同会・二〇二二年

柴田顕正編『徳川家康と其周囲』上、中巻・岡崎市役所・一九三四年（後に復刊、一九七二年）

柴裕之『徳川家康 境界の領主から天下人へ』平凡社・二〇一七年①

柴裕之編『徳川家康 シリーズ・織豊大名の研究10』戎光祥出版・二〇二二年

柴裕之『青年家康 松平元康の実像』角川選書・二〇二二年

鈴木将典『国衆の戦国史』歴史新書y・洋泉社・二〇一七年

高柳光壽編『大日本戦史』三巻・三教書院・一九四二年

高柳光壽『三方原之戦』戦国戦記1・春秋社・一九五八年

同『長篠之戦』戦国戦記4・春秋社・一九六〇年

中村孝也『家康の族葉』講談社・一九六五年

西脇康『甲州金の研究 史料と現品の統合試論』日本史史料研究会・二〇一六年

萩原三雄『金山衆と中世の鉱山技術』高志書院・二〇二二年

林英夫・浅見恵編『守随家秤座文書』新生社・一九六七年

林英夫『秤座』吉川弘文館・一九七三年

平野明夫『徳川権力の形成と発展』岩田書院・二〇〇六年

同編『家康研究の最前線』歴史新書y・洋泉社・二〇一六年

平山優『天正壬午の乱 増補改訂版 本能寺の変と東国戦国史』戎光祥出版・二〇一五年（初版は二〇一一年）

同『穴山武田氏』戎光祥出版・二〇一一年

同『長篠合戦と武田勝頼』敗者の日本史9・吉川弘文館・二〇一四年①

同『検証長篠合戦』歴史文化ライブラリー３８２・吉川弘文館・二〇一四年②
同『武田氏滅亡』角川選書・二〇一七年
同『図説 武田信玄』戎光祥出版・二〇二二年①
同『新説 家康と三方原合戦』ＮＨＫ出版新書・二〇二二年②
同『徳川家康と武田信玄』角川選書・二〇二二年③
本多隆成『徳川家康と武田氏 信玄・勝頼との十四年戦争』歴史文化ライブラリー４８２・吉川弘文館・二〇一九年
増田又右衛門・増田實編『高天神城戦史』高天神城戦史研究会・一九六九年
丸島和洋『戦国大名の「外交」』講談社選書メチエ・二〇一三年
同『武田勝頼 試される戦国大名の「器量」』平凡社・二〇一七年
丸山彭編『戦国人質物語』長篠城址史跡保存館・一九八〇年
村岡幹生『戦国期三河松平氏の研究』岩田書院・二〇二三年
村上直『論集 代官頭大久保長安の研究』揺籃社・二〇一三年
山田邦明『中世東海の大名・国衆と地域社会』戎光祥出版・二〇二二年
山田康弘『足利義輝・義昭』ミネルヴァ書房・二〇一九年

2 論文

海老沼真治「武田・徳川氏の今川領国侵攻過程―身延文庫『科註拾塵抄』奥書の検討から―」（『武田氏研究』五一号・二〇一四年、後に柴裕之編『徳川家康 シリーズ・織豊大名の研究10』に収録）
遠藤珠紀「織田信長子息と武田信玄息女の婚姻」（『戦国史研究』六二号・二〇一一年）

同「武田信玄への三通の綸旨」（『戦国史研究』六四号・二〇一二年）

桐野作人「築山殿と松平信康事件」（堀新・井上泰至編『家康徹底解読 ここまでわかった本当の姿』文学通信・二〇二三年）

酒井紀美「中世社会における風聞と検断」（『歴史学研究』五五三号・一九八六年、後に酒井紀美『日本中世の在地社会』〈吉川弘文館・一九九九年〉に収録）

柴裕之「武田信玄の侵攻と織田信長・徳川家康」（『歴史研究』六九五号・二〇二一年）

同「総論 戦国・織豊期の徳川家康の動向と研究」（柴裕之編前掲書）

新行紀一「信康・築山殿事件」（『新編岡崎市史』2 中世・第四章第二節第三項〈岡崎市・一九八九年〉、後に柴裕之編前掲書に収録）

鈴木将典編『論集戦国大名と国衆8 遠江天野氏・奥山氏』岩田書院・二〇一二年

土屋比都司「高天神攻城戦と城郭―天正期徳川氏の付城を中心に―」（『中世城郭研究』二三号・二〇〇九年）

丸島和洋「武田・徳川同盟に関する一史料―『三ヶ年之鬱憤』をめぐって―」（『武田氏研究』五六号・二〇一七年①）

同「諏方勝頼・望月信頼の岩櫃在番を示す一史料」（『武田氏研究』五七号・二〇一七年②）

同「武田信玄の駿河侵攻と対織田・徳川氏外交」（『武田氏研究』六五号・二〇二二年）

平山優「甲州金成立に関する覚書」（『山梨県史研究』一四号・二〇〇六年）

同「同時代史料からみた武田勝頼の評価」（本中真・萩原三雄編『新府城の歴史学』新人物往来社・二〇〇八年）

同「遠州堀江城と武田信玄―三方原合戦に関する覚書―」（『武田氏研究』六五号・二〇二二年）

深沢修平「武田信玄・勝頼と岡部元信―武田二代による重用、その背景について―」（『武田氏研究』六〇号・二〇一九年）

本多隆成「松平信康事件について」(『静岡県地域史研究』七号・二〇一七年)

3　調査報告書

愛知県教育委員会編『愛知県中世城館跡調査報告』全四巻・文化財図書普及会・一九九一～一九九八年

岐阜県教育委員会編『岐阜県中世城館跡総合調査報告書』全四巻・同会・二〇〇二～二〇〇五年

群馬県教育委員会編『群馬県の中世城館跡』同会・一九八八年

静岡県教育委員会編『静岡県の中世城館跡』静岡県文化財保存協会・一九八一年

山梨県教育委員会編『山梨県の中世城館跡』同会・一九八六年

著者略歴

平山 優《ひらやまゆう》

一九六四年、東京都生まれ。

立教大学大学院文学研究科博士前期課程史学専攻（日本史）修了。
専攻は日本中世史。

山梨県埋蔵文化財センター文化財主事、山梨県史編さん室主査、
山梨大学非常勤講師、山梨県立博物館副主幹、

山梨県立中央高等学校教諭を経て、健康科学大学特任教授。
二〇一六年放送のＮＨＫ大河ドラマ「真田丸」、
二〇二三年放送のＮＨＫ大河ドラマ「どうする家康」の時代考証を担当。

著書に、『武田氏滅亡』『戦国大名と国衆』『徳川家康と武田信玄』（いずれも角川選書）、
『戦国の忍び』（角川新書）、『天正壬午の乱　増補改訂版』（戎光祥出版）、
『武田三代』（ＰＨＰ新書）、『新説　家康と三方原合戦』（ＮＨＫ出版新書）
などがある。

幻冬舎新書 693

徳川家康と武田勝頼

二〇二三年五月三十日 第一刷発行

著者 平山 優
発行人 見城 徹
編集人 小木田順子
編集者 鈴木 隆

発行所 株式会社 幻冬舎
〒一五一―〇〇五一 東京都渋谷区千駄ヶ谷四―九―七
電話 〇三―五四一一―六二一一（編集）
〇三―五四一一―六二二二（営業）
公式HP https://www.gentosha.co.jp/

ブックデザイン 鈴木成一デザイン室
印刷・製本所 中央精版印刷株式会社

検印廃止

Printed in Japan ISBN978-4-344-98695-4 C0295
ひ-10-1